国土空间规划原理与管理探究

王文博◎著

吉林文史出版社

图书在版编目（CIP）数据

国土空间规划原理与管理探究 / 王文博著. — 长春 : 吉林文史出版社, 2025. 4. — ISBN 978-7-5752-1114-7

Ⅰ. F129.9

中国国家版本馆 CIP 数据核字第 202562GS57 号

国土空间规划原理与管理探究

GUOTU KONGJIAN GUIHUA YUANLI YU GUANLI TANJIU

著　　者：王文博
责任编辑：戚　晔
出版发行：吉林文史出版社
电　　话：0431-81629359
地　　址：长春市福祉大路 5788 号
邮　　编：130117
网　　址：www.jlws.com.cn
印　　刷：定州启航印刷有限公司
开　　本：710mm×1000mm 1/16
印　　张：16.75
字　　数：230 千字
版　　次：2025 年 4 月第 1 版
印　　次：2025 年 4 月第 1 次印刷
书　　号：ISBN 978-7-5752-1114-7
定　　价：98.00 元

前 言

随着我国经济的持续发展，国土空间规划的内涵日益丰富，已然掀起了一股研究和实践的热潮。现代的国土空间规划越来越重视规划的科学性、协调性和可持续性，规划工作不再仅仅为了满足单一的土地利用需求，而是成为兼具生态环境保护、文化传承及基础设施布局的综合规划。目前，人民对美好生活环境的需求逐渐提高，国土空间规划的发展有利于增强国土资源的整体管理效能，从而进一步提高社会经济发展的质量和效益。

国土空间规划是指以科学、合理配置国土资源为基础，通过综合分析我国国土资源的实际情况进行资源的布局优化与空间重构，从而实现国土资源的可持续发展。2022年，中华人民共和国自然资源部牵头完成《全国国土空间规划纲要（2021—2035年）》的编制，对全国国土空间的开发、利用、保护、修复做出全局安排。目前，在生态文明建设的时代背景下，全民越发追求优质的生活环境，自然更愿意重新解读并发扬科学规划的价值。

本书共分为七章，第一章重点介绍了国土空间规划的相关概念、发展历程和体系构建，为后文的深入探讨奠定了基础；第二章讲的是国土空间的总体规划与详细规划，详细探讨了从国家层面到具体区域的规划思路与方法；第三章围绕省级、市县级、乡镇级国土空间规划的层次划分与任务分解展开分析，为实践中如何科学制定各级规划提供了有益参考；第四章重点探讨了交通与基础设施、生态系统、历史文化保护、公共服务设施等专项规划领域的具体设计方法；第五章分析了我国国土空间规划管理体制的现状，并借鉴国外先进经验，为优化管理体系提供了新思路新方法；第六章围绕国土空间规划的建设与支撑系统，探讨了空间管制、基础信息平台及法律体系的构建问题；第七章全面梳理了国土空间规划的实施管理策略，提出了全流程管理的创新模式及其实施路径，为规划落地提供了实践指导。

首先，本书在内容上紧跟时代潮流，密切关注国土空间规划领域的前沿动态，将最新的理论研究成果与规划实践相结合，使读者能够清晰地了解到我国国土空间规划发展的最新趋势和实践进展。其次，本书在结构上进行了精心设计，既有对国土空间规划原理与体系的系统阐述，又有结合分级规划与专项设计的具体分析，使得读者在阅读过程中能够循序渐进，系统地掌握国土空间规划的理论与应用知识。最后，本书从多个角度对国土空间规划进行了深入探讨，如总体规划和详细规划、行政层级规划的细化、专项设计的应用以及规划管理与实施的全流程，使得读者能够全面、立体地了解国土空间规划的理论基础、实践操作与管理策略。

本书既是国土空间规划及相关领域人员的必备读物，也可供从事科研、设计、教学、生产和应用等领域的专业人士使用，同时还可作为各类院校城乡规划、自然资源管理等相关专业师生的参考书。本书观点客观、剖析全面、逻辑清晰，既适合专业人士阅读，也适合对国土空间规划感兴趣的普通读者阅读。总体而言，本书是一部兼具理论深度和实践价值的著作，对于从事国土空间规划研究与实践的相关人员具有很高的参考价值。

由于笔者时间和水平有限，书中难免存在疏漏与不足之处，恳请广大读者批评指正，以便我们在未来的研究和著作中不断完善与提高。我们相信，本书将为您带来新的思考与启示，为您在国土空间规划领域的研究与实践提供帮助，也为您的事业与生活提供更多帮助。

作　者

2024 年 11 月

目 录

第一章　国土空间规划概述

第一节　国土空间规划初识

一、国土空间规划的基本概念

（一）国土空间规划的含义

从字面上来分析，“国土空间规划”一词可以分解为三个部分，分别是“国土”“空间”“规划”，这三个部分在整个词性中发挥着重要作用。

简单地讲，国土就是指一个国家所拥有的领土，即国家主权管辖范围内涉及的所有空间和自然资源，如陆地、水域、山川、森林和上空等。从这个角度分析，国土就不仅仅是地理意义上的具体土地，更是国家整体的地理环境和资源基础，是一个国家人民赖以生存和发展的场所，是国家主权和安全的重要组成部分。根据国土的概念，我们可以发现其中包含了丰富的矿产、森林、水源等自然资源，不仅为国家的经济活动提供了必要支持，也成为国家资源治理、开发、保护以及实现可持续发展、维护生态环境平衡的关键任务。更重要的是，国土完整是国家安全的核心，是国民经济、社会稳定发展的基本保障，代表着国家的尊严，具有难以忽视的独立性，体现在国家政治、经济、文化等多个方面。

空间是古希腊哲学的核心研究议题之一，具有深刻的哲学意义。在哲学层面，我们通常会将其与时间放在一起加以讨论，因为二者是运动着的物质存在的两种基本形式，是独立于意识之外存在的特殊概念，不依赖人类意识的存在而存在。对部分空间而言，特别是具体空间，人们可以使用精确的长、宽、高数值来表现，但也存在有的空间为泛指，是天地之间存在的虚无的广袤延伸，这一类“空间”无边无际，无法用数值表示。“空间”除了在哲学层面拥有特殊含义之外，还是地理学的重要概念，特别是 20 世纪 70 年代兴起的“空间的生产”理论，不仅对地理学领域的空间产生了深远影响，还迅速拓展到马克思主义、社会学、政治学、文学艺术、建筑学和城市规划等多个学科领域，大力推动了这些学科领域空间概念的思考。虽然空间属于客观存在，但并非固定不变，它可以通过人类在社会中所发生的一切活动而不断被生产和再生产。基于此，空间脱离了被动的容器属性，成为与社会、经济、文化等多种因素互动的复杂构成，即包括物理空间、生态空间、经济空间、社会空间等多个空间维度的立体区域。

规划可以拆分为“规”和“划”，其中，“规”属于战略层面，指的是具有“规范”作用的标准、章程、法则，而“划”属于战术层面，指的是具有“实施”作用的计算、谋划。“规划”一词以“规”为起、以“划”为落，将两者合二为一、紧密相连，就是“规划”的基本含义，即对未来发展方向的系统性思考和安排。“规划”的“思考”与“安排”并非简单地制定战略、章程，而是包含制定目标、评估现状、分析需求、合理布局、统筹资源、管理监督等一系列复杂过程，从而实现资源的优化利用，促进国土资源的可持续发展。因此，我们可以将国土空间规划定义为通过科学、合理地布局和管理国家领土范围内的空间资源和各类要素，确保土地资源的高效利用、生态环境的长久保护以及经济社会的可持续发展。

（二）国土空间规划的内涵

为了充分理解国土空间规划的内涵，我们可以将其分为两个层级，第一层为“国土空间”，第二层为“空间规划”。

1.“国土空间”的内涵

根据上文对“国土”和“空间”的字面解析，我们可以将“国土空间”理解为在国家主权及其主权权利管辖下的地域空间，是一个国家领土内的各类自然与人造环境的集合。显然，国土空间是国家在地理层面的广阔控制范围，包括陆地、陆上水域、内水、领海及领空等多个部分，这一空间不仅仅是国民生存和发展的物质场所，也是国家行使主权、开展各项社会经济活动的重要平台。根据功能的不同，国土空间可以分为四大类，分别是城镇空间、农业空间、生态空间和其他空间。

（1）城镇空间是以提供工业品和服务产品为主要功能的国土空间类型，可以进一步细化为城镇建设空间和工矿建设空间两部分。其中，城镇建设空间的主要功能是满足城市居民的生活和工作需要，该空间的产业结构多为工业和服务业，拥有城镇建设过程中所需的所有大规模建筑、交通网络、商业设施以及公共服务，人口分布高度集中，承载了国家经济现代化、城市化发展的重担；而工矿建设空间则是位于城镇建成区之外的独立工矿区域，主要充当城镇建设辅助，提供工业生产、矿产开采等活动，为城市的经济活动提供资源和原材料支持。

（2）农业空间是以提供农产品为核心功能的国土空间类型，可以进一步细化为农业生产空间和农村生活空间。其中，农业生产空间是以农业生产为主要职责的空间，以耕地空间为主，以园地、林地、牧场等土地为辅，承担了国家农业产业发展的重任，尤其是粮食安全，直接关系着国民的基本生活需求；农村生活空间则以满足农村生活为主要职责，围绕农村居民点这一空间主体提供农村公共设施和服务用地等辅助。与城镇空间以工业和服务业为主相比，农业空间以农业为主导，保留了较为原生态的自然环境，生活与生产方式与城镇空间截然不同。农业空间的人口相对较少，居住较为分散，开发强度低，在国家整体的国土空间格局中发挥着平衡生态、保障粮食供应的重要作用。

（3）生态空间是以提供生态产品或生态服务为主要功能的空间类型，既包括天然环境，也包括人工建设的自然环境。根据生态产品的提供能力，生态空间可以进一步细分为绿色生态空间和其他生态空间。其中，绿色生态空间是由天然草地、林地、水面、湿地和内海等天然环境共同组成的空间，拥有强大的生态功能，不仅可以为人类提供丰富的自然资源和景观，还可以维持整个国土空间的生态平衡。除此之外，人工林、水库等由人工建设的空间也可以纳入绿色生态空间的范畴，因为这些空间在经过人类干预后仍然发挥着重要的生态功能。其他生态空间则是指由沙地、裸地、盐碱地等天然环境组成的空间，从表面上看，虽然这些自然生成的区域没有植被等绿色产物，但同样发挥着维持、改善国土整体生态系统的重要作用，尤其在维护生物多样性和保持自然景观方面更是重要的生态生产力。与其他空间相比，生态空间的人口较为稀少，开发强度极低，能够最大限度地保持自然环境的原生态，从而充分发挥自身生态平衡功能。

（4）其他空间是指除城镇、农业和生态空间以外的空间类型，主要包括交通设施空间、水利设施空间和特殊用地空间三大类。其中，交通设施空间主要指的是以铁路、公路、民用机场、港口码头和管道运输等为主的空间，为国家经济发展和交通运输奠定了坚实基础；水利设施空间指的是大坝、渠道、堤防等水利工程建设所占用的空间，在水资源的管理和调配中发挥着重要作用，主要保障农业、工业以及居民的用水需求；特殊用地空间则是指军事基地等用于国防和军队建设的空间。

2.“空间规划”的内涵

“空间规划”这一概念原本并不是一个专门术语，而是城市设计领域内侧重城市空间布局、建筑物排列和开敞空间利用的设计概念，包括外部空间规划设计、城市空间规划设计、城市开敞空间规划设计等各类规划设计。1983年，欧洲区域规划部长会议通过了《欧洲区域/空间规划宪章》，其中首次正式应用了“空间规划”这一概念，标志着“空间规划”作为一个特定含义的专有名词正式出现，奠定了空间规划发展的重要基础。在这一背景下，空间规划指的是通过制定总体战略，实现区域的均衡发展和空间的合理组织，是经济、社会、文化和生态等政策的地理表达。此后，“空间规划”这一概念的内涵越发丰富，逐渐演变成为一个跨学科的、综合性的、系统化的学科领域，不仅包括国土空间的综合利用、城乡空间协调发展等内容，更成为现代城市规划与区域规划的重要组成部分。

我国对“空间规划”这一术语的应用是直接引进国外的专业概念，但在其定义的界定上既没有沿用“城市和区域规划”的统称，也没有过多强调其对各类具有空间影响的政策进行“协调作用”，而是赋予了其全新的含义。在中国的规划体系中，空间规划主要作为国家管理国土空间的重要手段而存在，包括国家对城镇空间、农业空间和生态空间等空间的统筹布局，通过合理分配土地、水体、林木、矿产、能源、生物等各项资源，实现国土空间格局的综合优化。基于此，我们可以发现，所谓的空间规划其实就是对区域空间的合理布局以及对空间功能的统筹协调，是一种特殊的战略手段。政府作为制定空间规划公共政策的主要部门，通过不断健全和完善空间规划的运行体系、行政体系和法规体系，能更有效地实现简政放权，实施空间管控和治理，发挥推动区域经济协调发展、保护生态环境和实现可持续发展的重要职责。

综合“国土空间”和“空间规划”的内涵来看，国土空间规划的本质可以视为一个包括多种规划管理工具的总称，通过对土地、海洋、生态等空间资源的保护、利用，以及对空间要素的统筹、对空间结构的优化、对空间利用效率的提升、对空间权利的公平分配等，深入探索了在“多规合一”模式下如何有效编制、实施、管理和监督规划，从而实现各类空间资源的综合管理与统筹规划，推动可持续的空间治理和发展。由此可见，国土空间规划的内涵是政府部门为满足经济社会发展的总体需求，在适应国家当前发展重要战略的基础上出台的一系列聚焦空间治理和空间结构优化的政策。国土空间规划不仅延续了原有各类空间规划的核心要素和相应的管控要求，还将其紧密地融合在一起，构建出了一个覆盖全域、层级分明、事权清晰、协调管控的规划体系结构，不仅为落实国家发展规划中的重大战略任务提供了坚实的空间保障，还为基础设施、城镇建设、资源能源、生态环保等领域的规划提出了明确的约束和指导建议，有效推进国家对国土空间的应用管制，确保各类空间资源得到合理配置与高效利用。

（三）国土空间规划的工作目标

上文中已经明确了国土空间规划的含义，基于此，我们可以进一步归纳出其主要的工作目标，主要包括解决问题、构建体系、管控引领以及提升能力四个方面。

1. 解决问题

解决问题是国土空间规划的核心工作目标之一，换言之，当前政府制定的各类空间规划都是为了解决国家发展过程中遇到的各种问题，但由于各个部门之间存在隐性的隔阂，导致出台的规划数量繁多，生效范围存在一定的重复，最终导致规划编制的质量和规划的实施效率表现并不突出。

为了解决各类空间规划中存在的典型问题，国土空间规划体系采取系统化方案，建立统一的空间规划框架，协调不同空间规划之间的冲突与重叠，消除各部门间存在的规划标准不一致的问题，同时统筹考虑城镇、农业、生态等多方面的需求，在保证各类规划步调一致的基础上，推动“多规合一”。随着科技的不断发展，政府部门充分利用大数据、遥感技术、地理信息系统等多种现代技术手段为规划决策提供更为科学的技术支撑，同时深入分析国土空间资源应用情况及未来发展需求，为解决国土空间规划问题奠定坚实基础。

2. 构建体系

构建体系也是国土空间规划工作的重要目标之一，一个全国统一、相互衔接、分级管理的国土空间规划体系可以充分发挥各级规划的职能，有效避免不同层级规划之间发生脱节，最终实现资源的高效利用。

为构建一个科学合理的国土空间规划体系，需要从以下几个方面着手：首先，明确各类规划的目标、标准和内容，剖析不同规划之间的关系，以保证规划目标的一致性；其次，对现有规划进行梳理，消除各个规划之间存在的重复和冲突，减少各个规划层次间存在的割裂与失调，从根本上实现规划体系结构的优化与完善；再次，精简规划数量，将规划资源集中在核心规划事项上，提高规划的执行效率和实施效果；最后，在国家、省、市、县各级政府之间建立明确的规划分工与协调机制，确保在全国范围内遵循统一的规划标准，同时这也有助于地方政府根据当地实际情况灵活调整规划内容，真正做到因地制宜。

3. 管控引领

管控引领是国土空间规划改革创新的重点工作之一，政府部门通过改革规划体制机制，能充分发挥国土空间规划传统的引领和管控作用，为政府职能转变和社会经济高效运转提供制度支持，同时还能提供更加高效、透明的规划实施环境，确保规划能够切实引导经济社会的发展。

为了充分发挥国土空间规划的管控引领作用，推动体制机制改革创新，政府部门需要从以下几个方面着手：首先，结合当前规划的应用情况，对现有规划体制机制进行改善优化，提升规划的前瞻性和科学性，以确保其能够正确引导各类空间资源的开发与利用；其次，以“多规合一”为基础，将各种空间资源的独特属性融于一体，实现空间规划的统筹配置；再次，健全并完善空间规划法律法规体系，为规划执行提供法律依据和强大的约束力；最后，简化规划审批程序，优化行政服务，提高政府部门的工作效率，降低规划领域的制度性交易成本，为企业和社会各界提供更加便捷、高效的服务。

4.提升能力

随着科技的不断发展，规划工作数字化、信息化、智慧化进程不断加快，“互联网+政务”的管理模式得以逐步实现，极大地提升了国家国土空间规划的能力，促使国土空间规划工作向现代化转型。在大数据、云计算和人工智能等现代技术的加持下，政府部门不仅可以实时监控国土空间资源的应用情况，还可以根据具体需求实现动态调整，不仅大幅提升了空间规划的智能化水平，还在一定程度上提升了空间规划治理能力，更重要的是为空间规划的未来可持续发展提供了强大的技术支撑。但现代科技最大的作用是为国家国土空间规划创建了一个专属空间，即基于大数据、云计算、人工智能等先进技术构建的国土空间数据平台，通过这个平台，各级政府和相关部门可以相互沟通，传递数据，不仅有效避免了信息孤岛现象的发生，还简化了不同部门之间规划的审批流程，大幅提升了国土空间规划决策的科学性、准确性。同时，得益于现代技术加持的智慧化空间规划还可以通过数字化、智慧化的手段，为公众提供更加透明、高效的服务，增强公众对社会事务的参与感，实现空间资源的高效利用和可持续发展。

（四）国土空间规划的性质

1. 基础性

国土空间规划是以土地、建筑、基础设施和环境等物质实体为主要对象的规划安排，具有显著的基础性。国土空间规划的基础性并不仅仅体现在对物质实体的规划上，还体现在对经济、民生、文化等虚拟对象的详细规划上，虽然这些虚拟对象的规划没有物质实体规划明显，但上述物质实体的规模、形态、布局的规划会对整个社会的经济、民生、文化等诸多方面产生深远影响。这种基础性的存在使得国土空间可以通过对国土空间的合理开发、利用以及生态环境的保护、再造来实现物质空间的优化，并对经济发展、民生改善和文化繁荣起到基础性的引导作用，为社会的繁荣发展构建完整的基础框架，这正是国土空间规划重要的战略定位。

2. 管控性

国土空间规划的工作内容包括空间开发、资源利用、环境治理、景观规划等多个方面，不仅直接关系着整个社会的公共利益，还成为政府与市场联合发挥作用的重要节点。但无论是经济的快速发展，还是社会的繁荣发展，往往都伴随着不可预测的变化，此时，国土空间规划明确的管控性可以通过明确的目标、规范，为社会提供一个稳定的遵循依据，从而正确应对经济发展、社会发展过程中出现的许多问题，有效避免因无序开发或资源浪费而带来的负面影响。与此同时，国土空间规划作为政府与市场之间的关键节点，一旦规划确定，市场会以政府强大的公权力作为依靠，强制实施规划，引导社会各方按照既定方向开展工作，实现资源的合理利用，保证生态环境的可持续发展。在这个过程中，政府通过制定公共政策和规则，确保公共利益不受损害，而市场则以这些规则为框架，促进经济有序发展，二者共同努力推动整个社会朝着可持续的方向健康发展。

3. 长期性

无论是国土治理、区域发展，还是城乡格局优化、生态修复，都需要长期的时间验证，不可能在短期内得到结果，这间接证明了国土空间规划具有长期性，需要人类从更为长远的角度加以考虑，任何追求短期利益的行为都无法取得满意的结果。此外，国土空间规划的长期性还体现在国土空间开发所面临的复杂格局，尤其社会、经济、生态的三方围合要求国土空间开发必须具备全局观和战略眼光，以确保其在较长时间内持续引导国土资源的合理利用，实现可持续发展。这种长期性不仅反映了规划实施需要极大的时间跨度，还变相彰显了国土空间规划的战略性和稳定性。通常情况下，国土空间规划的期限需要持续数年乃至数十年，并确保在这个期限内制定高度的战略定力，绝对不会因为短期利益或外部因素影响而随意更改，从而促进国家和地区的长期发展与生态平衡。

二、国土空间规划的定位

（一）国土空间规划的理论定位

随着改革的不断深化，我国国土空间规划的内涵随着国家任务和目标的不断变化而更新，但其本质仍然是国家在不同历史阶段对资源利用和环境保护所制定的一系列战略需求，需要秉持空间治理和可持续发展的先进理念，通过合理的空间布局实现资源的可持续利用，促进生态环境的保护与修复。同时，积极寻求经济发展与环境保护的平衡点，确保经济生态系统和环境生态系统的健康、可持续发展。基于此，我们可以确定国土空间规划的理论定位与其发挥的作用密切相关。

1.国家意志的深刻体现

“国家意志”指的是一个国家在国内外事务中的意图、目标和行为的总体表达，是国家的根本利益、战略方向、社会和政治制度要求的直观反映。简而言之，国家意志就是一个国家为了维护自身利益和实现长远目标而采取的总体意向和具体行动，最主要的表现形式为国家领导层和政府机构制定的法律、出台的政策、做出的决策等。从这种定义出发，我们可以发现国土空间规划刚好符合国家意志的表现形式，应充分发挥国家在规划层面的战略意图和实施行动的作用。

国家意志既包括积极的正向要求，也包括对国家发展阶段的科学判断，而国土空间规划作为对一定区域国土空间开发、利用和保护行为在空间和时间上所做出的安排，同样是国家空间发展的指南，是为国家可持续发展绘制的空间蓝图，这一点与国家意志如出一辙。此外，国土空间规划还是国家在面对资源保护与经济发展冲突时做出的战略选择，是针对空间治理、资源利用、环境保护制定的一系列重要举措，为各类开发保护建设活动提供基本依据，推动生态文明建设稳步开展，这一点从更高层面完整诠释了“国家意志”的重要作用。更为重要的是，国土空间规划的价值取向与习近平总书记多次强调的“绿水青山就是金山银山”这一生态文明理念完美契合，希冀在推动保护环境的同时也能实现经济发展，保持经济发展与生态保护的协调统一，间接证明国土空间规划是国家意志的鲜明体现。通过国土空间规划，国家意志得以具体落实，不仅保障了资源的合理利用和环境的有效保护，还为可持续发展提供了强有力的制度保障。

2.空间资源的合理配置

国土空间是人类生存和发展的重要基础，所有必要的社会活动和经济活动都离不开对空间资源的利用。但近年来，我国经济不断发展，人口飞速增长，这一系列变化背后隐藏的是对国土空间的挤压，是对国土空间资源的大肆开发利用，以至于出现大量侵占耕地、掠夺自然资源、挤占生态空间的现象，导致部分地区出现严重的资源短缺和环境污染问题，严重破坏该地区的生态环境承载力，进而使人与自然的动态平衡关系陷入不平衡状态。在这种背景下，如果人们持续追求自身利益最大化，不接受统一的规划与管控，空间资源很可能会被过度开发，直至被完全破坏，最终陷入所谓的“公地悲剧”，即当个人为自身利益而无节制地利用公共资源时，整个社会将面临资源枯竭和环境恶化的灾难性后果。面对这种情况，国家政府部门应积极收集相关资料，构建并完善国土空间规划体系，通过合理的空间布局、空间资源配置，减少对耕地、森林、湿地等关键生态资源的过度侵占，确保空间环境和空间资源的可持续开发利用，实现经济和生态的均衡发展。

国土空间规划中明确规定了各类空间资源的使用边界，可以有效避免人类盲目扩展，间接保护了生态环境的完整性。同时，国土空间规划通过应用信息化、数字化和智能化等手段，能够实时监控空间资源的分布情况、开发强度，大幅提高空间治理的精准度。基于此，国土空间规划有效解决了资源过度开发和环境污染问题，同时还平衡了空间资源的利用与保护，实现了人与自然的和谐共处，促进了经济、社会、环境协调发展，为区域的可持续发展提供了强大的战略支持。

3. 各类规划的协调统一

在国家发展过程中，我国政府逐步意识到经济发展并非一往无前，而是应将生态环境保护提升到与经济发展同等的地位，实现空间资源开发、利用与经济发展的和谐统一。为实现这一目标，政府部门从自身情况出发，出台了一系列以自身为主导的资源规划，以管理和保护自身管辖范围内的自然资源类型。但是，各政府部门在制定规划过程中过于重视自身的利益和职责，并没有形成有效的协调和统一，导致空间资源仍未能得到充分的利用和保护，反而形成了管理分散的局面。在这种情况下，不同政府部门之间很容易出现管理博弈，不仅会造成资源浪费，还会出现推诿扯皮的现象，显著降低行政效率，更有甚者可能损害政府在民众中的公信力。在这种背景下，国土空间规划作为统领各类空间规划的基础框架，可以将各个部门的规划职责和目标整合在一起，消除不同部门之间的规划壁垒，从根源上解决规划管理分散的局面，实现从上至下的协调统一。更为重要的是，国土空间规划可以有效避免规划重复、资源冲突等问题，显著提升空间资源的管理效率，强化政府在空间治理中的领导地位，增强政府在空间资源管理中的公信力。

（二）国土空间规划的实践定位

1.基础定位

国土空间规划作为涉及国土资源、空间治理、环境保护等多个方面的规划，其最基础的任务是通过对我国土地资源的科学开发、有效治理、合理保护来推动社会、经济与环境保护的协调发展。因此，国土空间规划的基础定位应围绕国土资源而制定，同时还必须体现出规划的基础性，这意味着国土空间规划不仅要对土地资源的合理利用做出系统安排，还要为土地资源的有效治理和长远保护提供清晰的指导框架，确保土地资源建设活动可以遵循完善规划的指导有序进行，实现社会、经济与生态环境的可持续发展。

2022 年，我国首部“多规合一”成果文件《全国国土空间规划纲要（2021—2035 年）》（以下简称《纲要》）正式印发实施，这一纲要的出台标志着我国在国土空间开发、保护和利用领域迈出了关键的一步，将原本分属不同部门的主体功能区规划、土地利用规划、城乡规划、海洋功能区划等空间规划职责有机整合在一起，形成了统一的、可持续发展的“中国方案”，为全国范围内的土地资源优化配置、生态环境保护和经济发展提供了重要依据。根据《纲要》的要求，国土空间规划需从土地资源的实际环境承载能力出发，统筹考虑土地资源的利用与开发潜力，确保土地资源的利用与开发活动能够匹配资源环境的承受能力，避免因过度开发资源导致环境出现退化，从而实现经济效益与生态效益的均衡发展。在这一过程中，我国逐步汲取其他国家在空间资源管理和生态保护方面的成功经验，不断丰富、优化我国的国土空间规划，全面提升我国空间治理能力，实现土地资源的科学利用与管理优化。2023 年，国务院先后批复了多个省市的国土空间规划，将这一规划蓝图在地方层面进行了进一步细化和落实，不仅为省市区域发展提供了清晰的空间指引，也确保了各地在规划执行过程中能够时刻保持与国家整体战略目标一致，为我国未来的绿色发展、生态文明建设奠定了坚实基础。

2. 功能定位

在当前社会快速发展的背景下，国土空间规划作为针对土地使用、人口分布以及资源配置的统筹规划，并非只能发挥本身的规划作用，还能与功能区域制度建设紧密结合，助力国家战略发展目标的高效实现。换言之，国土空间规划本身就具有特殊的功能属性，能够显示不同空间区域的具体功能，在此基础上，对空间进行针对性、合理性、科学性的开发，不仅可以高效实现空间现有资源的合理调配，也间接确定了空间区域的未来发展方向。此外，国土空间规划还能够通过合理的空间分布和规划设计来显著提升土地资源的利用效率，这意味着只需通过合理的规划，就能顺势引导空间区域的开发，避免城市无序扩张。更为重要的是，不同空间区域规划身处国土空间规划的整体框架内，能够有效避免某些地区的过度开发，实现区域协调发展，进而推动经济社会的均衡发展，为国家长期可持续发展的实现奠定坚实基础。

3. 管理定位

虽然国土空间规划是针对资源开发、空间治理、环境保护的统筹规划，但其本质仍然属于从更高层次对土地资源开发、利用和保护的统筹规划和刚性管控，其工作的开展也离不开传统的土地利用管理制度。但与传统的土地管理制度相比，国土空间规划更加注重规划的全局性、系统性和科学性，通过规划的逐步落实，推动土地资源的合理开发、高效利用与长久保护。国土空间规划作为一种刚性管控手段，不仅需要对土地资源进行简单保护，还需要在资源利用和开发过程中严格遵循规划原则以开展土地资源的保护工作，这就要求国土空间规划既要考虑土地的数量、质量及其空间分布，还要兼顾土地的整治规划，以实现土地的综合治理和优化保护，改善土地的生态环境，恢复其生态功能，为未来土地资源的可持续发展提供坚实保障。

在规划工作实际开展过程中，各种开发活动需要统筹安排，但为了确保规划实施覆盖各级行政区域，需要构建包括省级、市县级、乡镇级等多个层次的国土空间规划体系，从上至下逐步落实规划内容。同时，国土空间规划体系的分级管理还能够确保国土空间规划根据不同空间区域的具体特点来实施差异化的开发和保护策略，从而实现土地资源的高效利用，推动区域均衡发展。

第二节 我国国土空间规划的发展历程

一、起步阶段

（一）国土空间规划起步阶段的发展背景

中华人民共和国成立后，人口数量实现了飞速增长，但国家仍面临经济基础薄弱、生产力水平低下的严峻形势，对此，中央政府开展了一系列针对性工作，经过多年努力，终于使得国民经济基本恢复到正常水平。为了更好地开展工作，1952 年，中央政府成立了中央人民政府国家计划委员会（以下简称国家计划委员会），标志着我国规划事业正式拉开序幕。

为了更好地推动经济发展，我国积极学习和借鉴他国经济模式，最终确立了高度集中的计划经济体制，并基于这种计划经济体制，制订了一系列“国家五年计划”（以下简称“五年计划”）。这些“五年计划”的出台代表整个国家的所有经济活动都应围绕制订的“五年计划”而展开，地方“五年计划”依附国家五年计划。所有“五年计划”中的计划指标均具有强制性和指导性，各计划执行主体必须严格遵守，稳步达成资源合理分配、政策有序执行的目标。在起步阶段，“五年计划”大都围绕工农业生产而展开，但深入分析其本质便可以发现，其仍然属于国民经济计划的延伸，服务国家整体经济目标，而非区域经济平衡或资源的优化配置，对经济发展发挥了难以估量的重要作用。

在起步阶段，国家计划委员会先后编制了多个“五年计划”，从“一五”计划到“五五”计划是国民经济计划中最具代表性的计划。“一五”计划开始于1951年，但直到1955年7月才经过中华人民共和国第一届全国人民代表大会第二次会议审议通过，此时计划实施已经过半。这一时期的经济规划以大规模工业建设为主，尤其重工业建设，典型成就包括长春第一汽车制造厂生产出第一辆汽车、飞机制造厂试制成功第一架喷气式飞机、武汉长江大桥建成并顺利通车。同时，农村地区开始发展部分集体所有制的农业生产合作社，推动了资本主义工商业向国家资本主义的转变。1957年，“一五”计划提前并超额完成了计划任务，国民经济得到了飞速发展，基本形成了独立的、比较完整的工业体系和国民经济体系，从根本上改善了我国工业布局不合理的局面，为我国工业化、现代化奠定了坚实基础。

随着“一五”计划的成功实施，国家顺势着手制订“二五”计划，但随着计划的逐步推进，不恰当的经济目标导致国民经济比例关系发生急剧变化，人民的生活水平并未得到显著改善。为了应对这一问题，

“二五”计划执行到后期不得不采取边编制、边实施、边调整的方式，以缓解财政压力和国民经济失衡的状况，甚至直接将1963年到1965年定位成“过渡阶段”，中央政府针对性地提出了“调整、巩固、充实、提高”的八字方针，为后续的经济规划奠定了基础。1966—1970年是“三五”计划的实施期，受到当时政治局势的影响，经济建设进展较为缓慢，国家工业和农业发展也受到了一定冲击。进入“四五”计划时期（1971—1975年），国家认识到长期以来“重工业、轻农业”的经济发展模式存在明显的弊端，特别强调了应夯实农业基础，降低计划指标，开始逐渐将经济建设的重心转向提高经济效益，稳步推进农、轻、重的协调发展，推动国民经济向更加平衡的方向迈进。“五五”计划（1976—1980年）是计划经济体制时期最后一个五年计划，虽然经济发展经过徘徊，但成绩仍然比较喜人，人民生活得到较大改善，为中国国民经济的进一步发展打开了新的局面。

（二）土地利用规划的简单管理

随着土地改革的深入推进，人口数量出现快速增长，但可供耕种的土地资源却日益减少，百姓的“吃饭”问题成为各级政府亟须解决的难题。在这种背景下，各级政府针对土地资源的合理利用和管理展开深入探讨，其中，农业部（现农业农村部）的土地管理局作为承担土地利用规划管理职责的主要部门发挥了重要作用。

1954年，中国政府在荒地开辟了多个大型农场，聘用国外专业的土地利用和管理人才开始在农业合作社内开展土地利用规划的试点工作，希望能够在一定程度上缓解土地利用不合理、粮食生产不足导致的困难局面，提升农业生产力。在这一阶段，土地利用规划的类型大致分为三种：区域性利用规划、人民公社（企业）之间的利用规划和人民公社（企业）内部的利用规划，具体规划内容包括土地利用的总体布局和详细规划，而县级以上地区开展的农业区划工作为土地利用规划进一步奠定了重要基础。在人民公社制度的框架下，这一时期的土地利用规划基本实现了土地利用的集约化和科学化，不仅满足了农业生产的需求，还在一定程度上促进了集体经济的发展。1970 年，农业部与林业部[①]合并为农林部（于 1979 年撤销），土地管理局被撤销，土地利用规划的相关行政机构随之解散，国家在土地利用规划方面的工作基本停滞。

（三）城市规划建设基本启动

中华人民共和国成立后，大规模的城市建设并没有同步开启，但为了推进国家现代化建设，逐步开展了以“生产”为核心主题的“生产性城市”建设工作，初步形成了城市建设管理体系。在这一体系的指引下，城市规划的编制和实施活动得以正式启动。

1953 年，随着“一五”计划的开展，中国开始迈入大规模发展工业化的阶段，工业化的急速发展为城市化发展提供了核心动力，促使我国城市化建设迎来第一个“春天”。在工业化急速发展的背景下，建筑工程部下设的城市建设局负责全国范围内的城市规划工作，并全面引入了“苏联式”城市发展模式，稳步推进城市规划工作。1954 年 6 月，建筑工程部在北京召开了全国第一次城市建设会议，明确了城市建设的核心任务是为国家社会主义工业化、为生产、为劳动人民服务，特别是要与工业建设相适应，遵循“重点建设，稳步前进”的建设方针。全国第一次城市建设会议的召开为中国城市规划和城市建设工作开展明确了方向，以至于在会议之后没多久就出现了多座新的随着经济建设推进形成的城市。这些城市在建设中不断扩展旧城市郊区的范围，以至于许多城市盲目扩张，导致城市发展核心出现一定程度的偏离。在这种背景下，1954 年 5 月，中央政府内务部发布了《关于调整城市郊区行政区划应注意事项》的通知，强调城市郊区的扩大必须依据实际需求，服务于政治、经

①1998 年，林业部改为国家林业局。2018 年，将国家林业局的职责进行整合，组建国家林业和草原局。

济、文化和国防事业，且要逐步有序推进，避免因规模过大造成管理困难。1955 年 6 月，国务院发布了《关于设置市、镇建制的决定》，并于同年 11 月公布了《国务院关于城乡划分标准的规定》，明确规定城市的设置标准以经济条件为核心，而非以往的以人口和政治因素为基准，这一改变标志着我国在城市化与城市建设的规制方面迈出了重要的一步。

1956 年，国家建设委员会颁发了《城市规划编制暂行办法》，这是新中国第一部重要的城市规划立法。同年，国务院进行了机构调整，撤销了原有的城市建设总局，成立了城市建设部，其下设立了城市规划局等多个职能部门，分别负责城建政策的研究、城市规划设计等具体业务工作，进一步加强了国家对城市建设领域的管理和规划，标志着中国的城市规划工作进入了更为系统和集中的管理阶段。在这些城市规划的指导下，国家工业化需求推动了城市基础设施建设的完善和升级，许多新兴的工业城市逐渐崛起，人民的生活水平得到一定提升，城市的市政配套设施和生活服务功能越发完备。1958 年，国家建设委员会被撤销，原本由其负责的城市规划工作出现相应调整，城市规划局被划归国家计划委员会，城市建设部、建筑材料工业部和建筑工程部则合并为建筑工程部。至此，城市规划工作的管理职能被划分给两个不同的部门承担，其中，国家计划委员会负责制定城市规划的标准定额、规划编制办法以及总体规划的审批，而建筑工程部则负责城市规划的业务指导，并组织编制重点城市的规划。虽然这种管理职能的分离在一定程度上保证了规划工作的专业性，但也在一定程度上增加了部门协调的复杂性。此后，国家的城市规划事业基本陷入停滞状态，城市建设的步伐明显放缓，但城市规划相关法治建设取得了重要进展，为未来的城市规划提供了重要的制度保障。

二、沉淀阶段

（一）国土空间规划沉淀阶段的发展背景

随着社会经济的不断发展，计划经济体制逐渐暴露出发展的局限性，无法适应生产力和生产关系的进一步发展。在这种背景下，1978 年 12 月召开的党的十一届三中全会明确提出了“改革开放”的任务，对国家经济管理体制和经济发展模式进行了深刻变革，为各项经济领域注入了新的活力，标志着中国经济发展进入了一个全新的历史阶段。十一届三中全会是中国历史上的一个重要转折点，它开启了中国经济的腾飞序幕，使得中国的规划事业进入了一个全新的积淀期。

在改革开放的大潮中，城市中的国有企业经营权改革成为重点，企业自主经营权逐渐扩大，城市经济因此焕发出新的生机；在农村，大力推行“分田到户、自负盈亏”的家庭联产承包责任制，激发了农民的劳动积极性，充分利用土地的生产活力，促使农村农业生产迅速恢复并稳步增长。在此基础上，国家还提出五个阶段的对外开放举措，力求推动经济全面发展。具体举措包括：第一，试办经济特区，以深圳、珠海、汕头、厦门等地为代表进行经济体制改革和外向型经济发展的探索，为改革开放积累宝贵经验；第二，开放广州、上海、天津等重要港口城市，大幅提升国家的对外贸易能力；第三，扩大沿海开放区域，推动环渤海、长三角和珠三角等沿海经济带的协同发展，加强对外投资与技术交流；第四，开发、开放上海浦东新区，将其打造为金融和经济中心，实现从区域经济向高端产业和金融市场的全面拓展；第五，全面开放沿边、沿江以及内陆省会城市，打破地理限制，推动区域经济协调发展。

在规划发展的沉淀阶段，我国的经济体制格局和国民经济运行机制发生了深刻变革，这一阶段的体制属于体制转轨、新旧体制并存的局面，最显著的表现就是国家在注重国民经济发展的同时，也开始考虑社会发展的相关需求。在这种背景下，1981—1985年实施的“六五”计划也从原本的“国民经济计划”升级为“国民经济和社会发展计划”，这一名称的改变标志着中国在国民经济发展中的思路转变，告别了过去只重视经济增长、忽视社会发展的单一模式，开始强调经济与社会的协调发展。在“六五”计划中，国家正式将社会发展和第三产业纳入了发展考量范畴，确立家庭联产承包制，推动农村经济体制改革迅猛发展，大幅提升农业生产效率，优化农村经济结构。

“七五”计划紧跟“六五”计划，于1986年4月召开的第六届全国人民代表大会第四次会议审议批准，但早在1983年就已经开始起草编制，这使它成为第一个在前一个五年计划刚刚开始时就提前三年编制的国民经济和社会发展计划。“七五”计划的提前并不仅仅体现在时间上，更重要的是在内容上高度重视经济发展战略和方针政策，没有选择以往过于僵化的数字化考核体系，而是选择了更具有灵活性和适应性的研究化、发展化体系，着眼宏观经济的发展趋势，实行长期战略规划，推动我国经济体制格局和国民经济运行机制不断改革，为中国日后实现经济的持续增长和社会的全面进步奠定坚实基础。

1991年4月，第七届全国人民代表大会第四次会议审议通过了国务院提交的《关于国民经济和社会发展十年规划和第八个五年计划纲要的报告》，为中国未来十年的发展指明了方向。1992年初，邓小平同志先后视察武昌、深圳、珠海、上海等地并发表“南方谈话”，为改革开放注入了新的动力。同年10月，中国共产党第十四次全国代表大会召开，明确提出了建立社会主义市场经济体制的目标。这些重要的历史事件均标志着中国的改革开放和现代化建设进入了崭新阶段。在这一背景下，“八五”计划（1991—1995年）作为处于特殊历史节点的国民经济和社会发展计划，不再以经济增长速度为根本出发点，而是结合我国在20世纪末实现的伟大战略目标的相关要求。制定国民经济和社会发展的综合指标，追求更为全面的经济环境治理、经济秩序整顿和改革深化。正因如此，“八五”计划便成为改革开放速度最快的阶段。农村方面，剩余劳动力加速向城市流动，城乡一体化进程逐渐提速，农村经济得到有效发展和转型；城市方面，国有企业改革加快，市场机制在资源配置中的作用日益增强。与此同时，进一步扩大对外开放的政策也使得沿海地区和内陆开放城市成为外贸和外资的全新着陆点，当地经济得到飞速发展，国内经济稳步提升。

（二）土地利用规划的新阶段

改革开放初期，国家大力推行家庭联产承包责任制，土地的管理模式逐渐从集体控制向家庭承包过渡，农业发展的重点也从以往的集体化生产转向个体家庭承包，原本以人民公社为主体的土地利用规划逐渐退出历史舞台。

1982 年，国家对农业管理部门进行了适当调整，将农业部、农垦部和国家水产总局合并成全新的农牧渔业部，全权负责农业和农村事务，同时还探索新的土地利用规划模式，尤其是在农业区划的基础上开展县级土地利用总体规划的编制工作。为了快速推进这一工作的开展，农牧渔业部在国内多个省份选择县区作为试点，开展土地利用规划编制试验，如四川省眉山市、河南省光山县、辽宁省康平县和黑龙江省集贤县。与此同时，农牧渔业部草拟了《县级土地利用总体规划要点》，为全国县级土地利用规划的编制提供了初步的指导和规范，然后根据规划要点，在试点县区逐步推行，不断规划土地资源的利用，提高土地的生产力，促进农业经济的进一步发展。通过不断总结试点县区的规划工作经验，政府部门可以逐步明确县区土地利用规划的目标、任务和方法，进而推广到全国范围，实现县区土地利用规划工作的全面展开。随着县级土地利用总体规划的推进，土地管理工作逐渐走向规范化，通过对土地资源的科学规划，农业生产效率得到极大提升。

改革开放后，我国经济迎来飞速发展，乡镇企业乘势而起，但在这种飞速发展的背后也伴随着各种各样的负面影响，如工矿建设、乡镇建设以及农村建房等建设用地需求急剧增加，这种对土地的迫切需求成为中国经济快速发展背后不容忽视的重要问题。自古以来，任何国家追求经济发展都会面临“建设用地扩张，耕地大幅减少”的问题，我国自然也不例外，再加上自然资源消耗和环境污染等问题日益严重，对我国的生态环境和农业生产连续性产生了严重影响。1984 年 5 月，国务院启动了第一次全国土地调查工作，全面摸排全国土地资源的使用情况，为制定土地规划、开展土地管理提供数据支撑。1986 年 6 月，第六届全国人民代表大会常务委员会第十六次会议审议通过了《中华人民共和国土地管理法》，首次将编制土地利用总体规划作为各级政府的重要职责写入法律，标志着中国土地利用总体规划工作进入了法治化、规范化、统一化的新阶段，为未来土地资源的合理利用和保护提供了法律保障。1993 年，国务院先后发布了《村庄和集镇规划建设管理条例》，明确了村镇规划的标准和要求，并设立了村镇建设管理机构，增强了对规划实施的管理和监督，进一步完善了村镇规划的法律依据。到 1996 年年底，村镇建设管理机构已基本覆盖全国各省、市级地区，全国范围内的村镇规划体系逐步发展成熟。

（三）城市规划的全面发展

1978 年 3 月，第三次全国城市工作会议在北京召开，会议制定了关于加强城市建设工作的意见，不仅为城市建设注入了新的活力，也标志着城市规划工作步入正轨。1979 年 3 月，国家成立了直属国务院的国家城市建设总局（具体工作由国家基本建设委员会代管），进一步完善了城市建设的组织架构。1982 年，我国将环境保护工作与城市规划纳入了同一框架，成立了城乡建设环境保护部。1988 年，城乡建设环境保护部改名为建设部，城市规划工作进入全面发展的新时期。

在沉淀阶段，城市规划的发展主要分为两个阶段：第一阶段是 20 世纪 80 年代的城市规划，其工作主要围绕城市总体规划和城市基础设施建设而开展，通过一系列举措推动改善城市面貌，提高城市治理水平，加快城市化建设进程。1989 年 12 月，第七届全国人民代表大会常务委员会第十一次会议通过了《中华人民共和国城市规划法》，其中总结了过去 40 年的城市规划经验，对未来 20 年城市规划的制定、目的、任务、方针、原则和各项工作要求进行了系统规范。这部城市规划法律是中国第一部专门针对城市规划的法律文件，标志着中国的城市规划工作正式走上了法制化的轨道，不仅为城市规划工作依法依规进行提供坚实保障，也为中国城市规划现代化奠定了制度基础。进入 20 世纪 90 年代后，城市规划工作进入了第二个阶段，此时的中国城市因为改革开放进程的深入推进而面临着前所未有的变化，以至于城市规划的主要任务也发生了改变，既要满足快速发展的经济对空间的需求，又要应对城市建设中面临的各种矛盾和挑战。换言之，现代城市规划不仅要为工业和商业的发展提供适宜空间，还要兼顾人民生活质量的提升和城市生态环境的保护。

（四）国土规划的初步探索

随着改革开放政策的逐步深入，虽然我国的经济建设取得了极大成效，但既没有对国土规划的系统性有足够认识，也没有成立专门、统一的行政机构来负责。面对这一局面，1981 年 4 月，中央书记处会议决定在国家基本建设委员会内增设国土整治职能，并与国家农业委员会密切配合，共同推进国土整治工作，至此，国土规划工作正式进入国家政策的视野，但更多地还是偏向国土整治工作。同年 10 月，国务院批转了国家基本建设委员会关于开展国土整治工作的报告，并发布相关通知。面对我国当前面临的国土资源情况，国家基本建设委员会成立下级国土局，专门负责全国各省、市、区国土规划工作。国土规划应通过国土资源的合理规划，统筹水源、能源、交通等重大基础设施建设，同时重视环境保护和环境整治，充分发挥各地区的资源优势，合理布局人口、生产和城镇，进而推动区域经济的平衡发展。

1982 年 4 月，国家基本建设委员会和国家计划委员会联合发布《关于继续开展省市区国土工作的意见》，将国家基本建设委员会主管的国土工作业务及其机构转移到国家计划委员会下辖，以保证国土工作有序开展。这一转变使得国土规划不再仅仅是一项资源管理工作，而是国家经济发展战略的重要组成部分，具有独特的“经济”属性。1984 年 7 月，国家计划委员会发布《关于进一步搞好省、自治区、直辖市国土规划试点工作的通知》，先后在 20 多个地区开展了国土规划试点工作。1985 年 3 月，国务院批转了国家计划委员会提交的《关于全国国土总体规划纲要的报告》，明确要求各级政府积极参与并编制好全国国土总体规划纲要，以大力推动国土资源的合理开发与可持续利用。1990 年，国家计划委员会完成了《全国国土总体规划纲要（草案）》的编制工作，这一纲要不仅为全国各地的资源管理提供了统一指导，还为我国未来国土规划和生态保护工作的顺利开展奠定了坚实基础。

三、多元化发展阶段

（一）国土空间规划多元化阶段的发展背景

1996 年 3 月，第八届全国人民代表大会第四次会议批准了《国民经济和社会发展“九五”计划和 2010 年远景目标纲要》，这一纲要是中国在社会主义市场经济条件下制定的第一个中长期发展计划，具有跨世纪的战略意义。作为一项跨世纪的发展规划，“九五”计划为中国经济社会发展提供了明确的指导方针，它以转变经济体制和增长方式为核心，逐步落实“从计划经济向社会主义市场经济的经济体制转变”和“从粗放型向集约型的经济增长方式转变”的战略部署，促使各行各业释放出前所未有的经济活力，推动了国民经济的稳步增长，甚至比预期目标提前三年实现了“人均国民生产总值比1980年翻两番”的宏伟目标，标志着中国经济已然进入了一个新的发展阶段。

1998年，国家计划委员会正式更名为“国家发展计划委员会”，这不仅是国家管理体制的转变，也标志着中国经济管理的重点从单纯的计划经济向市场经济的方向逐步过渡。随着市场经济体制的逐步确立，国家发展计划委员会的职能逐渐聚焦宏观经济管理，通过制定发展战略全方位管理国民经济事务，政府的角色也从过去直接干预经济活动转向通过政策宏观调控经济活动，进而创造一个公平竞争的市场环境，保障市场机制在资源配置中发挥主导作用，最终实现市场经济的健康运作。

1999年，国务院办公厅转发国家发展计划委员会《关于“十五”规划编制方法和程序若干意见的通知》，详细界定了“十五”规划包含的内容以及各类规划的性质和作用，同时规范了规划编制的具体方法和程序。这一通知的出台不仅为“十五”计划的编制奠定了坚实基础，更标志着中国的“五年规划体系”已经迈入一个制度化、科学化的全新阶段。“十五”计划是跨入21世纪后编制的第一个五年计划，是国家发展计划委员会制定的第一个五年规划，关乎我国国民经济发展的第三步战略部署，具有特殊的重要性。2001年3月，第九届全国人民代表大会第四次会议正式通过《国民经济和社会发展第十个五年计划纲要》，明确提出以经济结构的战略性调整为主线，推动经济转型升级，而且还强调在发展经济的同时必须保障生态系统的平衡，实现经济、社会与环境的可持续发展。“十五”计划的实施标志着我国发展战略从单纯的经济增长逐渐向全面协调发展转变。

2003年，国家发展计划委员会再度更名为“国家发展和改革委员会”（以下简称国家发展改革委），原本属于国家经济贸易委员会以及国务院经济体制改革办公室的部分职能被全部划归于国家发展改革委辖下，而“计划”二字则彻底从国家政府部门的名称中剔除，这表明中国政府彻底告别“计划经济”，不仅间接强调了市场经济体制的主导地位，更昭示着国家在经济发展与社会事务管理上出现了重大转折，具有不容忽视的历史意义。国家发展改革委作为统筹经济社会协调发展的核心部门，职责范围涉及制定宏观经济政策、推动产业升级、平衡区域发展、保护环境等，成为推动中国进入新发展阶段的关键力量。

2006 年 3 月，第十届全国人民代表大会第四次会议审议通过《国民经济和社会发展第十一个五年规划纲要》，自此之后，所有“五年计划”都被更名为“五年规划”，一字之差，反映出我国无论是经济体制、发展理念还是政府职能都发生了重要变革。与“十五”计划相比，“十一五”规划的内容更强调原则性、指导性、战略性，并首次在规划中明确将指标属性区分为预期性指标和约束性指标，极大地增强了规划的灵活性和实用性。“十一五”规划中还提出了编制全国主体功能区规划的任务，标志着我国开始更加科学地规划国土空间，从全局角度出发，根据不同地区的资源储备、生态环境承载力和发展潜力，将全国划分为多个功能区，引导各区域因地制宜地发展，避免资源浪费，进一步发挥市场在资源配置中的决定性作用。

2005 年 10 月，国务院发布了《国务院关于加强国民经济和社会发展规划编制工作的若干意见》，明确提出建立“三级三类”的规划管理体系，从行政层级和功能类别两个维度进行系统化梳理。其中，国民经济和社会发展规划按行政层级可以分为国家级规划、省（区、市）级规划以及市县级规划，不同层级规划有其专属的职责和功能，进而确保国家、省、市三级规划目标的一致性和关联性；按功能类别可以分为总体规划、专项规划和区域规划，总体规划侧重全局性和长期性目标的确定，专项规划聚焦某个特定领域或行业的具体发展，区域规划则根据各区域的特点制定相应的发展策略，全面覆盖不同领域和功能的实际需求。

（二）土地利用规划的规范化编制

随着经济的不断发展，土地资源的有限性再度成为发展面临的一项难题，寻找经济发展与土地资源保护之间的平衡点成为当前土地利用规划亟须解决的重要议题。1997 年 4 月，国务院发布了《关于进一步加强土地管理切实保护耕地的通知》，明确提出耕地保护，尤其基本农田的保护是土地管理和城镇发展中的重中之重，只有“保护耕地和基本农田”，才能满足土地规划的编制、修订、实施的原则和要求。对此，国务院提出了建设占用耕地补偿制度和补充耕地储备制度，要求经济发展项目在占用耕地时必须提供相应的补偿，同时还要求各地建立耕地储备库，运用各种方式补充耕地面积，确保国家农业的可持续发展。

2007 年 7 月，国家启动了第二次全国土地调查，为新一轮土地利用规划的编制提供数据支撑，同时帮助政府准确掌握土地资源的基本情况、土地利用的结构和变化趋势。2008 年 10 月，国务院印发《全国土地利用总体规划纲要（2006—2020 年）》（以下简称《纲要》），明确提出严守 18 亿亩耕地的底线，优化土地利用结构，实现科学用地，充分保障国家粮食安全和农业生产的稳定性。为了满足《纲要》要求，我国的国家、省、市、县、乡镇五级土地利用规划的编制和审批工作已全面开始。

随着科学技术的不断发展，我国还基于数字技术建立了全覆盖的土地规划数据库和信息平台，运用信息化手段实时监控土地资源的动态，进一步提升土地规划的管理效率，为我国的可持续发展奠定坚实基础。

（三）城市规划的全面发展

1998 年 7 月，国务院发布了《关于进一步深化城镇住房制度改革加快住房建设的通知》，明确提出停止住房实物分配，实行住房分配货币化，建立以经济适用住房为主的多层次城镇住房供应体系。这一政策的出台消除了住房的“铁饭碗”属性，加剧了其商品化、社会化，进而推动城镇住房制度的市场化改革，我国城镇建设进入了高速发展期。在这一政策的大力推动下，商品化住房项目层出不穷，基本满足了城镇居民对住房的需求，但也促使城市快速扩张，其中，城市基础设施建设、公共服务设施以及交通、能源等相关配套设施的发展尤为喜人。

随着商品化住房需求的日益旺盛，中国房地产行业快速崛起，成为推动城市化进程的重要力量，甚至逐渐成为国民经济的重要支柱产业之一。为了应对城市建设的发展，国家和地方各级政府纷纷加快了城市规划体系的建设，通过制定和完善多元化的规划方案，逐步整合不同区域、功能的城市规划，有序推进城市建设，最终形成包括经济、社会、环境等多个维度的综合性规划体系。

2008 年 1 月 1 日，《城市规划法》被废止，取而代之的是《城乡规划法》，这部新法律是根据城乡统筹发展的思路，结合《城市规划法》和《村庄和集镇规划建设管理条例》的实践经验而制定的，至此，中国城市规划迈入了新的阶段。2008 年 3 月，第十一届全国人民代表大会第一次会议提出机构改革，建设部更名为“住房和城乡建设部”（以下简称住建部），这一举动标志着国家将城市之外的乡村建设与发展纳入了城市规划和建设的职责范围，推动城乡一体化发展。

虽然“城市规划”与“城乡规划”仅一字之差，但两者的规划理念存在明显的不同，以往的城市规划主要集中于城市空间的布局和发展，而城乡规划则将乡村纳入城市规划的视野中，统筹考虑城市建设和乡村建设，增强城乡之间的和谐关系，实现协同发展；过去的城市规划主要关注城市的“空间变化过程”和“空间集聚过程”，而现在的城乡规划则重点关注城乡之间的“空间关联过程”和“空间重组过程”，这种新的规划理念为城乡有序化发展奠定了坚实基础，甚至逐步成为城乡协同发展的基本模式。

（四）国土规划的体系化发展

在多元化发展期，国土规划发展经历了重大转折，这种转折以 2009 年为界，2009 年以前为过渡阶段，以后为体系化发展阶段。

1998 年，随着国务院实施的机构改革，国土规划职能由国家计划委员会转移到新成立的国土资源部[①]（以下简称国土部），至此，国土规划的工作地位从传统的经济发展辅助上升为对国土空间的管理，通过加速国土空间整合、优化国土开发格局，全方位提升国土空间治理能力。现阶段，国土规划的主要任务有两个：一是收集各级国土资源数据并编制规划，使各类自然资源得到有效管理；二是在全国各地开展国土规划试点工作，探索不同地区的国土资源管理和空间规划模式。2002 年，国土部率先在深圳市和天津市启动国土规划试点工作，因为深圳和天津作为经济发达、发展迅速的城市，被选为试点地区可以有效探索如何通过合理的空间规划来协调经济增长与资源保护的关系。随着深圳和天津试点工作的开展，国土部逐步将国土规划试点推广到辽宁、广东、福建、重庆、河南等更多省市，这些地区本身拥有不完全相同的资源条件，国土规划发展阶段也不尽相同，开展规划试点可以积累丰富的实践经验，为未来在全国范围内推广国土规划奠定坚实基础。

2009 年 9 月，基于前期的实践经验，国土部与国家发展改革委联合财政部、环境保护部[②]（以下简称环保部）、住建部等 28 个部门和单位，共同开展了新一轮全国国土规划纲要的编制工作，探索如何实施主体功能区规划，以实现国土资源的科学利用。早在 2006 年的“十一五”规划中，国家就提出了编制全国主体功能区规划的任务，尝试在全国范围内根据不同地区的资源储备、生态环境承载力和发展潜力划分不同功能区，如优化开发区、重点开发区、限制开发区和禁止开发区，以便根据对应区域的具体情况采用恰当的规划方案和经济发展模式。其中，优化开发区侧重提升已有经济发展的质量和效益，重点开发区是国家鼓励大力发展的区域，而限制开发区和禁止开发区则侧重生态保护和资源修复。新一轮全国国土规划的编制使得全国的国土资源得到更为科学的配置，更重要的是促使不同区域的经济发展、生态发展维持在一个平衡的状态。

---

① 2018 年组建自然资源部，不再保留国土资源部。

② 2018 年组建生态环境部，不再保留环境保护部。

四、深化改革阶段

（一）国土空间规划改革阶段的发展背景

在中国社会发展的过程中，改革贯穿始终，不仅可以解决社会矛盾，还可以完善社会主义制度，推动社会全面稳定发展，国土空间规划也不例外。

2012 年 11 月，中国共产党第十八次全国代表大会在北京召开，会议针对当前我国社会发展所处阶段存在的问题、面临的机遇进行了详细阐述，尤其是经济转轨、社会矛盾等方面多发频发的问题，提出大力开展生态文明建设，加速城乡一体化，通过对国土资源的可持续利用实现城乡协调发展，进而确保经济社会在环境保护、社会公平和创新驱动的框架下实现全面进步。2013 年 11 月，中国共产党第十八届中央委员会第三次全体会议召开，会议贯彻落实中国共产党第十八次全国代表大会关于全面深化改革的战略部署，通过了《中共中央关于全面深化改革若干重大问题的决定》，不仅明确了深化改革的必要性，还详细列出了各领域改革的目标与路径，强调重要领域和关键环节改革成果的紧迫性，力求通过制度创新和改革推进中国经济社会全面转型。这次全会的召开是我国从 1978 年实施改革开放以来非常重要的一次会议，标志着我国再次迈入一个新的历史阶段。在这个阶段，改革不再仅仅局限于经济体制的转型，而是扩展到更广泛的社会制度、政治体制和生态文明建设等领域，形成了全面深化改革的整体战略框架。

“十三五”规划是中国经济发展进入“新常态”后制定的第一个规划，面临着经济环境复杂、规划任务艰巨、改革挑战艰难的混乱局面，提出了“创新、协调、绿色、开放、共享”的新发展理念，成为推动经济、社会全面进步的指导思想，为中国未来的发展指明了方向。在这一发展理念中，创新属于核心，甚至将“创新发展”作为单独一章，从科技创新到构建激励创新的体制机制进行了详细论述，突显了创新在推动中国经济转型升级中的关键作用，强调了“创新”的改革发展的内在引擎。科技创新不仅是经济增长的新动力，也是提升国际竞争力的重要手段，尤其是“十三五”规划提出的一系列激励机制和制度安排，鼓励企业、高校和科研机构充分发挥自身作用，大力开展技术研发，力争实现技术成果转化应用。“十三五”规划的出台标志着中国经济发展理念从数量型增长迈向质量型增长，表明中国经济从过去依靠劳动密集型和资源消耗型增长逐步向依靠科技进步和创新驱动的发展模式过渡，不仅为中国在新常态下的经济发展设定了清晰的方向，也为全面建成小康社会打下了坚实的基础。

（二）新型城镇化背景下的城乡规划

2014 年，《国家新型城镇化规划（2014—2020 年）》发布，提出健全城镇住房制度，建立以土地为基础的不动产统一登记制度，明确了未来中国城镇化发展的战略任务、主要目标和基本路径，推动城乡规划转型、制度和政策创新，为全国城镇化健康发展提供了重要的理论依据。《国家新型城镇化规划》中的“新”主要体现在这一规划文件具有战略性和宏观性，强调以人为核心的新型城镇化道路，全方位解决城镇化实现过程中涉及的土地、户籍、生态等问题，从而提高城乡居民的生活质量，推动城乡融合发展。

2015 年 12 月，中央城市工作会议在北京召开，会议围绕生态文明体制下的空间规划改革作了重要阐述，突出城市设计和乡村振兴的重要地位，强调未来的城乡发展必须遵循自然规律和城乡发展规律，推动城乡关系、规划关系和理念关系一体式创新，实现城乡协调发展。在这种背景下，以人民为中心的城市建设成为城镇化工作开展的核心落脚点，通过合理布局城市空间，增强城市人民的宜居性和可持续性，进而推进城乡规划转型。2017 年 6 月，住房和城乡建设部第 33 次常务会议审议通过的《城市设计管理办法》开始正式实施，城市设计作为一种新的规划工具正式纳入国家规划体系，标志着中国在城市规划领域迈出了新的步伐。城市设计作为针对城市空间的全方位规划，不仅关注城市空间的美观性、功能性，更强调城市空间的整体性和协调性，通过协调管理体制机制提升城市在经济、社会、生态等各方面的承载力，增强城市的宜居性。

2013 年 12 月，习近平总书记在中央农村工作会议上明确提出“中国要强，农业必须强；中国要美，农村必须美；中国要富，农民必须富”，这一目标为乡村规划工作确立了基本方向，为我国农村建设的未来发展指明了道路。为了实现这一目标，“协调”和“统筹”成为核心关键词，需要将“农业、农村、农民”与“生产、生态、生活”有机地集成在一起，统筹管理、协调推进。在这种背景下，乡村规划工作应聚焦于经济发展与生态建设并重、打造地方“特色小镇”和“美丽乡村”两个重点领域。为了推动农村经济与生态建设的同步发展，需要全面落实“两个最严格制度”，即最严格的耕地保护制度和最严格的节约用地制度，在农村发展过程中必须协调土地利用与生态建设之间的关系，保护和合理利用农用地，确保农村土地能够在满足农业生产需求的同时，推动生态环境的修复和保护。为了在新型城镇化建设的大背景下完成“特色小镇”和“美丽乡村”建设，为乡村发展开辟新的道路，镇政府乃至更高级别的相关部门需要对极具地方特色的产业提供大力支持，推动农村产业结构升级，增加农民收入，使农民在享受优美生态环境的同时也能享受幸福生活，实现“产业兴、生态佳、生活富、民风和”的综合目标，成为农村建设的新标杆。

（三）统一空间规划体系构建

2012 年 11 月 8 日，中国共产党第十八次全国代表大会召开，会议明确提出“优化国土空间开发格局”的战略部署，加快实施主体功能区战略，推动各地区严格按照主体功能定位发展，构建科学合理的城市格局、农业发展格局和生态安全格局。这一战略的提出标志着主体功能区规划被正式纳入国家的顶层设计，并成为推动中国生态文明建设的重要抓手。

为贯彻落实党的十八大精神，2013 年 6 月，国家发展改革委下发了《贯彻落实主体功能区战略推进主体功能区建设若干政策的意见》（以下简称《意见》），进一步明确了如何推进主体功能区的建设，强调通过制度建设和政策创新，着力推动各地区按照主体功能区的要求落实相关发展任务。《意见》的出台为进一步完善主体功能区建设奠定了坚实的政策基础，使得主体功能区战略得以在全国范围内有序推进。同年 11 月，中国共产党第十八届中央委员会第三次全体会议召开，会议通过了《中共中央关于全面深化改革若干重大问题的决定》（以下简称《决定》），指出要坚定不移地实施主体功能区制度，建立国土空间开发保护制度，推动生态文明制度体系的系统建设。《决定》的提出进一步强化了主体功能区制度的战略地位，通过稳步推进该战略的实施，可以有效引导各地合理开发资源、保护生态环境，促进区域经济、社会经济和生态环境的协调发展。

随着经济社会的快速发展，城乡规划、土地规划、生态保护规划等多项规划工作陆续展开，但各个规划工作相对独立、互不协调的局面暴露出管理体制上存在的各种弊端。为了有效整合这些规划，国家决定推动空间规划体系构建工作。2013 年 12 月，中央城镇化工作会议提出建立统一的空间规划体系，这充分反映了国家对城乡统筹发展和资源管理的高度重视，开启了中国空间规划体制改革的新征程，更为后续“多规合一”工作的推进提供了理论基础。2014 年 8 月，国家发展改革委、国土资源部、环境保护部和住房城乡建设部联合发布了《关于开展市县“多规合一”试点工作的通知》，正式启动了市县层面的“多规合一”试点，通过整合各类空间规划，推动国土资源规划、城市规划、生态环境保护规划等多项规划的融合和协调，全面解决规划内容重叠、冲突和效率低下的问题，使各项规划在同一框架下协同发展。2017 年 1 月，中共中央办公厅、国务院办公厅印发了《省级空间规划试点方案》，将空间规划试点工作范围扩大到省级，除海南、宁夏外，吉林、浙江、福建、江西、河南、广西、贵州等省份也被纳入试点范围。这一系列举措标志着我国国土空间规划体制改革真正实现了从中央到省，再到市县层面的逐步推进，为建立全国统一的空间规划体系积累了宝贵经验。

2018 年 3 月，中国共产党中央委员会印发了《深化党和国家机构改革方案》，成立自然资源部，其职责范围包括自然资源工作的方针政策和决策部署，需要对全国的自然资源开发利用和保护进行统一监管，履行全民所有各类自然资源资产所有者的职责，同时还承担了建立空间规划体系并监督实施的重任，负责测绘、地质勘察和自然资源确权登记等事务。自然资源部的设立可以理顺过去分散的自然资源管理体制，将资源管理职能集中在一个部门，从根本上彻底解决了多头管理、职能分散的问题，同时这也意味着这一新体制下的空间规划改革将彻底结束“九龙治水”的局面，实现自然资源的统一管理与规划整合。至此，我国在空间规划体制改革方面取得了历史性进展。

五、规范化发展阶段

2019 年不仅是中华人民共和国成立 70 周年的重要时刻，也是全面建成小康社会、实现第一个百年奋斗目标的关键之年，在这一关键的历史节点，国家需要快速适应国内外环境的新变化、新形势以及新的发展要求，加快现代化经济体系的建设步伐，深化市场改革，推动新型城镇化发展。在这样的背景下，国土空间规划体系作为国家意志的实践工具，需要充分发挥自身作用，厘清现有规划关系，推动规划事业规范化发展，从而实现我国经济社会发展的伟大目标。

对政府而言，规划不仅仅是管理工具，更是引导国家未来发展方向的战略性文件，引领着经济、社会、生态等多个领域的协调发展，这就要求国家规划体系在规划编制、管理和决策方面追求科学化、规范化，确保规划能够切实符合国家的战略需求，推动经济社会的持续健康发展。与此同时，人工智能、大数据、云计算等高新技术的迅猛发展为规划事业的创新提供了新的契机，推动规划编制、管理和决策数据化、智能化转型，不仅极大提高了规划工作的效率，还使得规划决策更加科学、精准。智能化的规划管理系统还能够对各类规划资源进行高效整合，有助于优化城乡布局，推动资源共享，促使城乡之间的规划工作更加协调，实现城乡之间的互联互通。

2019 年 5 月，《中共中央、国务院关于建立国土空间规划体系并监督实施的若干意见》（以下简称《意见》）正式发布，提出建立国土空间规划体系并监督实施，强化国土空间规划对各专项规划的指导约束作用。国土空间规划体系的建立意味着规划工作从单一的主体功能区规划、城乡规划、土地利用规划逐渐走向更全面、更综合的国土空间管理模式，有效避免过去各类规划重叠、冲突和不协调的现象，实现真正的“多规合一”。《意见》中还强调国土空间规划体系要包含符合国家发展战略的规划文件，还要建立完整的监督、评估机制，以强化国土空间规划对各专项规划的指导约束作用，支撑国家宏观调控，实现了从顶层设计到基层执行的全面协调和坚定执行，为国家实现资源合理利用、生态环境保护和经济社会发展的长期协调提供制度保障，为建设社会主义现代化强国奠定了坚实基础。至此，我国规划事业正式进入了规范发展期。

回顾我国国土空间规划的发展历程，每一阶段都取得了丰硕成果，最终在经历多轮改革探索和试点实践后，国家整合各级规划，构建了以规范发展为基础的国土空间规划体系，充分展现了我国在规划事业上的辉煌成就。该规划体系充分发挥了规划的龙头引领作用，强化了空间规划在国土资源开发和环境保护方面的基础功能，促进了经济、社会、文化和生态建设在不同地域空间中的综合协调，调和了不同地域的发展与人口、资源、环境之间的关系，推动了国家经济高质量发展，不仅为实现全国人民共享的富裕、和谐、文明、安全、宜居的美好家园奠定了坚实基础，也为实现“两个一百年”奋斗目标和中华民族伟大复兴的中国梦提供了强有力的支撑。

第三节　国土空间规划体系的稳步构建

一、梳理国土空间规划体系中各类规划的内在关联

2018 年 11 月，国务院发布了《中共中央、国务院关于统一规划体系更好发挥国家发展规划战略导向作用的意见》，明确提出理顺规划关系、完善规划管理，从而稳步推进国家治理体系和治理能力的现代化建设进程。在这一过程中涉及的规划类型有国家发展规划、国家级专项规划、国家级区域规划、国家级空间规划四种。想要充分发挥各项规划的作用，就需要明确各项规划的真实含义以及清晰界定不同层级、类型规划之间的功能定位和内在关系，确保各类规划之间顺利衔接，有效提升规划执行力的科学性。同时，强化顶层设计，提升国家宏观经济治理的整体效能，加速市场与政府的有机结合，使得市场在政府的支持下发挥资源配置的决定性作用，通过跨周期设计与逆周期调节的协同，实现总量扩张和结构优化的互促互进，为国家经济社会的可持续发展奠定坚实基础。

（一）明确各类规划的含义

1. 国家发展规划

国家发展规划，即中华人民共和国国民经济和社会发展五年规划纲

要，是对国家整体经济和社会活动的战略性布局与指导性安排，承载着国家在社会主义现代化建设不同发展阶段的战略愿景，决定着国家下一阶段的路径选择。从这个角度出发，国家发展规划明确了国家的战略意图和国家经济的发展方向，指明了政府在经济社会发展中的重点任务，更重要的是通过制定经济发展、社会进步、民生改善、环境保护等多方面的综合发展目标，为各级政府、企业和社会各界提供了政策指引和行动框架，确保规划有的放矢、平稳落地。在实践中，国家发展规划通过制定具体的经济指标和社会发展目标，充分发挥政府的市场主体作用，履行其在经济调节、市场监管、社会管理、公共服务和生态环境保护等多个领域中的市场职能，加速各类资源的合理配置和产业结构的转型升级，为实现经济、社会、生态协调发展提供全方位保障和长远支撑。

2. 国家级专项规划

国家级专项规划是由国务院相关部门针对经济社会发展的特定领域编制的、由国务院审批或授权有关部门批准的发展指引和规划行动方案，不仅为重大工程项目的科学布局提供了规划依据，还通过对公共资源的合理配置和统筹管理，极大地提升了资源的使用效率，更重要的是它可以引导大量社会资本投向国家战略需求的重点行业和区域，实现市场力量与国家发展目标的协同，促进经济社会的协调发展与创新突破。

国家级专项规划主要涉及以下几个关键领域：①科技创新、教育、公共卫生和生态环境保护等与国民经济和社会发展全局密切相关的领域，这些领域的专项规划直接影响着国家的整体发展，具有不容忽视的战略性意义。②基础设施建设、能源供应体系和重大公共工程项目等需要国务院审批或核准的重大项目以及涉及国家大额投资的领域，这些领域的专项规划是实现资源高效分配和可持续性的关键节点。③区域性产业集群的布局、矿产资源开发和能源转型等涉及重大产业布局或重要资源开发的领域，这些领域的专项规划直接影响到国家整体经济结构的优化升级。④法律、行政法规及国务院明确要求进行转型规划的领域，这些领域的专项规划可以确保各级政府在相关领域内发布的政策得以贯彻落实，推动经济社会高质量发展。

国家级专项规划的编制应明确区分政府的管理职能和企业的市场角色，通过政企分离突出政府在宏观调控和政策引导中的关键作用，充分发挥市场在资源配置中的基础性作用。对于那些能够通过市场机制和指导意见形式引导发展的领域，一般不单独编制专项规划，避免因过多的行政干预而影响资源配置的灵活性和市场活力。

3. 国家级区域规划

国家级区域规划是针对国家发展规划核心区域、重大战略任务承担区域以及经济社会活动连片区域制定的发展指引和政策指导，它通过坚决贯彻和落实国家实施的重大区域战略，不仅解决了不同区域内部存在的资源配置和产业布局不合理问题，因地制宜地发挥区域特色和优势，还能进一步降低跨行政区域协同发展面临的重大挑战，推动不同区域互补发展，提升整体国民经济的活力和竞争力，最终实现共同富裕。此外，国家级区域规划还通过明确区域优势产业和重点发展领域，引导社会资本和人才合理流动，提升相关区域的内在竞争力，为国家整体发展大局做出相应贡献。

国家级区域规划作为指导特定区域发展的重要工具，其政策制定必须与国家发展规划保持高度一致，具体实施应是对国家发展规划中涉及特定区域战略任务的具体细化和落实，以保证规划从上到下的连贯性和一致性。同时，国家级区域规划的编制过程需要由国务院相关部门牵头组织，编制完成后需上报国务院审批，确保区域规划能够与国家总体战略目标科学、合理地衔接在一起，基本满足国家整体发展需求。

4. 国家级空间规划

国家级空间规划是围绕国土空间结构优化和空间治理能力提升而制

定的发展规划，它明确了各个国土空间的具体用途，维持了经济发展与生态保护之间的平衡。因此，国家级空间规划需要全面了解并掌握国土空间的本底条件，明确空间土地资源的具体用途，挖掘生态、农业、城镇等功能空间的内在潜力，划定合理的生态红线、耕地红线，确定城市发展边界，严格执行空间管控行为。国家级空间规划还在环境修复方面发挥重要作用，通过科学、高效地管理土地、资源、环境等要素，推动国土空间向绿色、协调、高质量方向发展。这种“多规合一”的方法将涉及各个空间的规划整合成有机整体，实现经济发展、生态保护和土地利用之间的高效协调。

国家级空间规划作为国土空间用途管制和生态保护修复的重要政策依据，其编制通常由国务院有关部门牵头组织，并上报国务院审批，国务院自然资源主管部门会同发展改革部门共同制定空间规划目录清单，报国务院批准后方可实施。同时，其内容编制必须以国家发展规划为基础，与国家发展战略的高度保持一致，根据国家发展规划中提出的国土空间开发与保护的有关要求进行细化、落实。对于未列入目录清单和审批计划的规划，除非有党中央或国务院的特别指示，否则不得进行编制或批准实施，从而有效避免规划的随意性和重复性，确保国家级空间规划的科学性、权威性、规范性，推动国土空间的合理开发与可持续发展。

（二）剖析各类规划的内在关系

上文详细剖析了国家发展规划、国家级专项规划、国家级区域规划、国家级空间规划四类规划的含义，但想要在新形势、新任务和新要求的时代背景下充分发挥空间规划体系的作用，我们需要全方位理解四类规划的功能定位以及各类规划之间的关系，避免出现规划内容的交叉、重复和矛盾，从而在统筹协调的基础上形成清晰的职能分工。

国家发展规划、国家级专项规划、国家级区域规划、国家级空间规划四类规划的功能定位和关系如图 1-1 所示。

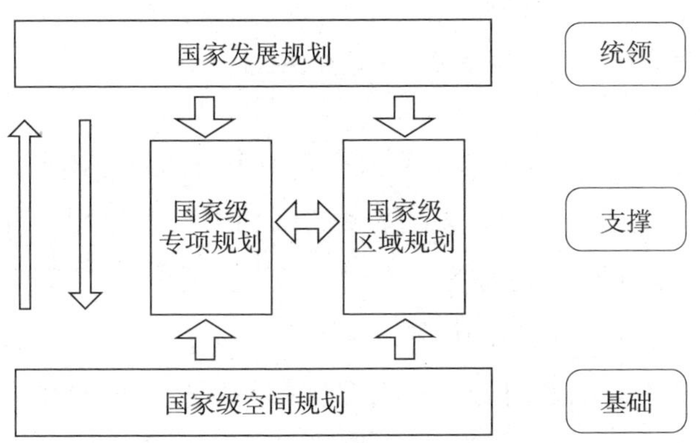

图 1–1　四类规划的功能定位和关系

根据图 1–1 可知，国家发展规划处于统领位置，其他各类各级规划都应以其为标本；国家级专项规划和区域规划处于支撑位置，是针对特定领域和特定区域内国家发展战略要求的细化和落实；国家级空间规划则处于基础位置，竭力保障国土发展规划重大战略的平稳落地，并在一定程度上约束其他规划的具体活动，如基础设施建设、环境保护等。基于此，可以构建一个以空间规划为基础、以专项规划和区域规划为支撑、以发展规划为统领的国土空间规划体系核心框架。在这一规划体系中，国家发展规划处于绝对的核心地位，它在空间规划的基础上，科学指导土地、资源、生态等领域的规划编制，同时充分利用专项规划和区域规划的支撑力量，确保特定领域和区域的发展需求能够在总体框架内得到实现，进而增强各类规划之间的协调性，实现国家的长远可持续发展。这个规划体系还涉及国家、省、市、县、乡等多个行政等级，不仅确保了各级规划的准确定位、清晰边界，还能从“多规合一”的层面实现不同层级、类型规划之间的功能互补、协调统一，是一套制度健全、科学规范、运行有效的规划体系，能够确保国家的战略导向在各级规划中得到完整贯彻与实施。

二、构建国土空间规划体系整体框架

根据 2019 年 1 月发布的《关于建立国土空间规划体系并监督实施的若干意见》，我国国土空间规划体系的结构框架可以用“五级三类四体系”来表述，也被形象地称为“四梁八柱”。其中，“五级”是横向角度的规划划分，分别对应的是国家、省、市、县和乡镇五个行政层级；“三类”是纵向角度的规划划分，分别对应的是国土空间总体规划、专项规划以及详细规划；“四体系”则包括规划的编制审批体系、实施监督体系、法规政策体系和技术标准体系。我国国土空间规划体系结构框架示意图如图 1–2 所示。

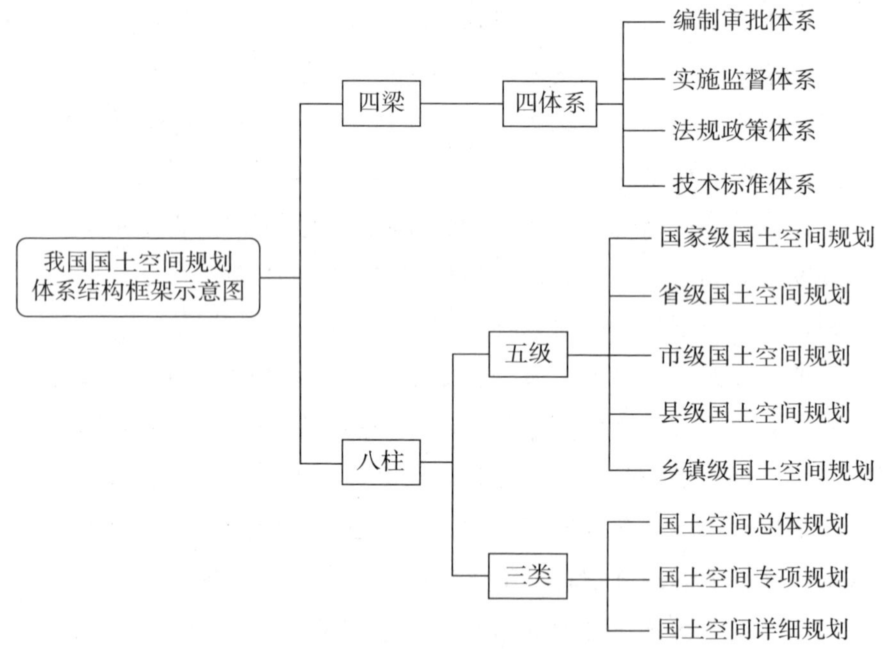

图 1–2　我国国土空间规划体系结构框架示意图

我国国土空间规划体系的“四梁八柱”形成了“自上而下”“从左到

右”的多层级、多部门联合治理结构，各级政府、自然资源主管部门以及同层级相关部门全权负责各个层级和类型国土空间规划的编制、实施和管理工作，再加上法规政策和技术标准的理论支撑，使得国土空间规划形成完整闭环，既能确保规划全过程处于管理范围之内，也能充分利用不同部门的资源，实现空间规划的系统性与协同性。

（一）国土空间规划体系的“四体系”

我国国土空间规划体系的“四体系”指的是编制审批体系、实施监督体系、法规政策体系和技术标准体系。

1.编制审批体系

国土空间规划的编制审批体系涉及国家、省、市、县多个层级，使得国家国土空间规划政策能够从上到下完整衔接，且保持目标一致。编制审批体系主要注意以下几个方面：

（1）国土空间规划的编制与审批应坚决贯彻党中央、国务院的重大决策部署，坚定落实国家意志和国家发展规划的核心战略，通过从国家到省、市、县这种自上而下的编制方式层层展开，系统制定各级国土空间的发展方向，统筹实施国家安全战略、区域协调发展战略和主体功能区战略，优化城镇化格局、农业生产布局和生态保护格局，形成协调、均衡的国土空间结构。

（2）国土空间规划的编制与审批应注重各级规划与专项领域规划之间的有机衔接与综合平衡，强调国家发展规划的领导地位，根据其指导构建国土空间规划、各层级空间规划以及其他相关规划的总体框架，平衡生态、农业、城镇等领域的空间需求，以满足不同领域的功能要求。

（3）国土空间规划的编制与审批应全面贯彻生态优先和绿色发展理念，深入理解自然、经济、社会和城乡的发展规律，将其完全融入规划全过程。同时，充分评估国土空间内资源环境的最大承载力，遵循资源节约、环境保护和生态修复的方针政策，打造“山水林田湖草”生命共同体，以生态系统的联动为核心，稳步推进环境空间治理，科学有序地统筹生态、农业和城镇等功能空间的布局。

（4）国土空间规划的编制与审批应根据“谁组织编制，谁负责实施”的原则，明确各级政府和部门在不同类型国土空间规划中的职责与分工，确保责任落实到位。同时，规划编制应突出关键管理要点，特别是耕地红线、生态保护红线、城市发展边界等需要绝对注意的约束性指标和刚性管控要求，严格规范空间开发与保护的范围，从而为各地在具体实施中提供参考和方向。

2.实施监督体系

国土空间规划的实施监督体系包括国土空间规划实施、监测、评估、预警、考核、完善等多个维度的管理与监控机制，需要构建完善的监督体制与配套机制，明确各级政府和部门的职责分工，形成自上而下的监督网络，确保责任传导无遗漏。此外，国土空间规划的实践监督体系还应结合规划区域的实际情况，遵循相关法律法规和政策指引，监督规划区域的人口规模、产业布局、财政税收等，为区域空间规划提供精准依据。

国土空间规划的实施监督体系主要包括以下三大类：

（1）政府部门的监督。既包括上级政府对下级政府规划实施的监督，也包括规划主管部门对各类国土空间规划使用者的行为监督，从而有效保障规划的执行不偏离政策目标。

（2）立法机构的监督。主要指的是立法机构对同级行政部门在规划实施过程中管理行为的审查与约束，也可以根据区域内规划执行情况，判断同级行政部门的行政行为是否完全符合法律法规要求，从而保证规划执行的合规性，维护法律的权威性。

（3）社会公众的监督。指的是非政府组织、新闻媒体、学术机构、全体民众等规划参与者从多个视角对政府规划管理和空间使用情况的监督，不仅可以保障政府行为的规范化、透明化，还可以借助公众反馈及时发现规划执行中的偏差，并尽快制定改进措施。

3. 法规政策体系

国土空间规划的法规政策体系是保障规划科学实施与长期有效的重要基础，是国土空间开发与保护的各项工作依法有序推进的重要依据，主要包括与国土空间规划相关的法律法规、部门规章和地方条例。

目前，我国实施的涉及国土空间规划方面的法律法规主要包括《中华人民共和国土地管理法》《中华人民共和国城乡规划法》《中华人民共和国矿产资源法》《中华人民共和国环境保护法》《中华人民共和国自然保护区条例》《中华人民共和国基本农田保护条例》《中华人民共和国草原法》《中华人民共和国水法》等，这些法律共同构成了我国国土空间规划的法律框架，有效确保国土空间的合理利用和可持续发展。

2023 年 9 月，全国人民代表大会常务委员会（以下简称全国人大常委会）发布的《十四届全国人大常委会立法规划》中将《国土空间规划法》列入第一类，认为该法律的立法条件基本成熟。《国土空间规划法》是以《中华人民共和国土地管理法》和《中华人民共和国城乡规划法》为主要法律依据而确定的一种针对国土空间规划的核心法律，为空间资源的合理配置和生态保护提供了顶层设计和法律依据，明确了开发与保护的底线和红线。

除了这些国家出台的法律之外，不同行政部门以国家出台的法律为基础，结合自身职能，同样制定了一系列规章制度，如土地、环保、农业、林业等领域的细化规则，这些规章与国家法律相辅相成，进一步规范各类空间使用行为，确保规划实施中的专业性与可操作性。而在地方层面，各省市政府也结合自身区域特点，因地制宜地细化法律要求，出台了一系列地方条例，以保障规划在本区域内的灵活性与适应性。这种从上至下逐级递减、紧密衔接的法规政策体系使得所有国土空间开发与保护活动的开展未超出法律框架范围，保障了资源的可持续利用和空间的高效管理。

4. 技术标准体系

目前，我国施行的空间规划技术标准体系数量众多，根据对象，可以分为工程建设标准体系和国土资源标准体系两大类。其中，工程建设标准体系是以城乡规划为核心的技术标准体系，重点关注城市和乡村建设空间的要素管控，包括建筑布局、基础设施、公共空间配置及城市更新等几种。工程建设标准体系通过为工程建设活动提供严格的技术标准，推动了城市空间的有序开发和高效管理，提升了城乡环境的宜居性与功能性。国土资源标准体系则是涉及土地规划、林业规划和海洋功能区划等国土资源应用领域的技术标准体系，侧重对山、水、林、田、湖、海等自然要素的管理，通过对自然资源的合理开发和修复治理，实现资源的可持续利用和生态系统的健康运行，进而实现人与自然的和谐共处。

为了更好地推进国土空间规划工作得以顺利开展，我们可以遵循技术标准化建设要求，构建“基础标准 + 通用标准 + 专用标准 + 数字平台标准”的技术标准体系。其中，基础标准是技术标准体系的核心，明确规划的基本概念、分类、数据采集方法与指标体系，为规划的编制和实施提供统一的基础框架；通用标准包括生态保护、土地利用、城乡协调等方面空间规划的共性要求，确保各类规划在技术层面协调一致；专项标准主要针对特定领域或功能空间，如耕地保护标准、生态廊道建设标准以及城市增长边界的划定规范，保障各类专项规划的专业性和针对性；数字平台标准则是随着信息化的深入而产生的技术标准，主要涉及国土空间规划数字化平台的建设、空间信息的共享接口、数据格式规范以及信息系统的互联互通，确保各类规划数据在不同部门和层级之间无缝对接。这一技术标准体系可以支撑国土空间规划编制、审批和实施各环节的精准执行，提升规划工作的科学性、可操作性与一致性，为推动国土空间的高效管理和可持续发展奠定了技术基础。

（二）国土空间规划体系的“五级三类”

国土空间规划体系的“五级”是按照我国行政管理体系的层级划分确定的五个规划层级，分别是国家级、省级、市级、县级和乡镇级，这种从纵向角度确定的层级划分可以确保国土空间规划从全国范围到乡镇区域、从上至下的逐层落实，进而形成完整的规划体系。“三类”则是根据规划的详略程度，划分为国土空间总体规划、国土空间专项规划和国土空间详细规划三大类，是从横向角度进行的规划划分。其中，总体规划是对国土空间的整体布局，专项规划是针对特定领域的规划管理，而详细规划则注重具体的区域或项目实施。

1.国土空间规划体系的“五级”

国家级国土空间规划是国土空间规划体系的最高层级，是对全国范围内国土空间的全局性安排，是从全国层面制定空间开发、利用、保护、修复的政策框架，具有高度的战略性。此外，国家级国土空间规划还为各省市国土空间规划的编制提供指导，确保国家战略层面的生态保护和可持续发展目标能够逐层落实。国家级国土空间规划的编制由自然资源部牵头，联合生态环境部、交通运输部、住房和城乡建设部等相关部门共同完成。规划完成后需提交党中央和国务院进行审议，获得批准后，再由中央发布实施。这一过程确保了国家级国土空间规划的权威性，保障了各级国土空间规划政策的一致性，使得各省、市、县和乡镇能够严格遵循国家级规划，逐步落实规划的具体内容，从而在全国范围内实现国土资源保护与可持续发展的宏伟目标。

省级国土空间规划是在遵循国家级国土空间规划指导的基础上编制的以全省范围内国土空间资源保护为核心的规划细则，按省域实际情况统筹省内各市、县、乡级国土空间规划，确保国家战略在省级区域层面得到完美贯彻。在这个过程中，省级规划发挥了承上启下的作用，既要保证国家层面的战略目标在地方得到贯彻执行，又要协调省内各地区之间的规划关系，确保各市县之间的规划能够互相衔接，协调发展。省级国土空间规划的编制工作一般由省政府主导，经过详细调研和规划设计后，形成符合区域实际的总体规划方案。规划编制完成后须提交省人大常委会进行审议，确定规划具有科学性与合法性，再上报国务院审批，获得批准后方可正式实施。

省级以下的市级、县级和乡镇级国土空间规划是对上级规划要求的进一步分解和细化，是结合当地发展需求开展的区域开发与生态保护具体安排，进而确保国家、省级规划战略目标可以在本级行政区域内平稳落地和贯彻实施。因此，市、县、乡三级国土空间规划与基层发展需求的关系最为紧密，具有极强的针对性、可操作性，主要体现在城乡建设、生态修复、产业布局等多个领域。其中，市级和县级国土空间规划通常由市政府和县政府组织编制，是地方政府落实国家和省级规划要求的重要工具，所以既要满足市县区域的发展需要，还要兼顾城乡融合和环境保护。对于那些需要国务院审批的重点城市的规划，市县政府在完成编制后需上报国务院审批，而其他市县级规划在经同级人大常委会审议通过后，只需逐级上报至省政府审批即可。乡镇级国土空间规划根据区域位置和功能定位有所不同，中心城区范围内的乡镇级规划需经过同级人大常委会审议并逐级上报至省政府审批；非中心城区的乡镇级规划通常由省政府授权市政府审批。

需要特别注意的是，并不是所有区域的国土空间规划都需要五级编制，如果部分区域范围较小，可以将多级国土空间规划合并编制，如一些较小的乡镇在编制国土空间规划时会将几个乡镇整合成一个整体单元，共同编制乡镇级的国土空间规划，这样做不仅可以大幅提升规划效率，避免重复工作，还可以从更大范围实现区域发展的统筹管理。

2. 国土空间规划体系的“三类”

国土空间总体规划是国土空间规划中各类空间性规划的上位规划，是对整个国土空间结构和功能的全面、系统安排，具有战略性、整体性、约束性和引导性等基本特性。需要格外注意的是，国土空间总体规划作为从横向角度得出的规划分类，涉及多个行政层级，即国家级国土空间总体规划、省级国土空间总体规划、市级国土空间总体规划、县级国土空间总体规划、乡镇级国土空间总体规划都属于国土空间总体规划的范畴。从这个层面出发，国土空间总体规划是各个层级国土空间规划的基础纲要，包括对应层级区域的发展规划、城乡总体规划、土地利用总体规划以及主体功能区规划等多个方面，不仅为各类空间开发和保护活动提供了明确的指导方向，也为资源保护、生态修复等工作设定了框架和标准，更重要的是避免了同层级规划的重复编制或相互冲突，有效提高了规划的整体性和协调性，使得不同领域的空间要素在同一规划框架下得以顺畅管理。

国土空间专项规划是在国土空间总体规划的框架和要求下针对特定领域或具体问题而制定的规划，是对总体规划某些重点领域的细化和深化。因此，专项规划必须严格遵循国土空间总体规划的相关要求，与总体规划方向、目标保持高度一致，更重要的是上下一体、紧密衔接。常见的专项规划包括生态保育规划、交通港口规划、水利工程规划、国土整治规划、风景旅游规划等。从这个角度可以将专项规划视作总体规划的从属部分，是在某一领域具体落实总体规划目标的主要规则，具有独立性。国土空间专项规划的出台可以针对性地解决规划区域存在的实际问题，保障总体规划的顺利实施，推动国土空间资源的高效利用和可持续发展。

国土空间详细规划是在总体规划或专项规划的基础上针对局部地区地块用途、开发强度、空间环境以及各项工程建设进行的详细安排。从这个角度进行分析，国土空间详细规划具有极强的实施性特征，是国土空间开发和保护活动的操作细则，不仅为土地的合理开发和资源保护提供了明确方向，还为国土空间用途管制和各类建设活动提供了法定依据，确保地块的开发与保护活动得以规范化、科学化进行，实现国土空间资源的可持续发展。在城镇开发边界内，国土空间详细规划的编制由市、县自然资源主管部门负责，编制完成后须提交同级政府进行审批，以确保规划内容符合区域发展政策及上级规划要求。在城镇开发边界外的乡村地区，国土空间详细规划通常以一个或多个行政村为单位，结合规划单位实际情况开展的“多规合一”村庄规划，由乡镇政府组织编制，包括土地利用、生态保护和乡村基础设施等多方面内容，从而大力推动乡村地区的生态文明建设，实现乡村地区的可持续发展。

第二章　国土空间的总体规划与详细规划

第一节　国土空间的总体规划

一、国土空间总体规划的基本概念

（一）国土空间总体规划概念解析

国土空间总体规划是一种从国家或更为宏观的层面对国家主权管辖地域空间的开发、利用、保护、修复等方面的总体布局和长远规划。

国土空间开发是对支撑经济发展的国土空间的有序开发，如大规模的城镇建设、农业生产和工业制造，通过合理规划开发活动，可以促进地区经济快速向中心集聚，实现国民经济的高效发展。作为宏观层面的国土空间开发，需要特别注意避免经济飞速增长对生态环境造成不可逆转的损害，追求经济增长和环境保护的平衡发展，在合理规划土地使用和基础设施布局的基础上着力提升居民的生活质量。

国土空间利用是对国土空间资源的利用和管理，尤其是对土地资源的长期、周期利用和管理，如耕地的轮作、荒地的开辟、被破坏或退化土地的复垦、城市绿地的维护管理等。作为宏观层面的国土空间利用，强调利用的科学性和合理性，通过土地分级和适宜性评价，确定农业、工业、居住或保护各个区域对应的土地区域，最大化挖掘土地的内在潜能，实现土地利用最优化。

国土空间保护是对国家地域空间中涉及国家安全的区域的保护和管护，如国土资源的安全保护、粮食作物的安全保护、生态环境的安全保护，这些区域的安全保护并不仅仅涉及防止对现有区域造成破坏或非法占有，还涉及对已经出现潜在安全危机区域的全面治理和修复，更涉及对这些区域未来威胁的提前扼杀。通过实施一系列的安全保护措施，可以确保这些地区不会因过度开发或环境污染而丧失生产力，实现区域自然资源、生物类型和生态环境的可持续发展。

其实国土空间修复就是国土空间的国土综合整治和生态修复，是对当前国土空间已经存在的失衡空间格局、低效资源利用、退化生态功能和受损生态系统进行的整治和修复活动。这些活动的开展需要从业人员对自然规律和生态系统的内在机制有深入的理解，通过适度的人为干预来恢复国土空间、国土资源和生态系统的健康，实现生态安全和生态系统的良性循环以及国土空间的可持续发展。

（二）国土空间总体规划的地位

对国土空间总体规划而言，国土空间利用占据了大部分规划篇幅，因为所有规划的根本出发点是在保持生态环境可持续发展的基础上实现经济飞速发展，如果没有“利用”，自然不会产生经济效益。从宏观层面剖析国土空间利用可以发现，这种对国土空间的利用并非只体现在经济层面，还涉及政治、社会、文化、生态等多个领域，而具有明确的公共政策属性的国土空间总体规划则化身政府宏观调控工具，指导国土空间有序发展，提升城乡建设和管理水平。当国土空间总体规划通过法定程序批准后，其包括的国土空间开发、利用、保护、修复政策总纲就自动成为国土空间各级各类详细规划、专项规划的理论依据，所有涉及国家和城乡建设的发展规划都应以总体规划的要求为基础。此外，经过批准的总体规划还具备了强制约束力，成为规划得以具体实施的法定依据。

国土空间总体规划作为宏观层面的国土空间规划，凭借在国家发展和城乡规划中独特的战略性、综合性、协调性，使得它并不仅仅是专业的技术文件，引导城市和乡村的物理建设，还化身为调控和保护空间资源的重要平台，确保国土资源的合理利用和可持续管理，支持国家全局目标和长远战略目标的有效实现。

国土空间总体规划如此重要，其制定必然需要广泛的数据收集和分析，包括地形、地质、人口分布、经济活动等多方面信息，这些数据可以帮助规划者理解国土空间现状，制定合理的空间利用策略。同时，规划中还需要充分考虑平衡各种潜在的利益冲突，如经济发展需求与环境保护之间的冲突以及城市扩展与农村保护之间的冲突，通过采取恰当的措施，灵活应对快速变化的环境条件。随着科学技术的不断进步，社会发展迎来新的机遇，但也带来新的需求和挑战，这就要求国土空间总体规划应借助先进的数字技术，及时调整和更新规划内容，以应对这些变化。在现有数字技术的加持下，规划还应深入分析现有数据，在一定范围内预见未来可能存在的变化，制定具有前瞻性的规划，以迎接未来的挑战。

（三）国土空间总体规划的原则

1.生态为先，绿色发展

国土空间总体规划应全面贯彻习近平生态文明思想，秉持“绿水青山就是金山银山”的可持续发展理念，严格遵循节约资源和保护环境的基本国策，坚定落实生态环境保护制度、耕地保护制度和节约用地制度，确保规划建设和管理的每一个环节都以生态保护为前提、以绿色发展为指导。这要求我们坚持人与自然和谐共生的原则，积极协调人、地、产、城、乡之间的关系，严守生态、粮食、能源资源等各个要素的安全底线，确保资源开发和利用限于空间承载力之内。同时，通过推广低碳技术、建造绿色建筑、发展循环经济，优化国土空间的开发与保护格局，加快绿色生活、生态发展理念的推广普及，增强公众环保意识，吸引更多人参与其中，为规划生态发展贡献自身力量。

在现实社会中，实现上述规划目标需以建设节约型社会为根本出发点，在实际操作中全程贯彻节地、节水、节能、节材和资源综合利用的方针政策。特别是水资源，我们需要根据水的供给能力，合理规划产业发展和建设规模，同时采取一系列节水措施，提高水资源的利用效率。通过这些综合措施，我们不仅能够保护好自然的蓝天碧水和绿色山林，也能够构建人与自然融合的生命共同体，推进社会经济可持续发展。

2.以人为本，服务为基

虽然规划的对象是土地、资源、环境，但其核心本质仍然是人，无论是建设美丽国土、改善人居环境，还是构建生产、生活、生态相协调的空间格局，其最终目的都是增进人民福祉，以高质量发展满足人民对美好生活的向往和对高品质生活的追求。这不仅是一种政策导向，更是国家对发展规划全局的深远考量。因此，国土空间总体规划要以全体人民为核心，优先满足普通居民的基本生活需求。为了实现这一目标，规划应优先考虑为人民提供住房，可根据人民不同的收入水平提供适宜的住房条件，确保每个人都有稳定舒适的居住环境。同时，强化城市基础设施建设，构建强大的城市道路交通网，完善科技、教育、文化、卫生、体育和社会福利等社会公共事业的服务体系，全面提高人民群众的生活质量。

对于生活在城市中的居民来讲，社区服务与每个人都息息相关，这就要求政府尽快构建并完善社区服务体系，确保每个社区都能够为居民提供必要的服务和支持，使居民生活更加便捷和舒适。针对民俗风情、地方文化和历史文化遗产等具有文化属性的特色资源，政府需采取相关措施妥善保护和开发利用，打造具有区域或民族特色的城市新面貌，不仅可以提升空间的内在品质，还可以增强居民的归属感，吸引更多人进入城市。

3. 区域协调，统筹发展

国土空间总体规划是推动国家可持续发展的重大战略，需要根据国家整体发展战略确定不同区域的发展重点和空间布局，而国家区域协调发展战略强调解决全国不同区域发展不平衡问题，为国土空间规划提供了宏观战略指导和发展方向。为了确保国土空间规划的平稳落地，贯彻主体功能区战略，要求国土空间规划与国家区域发展大局保持高度一致，统筹协调解决国土空间中存在的矛盾和冲突。同时，加强城乡融合、海陆统筹，构建国土空间开发新格局。在这一过程中，保障区域健康发展是关键，这就要求国土空间规划的编制必须坚持城乡融合、乡村振兴和城市支持农村的战略方针，发挥城乡建设对城市的辐射带动功能，推动乡村基础设施、商品市场、公共服务等社会事业的建设，促进城市与周边地区的经济联系，进而实现不同区域范围内基础设施的配套式、衔接式建设，实现区域经济的长远健康发展。

4. 立足实况，因地制宜

国土空间总体规划涉及全国、省、市等多个层级，这就意味着并不是每个区域都可以直接按照规划内容开展工作，具体规划需要在尊重自然和社会经济客观规律的基础上，结合规划区域的发展阶段、资源储备、面临问题以及治理要求，因地制宜地采取措施，并充分发挥各地优势，明确本区域规划的核心目标、统筹策略、根本任务和行动计划，找到合理分工与优化发展的路径。以国土资源利用中常见的土地征收为例，由于土地资源的归属问题很容易触及众多相关方的直接利益，需要相关政府部门细化工作开展方式，在确保土地征收过程公开、透明的前提下逐步推进，不仅能保护土地所有者的权益，还能在一定程度上增强公众对规划过程的信任和支持。在这一过程中，政府需要充分发挥市场在资源配置中的决定性作用，鼓励失地农民在政策支持下实现职业转型，确保他们在土地征收后能有序获得新的就业机会。同时，对于土地征收补偿方案，应结合土地所属的质量片区及土地的具体性质制订合理的补偿计划，既要保障被征地农民的基本生活，又要在一定程度上促进社会的和谐稳定。

5.科技支撑，创新发展

随着数字技术的飞速发展，各行各业都得到了技术加持，实现了飞速提升，国土空间规划自然也不例外，基于数据驱动和技术创新的国土空间规划能够显著提高规划的精准度和效率。由于国土空间规划范围涉及整个国土空间，需要在海陆空全域的各类空间布置数据收集装置，通过收集整合各类空间资源基础数据，再利用大数据分析、人工智能和地理信息系统等多种现代技术手段对其进行深入的数据分析和研判，可以为规划的制定奠定坚实基础。因此，打造一个健全的国土空间基础信息平台便显得尤为重要，这个平台不仅能实现数据的集成和互联互通，还能确保各项数据支撑的时效，大幅提升多部门间的协作效率，使得规划变得更加透明、协调，支撑国土空间规划“一张图”的实施。

国土空间规划的最终目的是通过合理规划和保护国土资源，减少资源浪费现象的发生，保障资源的高效利用，最大化实现国土资源的效用。而大数据、云计算、智能分析等现代化技术为这一目标的实现提供了强有力的工具，帮助相关政府部门建立一个完善的规划管理体系，实现规划的科学化和高效化。例如，政府部门通过大数据和云计算技术能够实时监控数据变化，并对其进行分析，准确预测城市发展中可能出现的各种需求和问题。此外，这种基于技术驱动的规划还能够将更多创新理念引入规划实践中，不仅能促进新创意和方案的产生，还能提升规划的质量和实施效果，为社会经济的可持续发展开辟新的道路。

6. 全民共治，全民享受

在当前国土空间规划实践中，社会公众发挥的作用越来越重要，这就要求国土空间总体规划编制过程邀请更多社会公众参与其中，确保规划内容不仅符合专业规划者的要求，也符合公众的意见。通过这种全民参与的方式，规划编制不再是一个单纯的技术过程，而是一个凝聚社会民众意志的平台，规划内容更加贴近民众需求，保证实施的有效性和广泛的社会接受度。同时，政府应充分发挥自身的引导作用和市场在资源配置中的决定性作用，加速空间治理能力的现代化进程，保障规划的制定和实施过程公正、透明，实现经济效益、社会效益和环境效益的有机统一。在这一框架下，我们能够在更加包容和动态的发展环境中开展空间治理，这不仅可以大幅提升规划和管理的效率，还可以确保规划发展成果得到公平分配，使得所有社会成员都能公平享受到发展的红利。

（四）国土空间总体规划的编制

1. 国土空间总体规划的编制方式

国土空间总体规划作为宏观层面的国土空间规划，其编制同样需要党委、政府、相关部门、专家学者和民众多方共同参与。其中，党委在国土空间总体规划的编制过程中承担着领导决策和方向指导的职能，确保规划的方向和目标符合国家的政策和战略要求，同时加强政治方向的引导，避免规划的政策执行偏离预设发展目标；政府在国土空间总体规划的编制过程中承担着组织和协调的职责，具体工作内容包括确定规划的总体目标、资源分配情况和规划时间表，并负责各相关部门的沟通、协作以及对规划实施的监督；相关部门在国土空间总体规划的编制过程中承担着具体的编制职责，尤其自然资源部门、城市规划部门、环保部门等专职空间规划的部门更需要在市级主管部门的领导下开展工作，每个部门需负责其专业领域内的规划内容，如土地使用、环境保护和公共设施布局等，并相互配合，确保规划的综合性和实用性；专家学者在国土空间总体规划的编制过程中主要负责利用他们的专业知识和经验研究规划具体内容的合理性，进行技术审核，并提出更为科学的规划建议，确保规划的科学性和前瞻性；民众参与国土空间总体规划的编制本身就是国家确保规划民主且具有广泛社会基础的重要举措，他们可以通过咨询、参与讨论等方式详细了解即将实施的规划，同时根据自己的理解向有关部门提出意见，确保规划能够收集到反映社会需求的真实意见，使规划更具有包容性和适应性。这种多方参与的编制方式使得国土空间总体规划既符合国家战略，又反映地方特色和民众实际需求，最终发展成为一个科学、合理、可操作的方案。

2.国土空间总体规划的编制流程

国土空间总体规划的编制是一个包括多个阶段的复杂过程，主要包括以下几个环节：

（1）准备工作。这一阶段是规划编制的基础，主题包括组织和技术两个方面。其中，组织层面的准备包括组建一个由党委领导、政府官员、相关部门人员、专家和民众代表共同组成的领导小组，负责指导规划工作的开展；制定详细工作方案，明确规划的目标、范围、关键里程碑和预期成果以及详细的工作流程；根据工作方案明确划分各参与单位和个人的职责，确保每个部分的工作都有专人负责；为规划的每个阶段设定具体目标和明确时间表，确保项目有序、按时推进；建立有效的决策机制，快速应对突发问题的发生，并及时调整方案；通过媒体和公共活动向公众解释规划的重要性，增加公众的参与度和支持。技术层面的准备包括根据不同的技术需求将相关部门和技术人员分成多个小组，负责针对规划的每个方面开展调研，收集关于土地使用、环境状况、经济活动等要素的基础数据，为规划提供科学依据。

（2）专题研究。在准备工作完成之后，需要针对国土空间规划中存在的重大问题和挑战开展专题研究，研究内容包括：评估以往国土空间规划的实施成效，识别存在的问题和挑战；分析地区的资源和环境能支撑多大程度的开发和利用；划定生态保护区、农业区和城市发展区，明确各区的发展限制和条件；评估不同区域开发的适宜性，优化土地资源配置；协调沿海与海域的功能区划，推动陆海统筹发展；规划城乡发展，优化人口分布和城镇化进程；针对整个国土空间进行综合整治，提升土地使用效率；保护具有重要历史文化价值的地区，促进文化遗产的传承；加强区域之间的协同发展，明确各区域的战略定位；规划全域的交通网络，提升区域连通性；优化乡村土地使用，支持乡村振兴战略。

（3）规划编制。专题研究完成后，就正式进入规划的编制阶段，这是一个将理论研究转化为实际行动的关键步骤。首先，研究团队会深入待规划区域内进行实地调研，收集详尽的数据和资料，如地形地貌、社区结构、经济活动、环境状况等各项信息；其次，利用高级数据分析工具对收集的数据进行深入分析，确保其全面且精确，从而为后续的规划决策提供坚实的理论基础；最后，基于这些翔实的分析结果，规划者们会评估该区域的发展潜力及可能遇到的制约因素，并在此基础上制定具体的规划内容和建议，解决现存问题，并有效应对未来可能出现的挑战，推动区域的协调发展。

（4）规划公示。规范编制完成后需要经由编制主体进行公示，通常会公开展示超过 30 天，其间，所有专家学者、行业代表、地方政府以及普通市民可以审视规划内容，对公示规划提出意见，既保证了规划过程的透明度，又能广泛收集各方面的意见和建议，确保公众的参与度。公示结束后，规划编制主体会根据反馈意见修改或完善规划草案，以确保其更符合实际需求，满足公众的期望。

（5）成果报批。规范经过公示和修改后，需要将详细的修订规划方案提交给具有批准权限的政府机构，确保规划方案符合国家和地方的政策目标，并且能够在法律和行政框架内得到切实执行。在提交规划方案时，规划团队需附上全面的文档，包括规划的目标、策略、预期影响以及公众及专家的意见汇总，帮助批复者理解规划的具体内容、综合效益，并评估其对现有和未来社会经济结构的潜在影响。由于国土空间规划可能涉及多个领域，所以其报批后需要经过多个政府部门的审批，进而确保规划提案在实施过程中符合所有相关法律、环境和社会标准。

（6）规划公告。一旦规划方案获得政府的正式批准，就可以被正式公布，通知所有相关方。这一行为不仅仅是单纯地公布规划方案内容，也是对公众的公开承诺，确保公众的参与权。公告内容包括规划的主要元素、实施的时间表以及对各利益相关者的期望。规划在被公告的同时也就意味着规划实施的开始，相关部门需启动相应的监督工作，全程监控规划实施进展，确保所有规划活动符合批准的要求。

二、国土空间规划的“双评价”机制

（一）“双评价”的内涵

在我国国土空间规划中，以资源环境承载能力评价和国土空间开发适宜性评价组建“双评价”机制是一个非常重要的概念，它是国土空间规划编制的基础，直接关联国土空间规划的研究分析过程。在国家制定统一方案的指导下，各省市县国土空间规划工作的开展同样离不开“双评价”机制，但是在正式开展“双评价”时，各地区需参考全国的评价成果，并结合自身的具体情况，形成适合本地的“双评价”初步成果。这一初步成果通过专家的论证和反复修正完善，最终形成一套科学、合理的评价结果，这些结果将直接支持省级的国土空间规划，指导市县级的“双评价”工作。市级及其以上国土空间总体规划的编制需要先开展“双评价”工作，然后才能开始正式的编制，并且在编制过程中需要将“双评价”专题成果与相应级别的国土空间总体规划放置在一起进行论证、报批，并最终汇总入库。具体到县级国土空间总体规划，可以直接利用市级的评价结果，通过进一步加强分析，形成详尽的评价报告；或者根据需要开展补充评价，以确保规划结果的准确性和实用性。这种“双评价”机制可以有效防止资源过度开发和环境退化，确保生态系统的完整性和功能的持续性，进而实现国土空间规划工作开展的科学性、合理性、实效性，实现国土空间的合理利用和资源环境的可持续发展。

1.资源环境承载能力的内涵

在现代国土空间规划中，资源环境承载能力指的是规划地域包含的资源环境在特定发展阶段内或实现生态保护目标过程中所能够承受人类开展城镇建设、农业开发等活动的最大规模，是一个地区在不损害自身生态系统运转条件下所能承受的人类最大活动强度。通过这一定义我们可以发现，它的关注点主要集中在自然资源的数量和质量、环境的容量、生态系统服务功能等方面，如水资源的可用量、土壤的肥力、空气和水质的状况、生物多样性状况以及人类在生态环境中开展的一系列农业和工业活动，这些因素恰好是一个区域可持续发展的基础。因此，资源环境承载能力评价能够帮助我们进一步明确资源利用的上限，寻找到经济发展和环境保护的平衡点，确保人类活动不会影响自然生态的恢复。

资源环境承载能力评价主要分为两个方面：即资源环境要素单项评价和资源环境承载能力集成评价。资源环境要素单项评价主要侧重对土地资源、水资源、生态环境、环境质量及自然灾害等各种资源和环境要素的独立评估。其中，土地资源评价主要涉及对土壤肥力、地形地貌、土地利用情况及土地潜在利用能力的评估；水资源评价主要涉及对水量分布、水质状况、水资源再生能力的评估；生态环境评价主要考察生物多样性、生态系统稳定性以及为人类服务的基本情况；环境质量评价着重对大气、水体、土壤等环境介质污染状况的整体评估；自然灾害评价重点分析地区自然灾害的发生频率和影响范围，如洪水、干旱、地震等自然灾害。资源环境承载能力集成评价是在资源环境要素单项评价的基础上进行的资源环境承载能力的集成评价，即在集成各单项评价结果的基础上结合城镇建设、农业生产和工业制造等不同人类活动的实际需求对规划区域承载能力进行的综合评价，从而更为高效地利用资源、保护生态。根据承载能力，资源环境承载能力集成评价结构可分为高、较高、一般、较低和低五个等级，承载能力高的区域可能适合扩展城镇建设和增加产业活动，而承载能力低的区域则可能需要加强生态保护措施，限制人类活动的干预。这种分级制度可以帮助政策制定者和规划者明确哪些区域适合发展、哪些区域需要限制开发、哪些区域应当保持现状或加强保护，从而有效引导国土空间的合理利用，着力促进区域内的经济、社会和环境协调发展。

2.国土空间开发适宜性的内涵

国土空间开发适宜性评价指的是特定国土空间在维持空间生态系统平稳运行的基础上可以进行城镇建设、农业生产、工业制造等人类活动的程度，是判断国土空间是否能开展人类活动或者说采取哪种类型、哪种程度人类活动的重要依据。根据这一定义，我们可以发现国土空间开发适宜性评价是对整个空间资源环境的总体评估，既关注了空间的地理特性和生物特性，又考虑了空间的未来经济发展情况，进而通过正确引导和适宜优化的方式实现土地的合理利用，最终实现自然属性保持和社会经济发展双赢。

国土空间开发适宜性评价作为国土空间规划的核心组成部分，同样分为两个方面，即全域适宜性评价和结果校验修正。其中，全域适宜性评价与上文资源环境承载能力集成评价类似，是在考虑空间环境承载能力的基础上进行的针对人类活动适应能力的集成评价。在这个过程中，评估者将整个国土空间区域按照不同功能需求分成生态保护区、农业区、城镇建设区等多个区域，每个区域又根据承载能力不同分为一般区域、重要区域、极其重要区域（或不适宜区、一般适宜区、适宜区）。例如，生态保护区是以保护生物多样性和生态功能为核心任务的空间区域，应根据区域实际情况，限制或全面禁止任何破坏性开发活动；农业区是以农业生产为主要开发活动的空间区域，依据土地的肥力、水资源的可用性及其他农业支持条件可划分为适宜区、一般适宜区和不适宜区，适宜的农业生产活动既能保证生态环境的可持续性，又能保障粮食生产和农业发展；城镇建设区则是以城镇建设为主要开发活动的空间区域，根据基础设施的开展情况可分为适宜区、一般适宜区和不适宜区，恰当的城镇建设不仅可以实现资源的合理利用，还可以实现经济的飞速发展。

结果校验修正是在适宜性评价完成后进行的评价活动，主要由专家负责，确保评价结果的准确性、合理性、科学性，并进行适当的校验和修正。在这个过程中，专家组会针对生态保护极重要区、农业生产适宜区、城镇建设适宜区及各类不适宜区的划分进行比对校验，即结合空间区域的实际情况，比对制定的规划是否合理恰当，确保每一个区域的划分与地理实际、生态需求和发展潜力相符。如果发现与实际不符的情况，需要立刻进行现场核查，然后根据核查结果进行规划调整，不仅能够确保国土空间资源得到充分利用，也防止因规划不当而导致环境退化情况和社会经济问题的发生。

（二）评价工作流程

评价工作流程如图 2–1 所示。

图 2–1　评价工作流程

1. 工作准备

在开展国土空间规划“双评价”工作之前，需要先开展一系列必要的准备工作，具体包括以下几个方面：第一，基于国土空间规划具体的编制需求确定评价的具体目标；第二，制定合理的评价工作方案；第三，组建一个多领域的、专业性强的专家技术团队；第四，构建完整的评价体系组织结构，明确各部门职责和具体工作内容；第五，利用当前各部门和各领域已取得的相关工作成果，再结合专家实地调研结果，全面掌握规划区域的资源环境生态特征及突出问题；第六，根据收集的资料确定评价方案的具体内容、路线、指标和计算精度。

为了确保评价工作的有效性，数据收集必须严格遵循权威性、准确性和时效性的要求，同时应与同级国土空间规划要求的基期年保持一致。对于基期年相关数据缺失的情况，工作人员应在最新年份数据的基础上，根据实际情况进行适当修正。通常情况下，市县层面的数据精度与省级精度存在一定差距，此时可以直接应用省级评价结果，不仅可以优化资源配置，还可以提高评价工作效率，为后续规划的编制提供更科学、更准确的支持，确保规划决策的合理性和有效性。

在当前国土空间规划的评价工作中，统一的地理信息系统和数据标准可以保证评价具有更高的精度和更强的效果，所以评价通常采用 2000 国家大地坐标系（China Geodetic Coordinate System 2000, CGCS2000），搭配高斯 - 克吕格投影方法。在高程基准方面，陆域部分采用 1985 国家高程基准，而海域部分则使用理论深度基准面高程基准，以确保地理数据的一致性和比较的科学性。在制图规范和精度方面，评价工作严格参照同级国土空间规划的要求，以确保制图的准确性和规范性。在确定评价基础制图条件的基础上，评估团队需要选择合理的评估方法，并根据方法的具体要求，系统收集整理空间区域的基础地理信息数据、气象观测数据、土地利用情况、土地和水文监测数据、地表参量、灾害类型与分布、遥感影像、交通体系分布规划等各类数据。

由于市县区域范围相对小，所以该层面的评价工作需要收集更详细、更具体的区域数据，如市县区域内各个流域的水文监测数据、市县区域内气象具体观测数据、市县区域内灾害发生和监测数据以及更高精度的遥感影像数据，为市县级国土空间规划评价工作提供更科学、更准确的决策支持，以确保空间区域国土资源的合理利用和有效保护。

国土空间规划评价工作所需的具体资料清单详见表 2-1。

表 2-1　国土空间规划评价工作所需的具体资料清单

资料类型	资料清单
基础地理类	省 / 市 / 县行政区划 靠近海洋的省 / 市 / 县的海域勘界数据 地理国情监测数据 数字高程模型 遥感影像
土地资源类	第三次全国国土调查成果及年度变更数据 农用地质量分等 海岸线利用现状调查数据 省 / 市土壤数据库
水资源类	第三次全国水资源调查评价成果 省 / 市近五年水资源公报 省 / 市水资源综合规划 省 / 市 / 县用水总量控制指标
环境类	省 / 市近五年环境质量报告书 省 / 市 / 县历年环境污染物统计数据 省 / 市 / 县历年大气、水环境质量监测数据 省 / 市土壤污染状况详细调查数据

续 表

资料类型	资料清单
生态类	全国森林资源清查及年度变更数据 陆地生态系统、海洋生态系统空间分布 生态退化区域和强度分级 饮用水水源保护区 自然保护地 国家重点保护物种
灾害类	地震动峰值加速度 活动断层分布图 地质灾害易发性调查评价数据 风暴潮灾害危险性
气候类	气象灾害数据 多年平均风速 大风及静风日数 多年平均降水量 多年月均气温 多年月均空气相对湿度

2. 本底评价

本底评价指的是针对那些没有发生过人类活动、未受到污染的自然区域内环境要素的评价，是一种区别于简单环境监测的、更为全面和系统的环境评估。正因如此，本底评价的开展需要科学家深入大自然，尽可能地寻找未被人类活动影响的区域收集土壤、水体、空气和生物等样本，再经过实验室分析，从而获得准确的样本数据。此外，科学家还会根据样本数据制作环境本底质量类型图，实现数据图形化、可视化，清楚显示不同区域实际的环境质量状态。

在国土空间规划评价机制中，本底评价将区域内资源环境承载能力和国土空间开发适宜性视作一个有机整体加以考虑，充分考虑空间区域的水资源、土地资源、气候条件、生态系统、环境以及自然灾害等关键要素，进而全面掌握区域的自然与社会经济条件，划定生态保护、农业生产和城镇建设三大功能区，确保规划方案能够合理利用每一种资源，在保护生态环境的基础上实现社会经济的可持续发展。

依据生态重要性，生态保护区可以划分为极重要区和重要区，其中，极重要区主要包括水源涵养区、生物多样性保护区等生物多样性高、生态服务功能不可替代的区域，而重要区则包括那些生态环境较好但不极端敏感的区域。根据区域的承载能力，农业生产区可以分为适宜区和不适宜区，其中，适宜区通常具备良好的土壤条件和充足的水资源，适合种植、畜牧或渔业；而不适宜区则可能因为土壤退化、水资源匮乏或气候条件不合适等不良因素，不宜开展大规模农业生产。同样，根据承载规模，城镇建设区可以分为适宜区和不适宜区，其中，适宜区指的是空间区域能够实现基础设施建设、环境保护双赢的区域，而不适宜区则可能因为地理位置、环境条件、资源储备或其他制约因素，不适合进行城镇扩展。

（1）生态保护区本底评价。省级生态保护区本底评价以区域生态安全底线为根本出发点，全面考虑陆海全域的生态系统服务功能以及各类生态脆弱性问题，从而综合判断并界定生态保护的极重要区和重要区。市县级生态保护区本底评价是在省级评价结果的基础上，结合更高精度的数据和实地调查对区域边界进行校核和修正，增强生态空间的完整性、系统性和连通性，确保区域生态网络完整。同时，还会结合地区特有的生态功能进行补充评价和修正，增强评价结果的适用性和科学性，确保生态保护策略的针对性和有效性，并且通过系统性的数据分析和现场核实，确保了评价结果的科学性和适用性。

（2）农业生产区本底评价。省级农业生产区本底评价是针对非生态保护极重要区开展农业生产活动的适宜性评价，其中，种植业、畜牧业和渔业等农业生产活动作为最具有普遍性、广泛性的农业生产活动，是适宜性评价的核心。这一本底评价过程可以识别哪些区域适合进行农业生产活动、哪些区域因生态敏感性或资源限制而不适合进行农业活动，确保农业扩张不会对生态保护区产生负面影响。市县级农业生产区本底评价是在省级评价结果的基础上开展的进阶评价，如果省级评价的内容和精度已经满足市县国土空间规划的编制需要，则可以直接以省级评价结果为基础，再结合更精细的数据和分析来应对地方特有的农业发展问题。

（3）城镇建设区本底评价。省级城镇建设区本底评价同样是针对非生态保护极重要区开展城镇建设工作的适宜性评价，通过综合评价该区域的地理条件、生态环境、粮食安全等关乎城市保障的基准线，精准识别出哪些区域适合开展城镇建设、哪些区域不适合开展城镇建设。对于沿海地区，还需针对城镇建设，对海洋的开发利用进行评价，确保海洋资源的合理利用和保护，防止海洋环境的过度开发。市县级城镇建设区本底评价，需要在省级评价划定不适宜城镇建设区域的基础上进行进一步校核，根据区域的人口增长趋势、经济活动密集度、区位条件和基础设施建设等城镇化发展典型特征，进一步区分哪些城镇适宜打造成城镇建设区，从而做出更准确的城镇建设和扩展规划，实现城镇发展与周围环境的和谐共存。对于具有海洋资源优势的地区，市县级评价还需特别关注城镇建设对海洋空间的开发利用是否在适宜范围内，应在满足海洋生态保护需求的基础上，实现海洋经济的可持续发展。除了考虑以上城镇建设基本活动的适宜性评价外，本底评价还需结合当地实际情况开展针对性的补充评价，特别是对于矿产资源、历史文化、自然景观资源等特定区域的评价，确保国土空间规划获得更全面的数据支持，促进经济的多元化发展和社会的全面进步。

（4）承载规模评价。考虑适宜性的同时还需考虑区域的最大承载规模，即在当前经济技术发展水平和生产力条件下，各评价单元还需通过水资源、空间约束等关键因素考虑区域空间能够支撑的农业生产和城镇建设的最大合理规模。在进行此类评价时，缺水地区特别还需要考虑水资源的平衡状况，以确保水资源的合理分配和可持续利用。同时，应考虑环境质量目标、污染物排放标准等环境容量因素，确定农业生产和城镇建设受到的最短板约束条件能够得出区域的最大承载规模。换言之，在多重约束条件下，取各约束条件所允许的最小值即为地区可承载的最大合理规模。

3. 综合分析

（1）资源环境禀赋分析。在国土空间规划评价中，资源环境禀赋分析是对区域内所有自然资源储备、分布情况和变化趋势的分析，通过这种深入分析可以识别出区域内资源环境所具备的优势和短板，为制定未来空间资源开发和生态保护策略提供理论依据。同时，这种资源环境状况可以用于与省域、国家、国际中的其他区域进行对比，更清楚地揭示该地区在整个国土空间中的定位，从而制定具有针对性的政策，强化区域资源的优势并补齐短板，实现资源利用与环境保护的动态平衡，推动地区经济的可持续发展。

（2）问题和风险识别。将生态保护、农业生产及城镇建设等功能区的承载规模和适宜性评价与当前土地、海洋利用情况进行对比，可以清楚识别出功能区中存在的问题和风险，尤其与空间分布存在的直接冲突。例如，对比农业生产区耕地承载规模和耕地实际规模、城镇建设区城镇化承载规模和城镇建设当前用地情况、牧区承载牲畜规模和实际载畜量、渔区承载渔业规模和实际捕捞、养殖量，可以清楚判断哪些区域的资源环境已经处于超载状态，从而找出导致超载的主要原因并及时加以改善。又如，根据评价结果对比生态保护极重要区内存在的园林、人工商业林分布情况，农业生产不适宜区内存在的耕地、基本农田情况以及城镇建设不适宜区内的灾害高发区等，可以清楚发现各个区域存在的空间冲突，从而更好地理解各功能区内部的资源环境承载状态。除此之外，还可以通过水平衡、水土保持情况、生物多样性条件、地面沉降和环境污染等与环境密切相关的评价因子，识别出各种环境问题对整个空间区域产生的长远影响，从而判断空间未来的变化趋势，制定出更为科学和合理的规划方案，促进区域的可持续发展。

（3）潜力分析。潜力分析是国土空间规划评价中针对空间区域未来发展潜力的分析，是通过不同领域适宜性评价结果对相应功能区潜力的深度识别和优化，从而实现资源的高效利用和区域发展的持续性。对于农业生产区，根据农业生产适宜性评价结果可以分析出不适宜种植业、畜牧业区域可以开发成耕地或牧草地的空间区域规模，提高土地的利用效率，实现农业生产的可持续发展；根据渔业生产适宜性评价结果可以分析出渔业生产适宜区内最大的渔业养殖和捕捞规模，进一步挖掘渔业空间潜力，从而实现经济效益最大化。对于城镇建设区，根据城镇建设适宜性评价结果可以分析出不适宜进行城镇扩展的区域以及可以用于城镇建设的用地规模（扣除耕地后），从而实现土地资源的充分利用，避免无序扩张和过度开发的风险。

（4）情景分析。情景分析是国土空间规划评价中通过模拟未来可能发生情景实现的区域资源和环境分析，即通过分析区域未来因气候变化、基础设施建设完善情况及生产生活方式转变等形成的不同情景，得出水资源、土地资源、生态系统、陆海环境、能源资源等因素发生的相应变化，从而制定合理、科学的长远规划，以确保国土空间规划的前瞻性和灵活性，有效应对未来可能出现的各种挑战。

4. 评价成果表达

评价成果表达的主要形式有评价报告、评价表格、评价图件、评价数据集四种。

（1）评价报告。评价报告是对国土空间规划“双评价”机制的技术路线、过程、结果的直观阐述，详细说明了采用的评价方法及其执行过程，清晰地展现评价区域的资源环境优势与存在的短板，深入剖析识别出的问题、风险及开发潜力，最后基于这些分析提出具体的改进和优化措施。

（2）评价表格。评价表格是国土空间规划“双评价”机制数据的系统收集和记录，为整个评估工作和规划决策提供数据支撑。行政层级不同，对应的评价表格也有明显的区别，其中，省级评价表格通常以市级行政单元为统计单元，市级评价表格以县级行政单元为统计单元，县级评价表格则进一步细化到乡镇（街道）行政单元。这种层级化统计方法使得整个评价数据更加系统、细致，更能反映具体地区的实际情况。在规划实践中，各地可以根据具体需求对统计单元进行进一步细化，确保能够精确捕捉到各个规划区域的实际需求。

表 2-2　××省、市、县生态保护重要性评价结果汇总表

区域 面积/km^2		极重要区		重要区	
		比重/%	面积/km^2	比重/%	面积/km^2
陆域	××省、市、县				
	...				
	小计				
海域	××省、市、县				
	...				
	小计				

表 2-3　××省、市、县农业生产适宜性评价结果汇总表

区域	种植业				畜牧业				渔业			
	适宜		不适宜		适宜		不适宜		适宜		不适宜	
	面积/km^2	比重/%	面积/km^2	比重/%	面积/km^2	比重/%	面积/km^2	比重/%	面积/km^2	比重/%	面积/km^2	比重/%
××省、市、县												
...												
小计												

表 2-4　××省、市、县城镇建设不适宜评价结果汇总表

区域	不适宜	
	面积/km^2	比重/%
××省、市、县		
…		
小计		

（3）评价图件。评价图件是国土空间规划“双评价”机制数据的视觉化展示，它将繁杂的数据和信息用基础图和成果图两类图简明扼要地展示出来。其中，基础图主要描绘的是评价区域的总体概貌，如区域位置、地形地貌、行政划分等基本信息，帮助决策者和公众理解区域的地理基本情况；成果图则专注表达评价的具体结果，如生态保护重要性评价结果图、农业生产适宜性评价结果图、城镇建设适宜性评价结果图等。评价图件清单详见表 2-5。

表 2-5　评价图件清单

图件类型	图件清单
基础图	行政区划图 地形地貌图
成果图	生态保护重要性评价结果图　农业生产适宜性评价结果图 城镇建设适宜性评价结果图 生态保护极重要区内开发利用地类分布图 种植业生产不适宜区内耕地分布图 城镇建设不适宜区内城镇建设用地分布图 耕地空间潜力分析图　城镇建设空间潜力分析图 生态系统服务功能重要性分布图　生态脆弱性分布图 多年平均降水量分布图　人均可用水资源总量分布图 地质灾害危险性分区图

（4）评价数据集。评价数据集是国土空间规划“双评价”机制数据的分类化、层次化存储，它将区域重要的阈值、指标值和参数按照功能区域进行了详尽的分解和细化，以确保评价结果的精确性和实用性。评价数据表主要包括现状数据集、单项评价数据集、集成与模拟数据集三大类。其中，现状数据集提供的是评价区域当前的环境和资源状况，为规划者快速了解区域基线水平、进行未来规划奠定坚实基础；单项评价数据集主要针对的是水资源承载力、土地利用适宜性等特定评价指标的分析，有助于规划者识别各区域面临的主要问题和挑战；集成与模拟数据集主要是通过数据整合和模型模拟对区域的未来进行预测，为针对区域未来发展趋势制定应对策略提供科学依据。

5.评价成果应用

当前阶段开展“双评价”工作不仅可以基于科学方法确定生态保护的底线，还可以根据农业生产和城镇建设适宜性评估结果实现功能空间的最大化利用，从这个层面来看，“双评价”机制作用显著。但是，需要特别注意的是，评价必须以区域的资源禀赋和环境条件为出发点，以地区的发展目标和治理要求为结合点，通过综合权衡，确保所提出的用地建议既符合生态保护的需要，又支持经济发展的目标。同时，地区评价结果还需与国家或上级地区已有的评价成果相衔接，以确保政策的连贯性和实施的有效性。

评价成果的应用体现在多个方面，如支撑国土空间格局优化、支撑主体功能分区、支撑三条控制线划定、支撑规划指标分解、支撑高质量国土空间策略制定、支撑空间类专项规划编制等，这一切应用的本质都是为了优化国土资源的配置和使用，全面促进区域的可持续发展。

第二节　国土空间的详细规划

一、国土空间详细规划的基本概念

（一）国土空间详细规划的含义

国土空间详细规划是对一个区域土地用途的精细管理，是对特定地块如何开发、利用、保护的具体性、实施性规划，对空间的开发密度和强度具有直接影响。从这个角度来看，详细规划应与总体规划紧密衔接，是总体规划的具体分析和操作框架，对如何利用空间资源做出更具体的指导和约束，如确定土地使用性质、建设用地边界、建筑物布局和高度、交通和基础设施布局等多项内容。除此之外，详细规划还包括具体的生态保护、文化保护措施，以确保国土空间规划的全面性和可持续性。

参考传统城乡规划体系中详细规划的分类，我们可以按照规划功能，将国土空间规划体系中的详细规划分为两大类，即控制性详细规划和修建性详细规划。其中，控制性详细规划主要关注的是空间内土地资源的使用性质、建设用地边界条件等，是通过设定具体的规划参数和标准严格控制土地资源的开发与利用，确保了区域发展的合理性和可控性，避免了城镇发展的无序扩张和过度开发；修建性详细规划则更加注重具体建设项目的实施细节，强调实用性和操作性，如建筑物的具体设计、基础设施的布局以及公共服务设施的配置等，是将控制性详细规划中提出的要求具体实施的过程。

（二）国土空间详细规划的编制

详细规划的编制是一项复杂工作，根据空间土地的使用条件和范围，可分为城镇开发边界内和城镇开发边界外两大部分。

所谓的城镇开发边界指的就是特定区域在一定时期内因城镇发展需要集中进行开发建设、实现城镇功能的区域边界。从这个层面分析，城镇开发边界就是规划城镇建设区域的最大范围，其划定与区域的地形地貌、自然生态、环境容量等因素密切相关。城镇开发边界内指的是规划区域内集中进行城镇建设的区域，包括城市区域、城镇区域以及各类开发区等，是国土空间详细规划的主要区域；而城镇开发边界外指的是城镇开发边界以外的区域，但这并不意味着这些区域无法开展城镇建设，只不过需要在符合法律法规和相关规划的前提下开展。

1.城镇开发边界内详细规划的编制

城镇开发边界内的详细规划通常针对的是相对集中的城市用地区，需要由市县级自然资源主管部门参考城市发展的复杂需求进行编制，如土地使用效率、基础设施需求、交通管理以及环境保护等。规划编制完成后须提交给同级政府审批，确保规划的实施符合总体发展目标和政策导向。

城镇开发边界内的详细规划同样可以分为控制性详细规划及修建性详细规划。其中，控制性详细规划是国土空间详细规划中的关键组成部分，其内容需参照《城市规划编制办法》和《城乡规划法》加以确定，确保城市建设活动的有序开展和科学管理；修建性详细规划同样是城市规划的关键一环，包括从建设前的条件分析到经济效益估算等一系列重要内容，详细规定了城市开发的各项要求和标准，确保城市建设活动科学有序且经济有效。

2. 城镇开发边界外详细规划的编制

城镇开发边界外的区域大都是广阔的乡村地区，这些区域的详细规划应根据农村的发展需求和特点进行编制，通常由乡镇政府组织，以一个或几个行政村为行政单元，编制成土地使用规划、环境保护规划、经济发展规划等多方面内容“多规合一”的实用性村庄规划，促进乡村的均衡发展。规划编制完成后须报送上一级政府审批。

村庄规划作为城镇开发边界外详细规划的主要组成部分，是针对乡村地区编制的空间规划，不仅为乡村地区开发与保护提供了明确的法定依据，也是乡村管理土地资源用途、核发乡村建设项目规划许可的重要凭证。村庄规划不仅内容极为广泛，更涉及村庄的社会、经济和环境三个方面的价值，在实现村庄发展、经济繁荣、生态保护、文化传承等多个方面发挥着重要作用。例如，村庄规划中明确提出村庄未来的发展目标，这一目标与更大区域的发展战略保持一致，可以确保村庄更快实现城镇化、现代化转型。村庄规划还将针对农业与非农业的区别，开展针对性空间规划和布局指导，促使村庄经济实现多元化发展，同时确保村庄住房建设在保留村庄传统风貌的基础上满足居民的多元化需求。

村庄规划的编制是一个综合性的过程，包括组织准备、技术准备、驻村调查、方案编制、报送审批、规划备案等六个阶段。其中，组织准备阶段的主要任务是成立规划团队并确立规划的基本框架和目标，这个任务的实现需要乡镇政府与村民委员会密切合作，共同规划区域重点和优先级，为后续阶段工作的开展奠定基础。技术准备阶段的主要任务是收集和分析区域数据，包括土地利用现状、人口统计、经济活动和环境条件等，为编制有效规划提供强大的数据支撑。驻村调查需要规划团队深入村庄，与村民展开直接交流，充分了解他们的需求和期望。在调查结束后，规划团队需要将调查结果和前期收集的数据进行对照分析，并根据结果编制初步规划方案。编制完成后需要报送审批，但在报送之前应提前将规划方案在村内公示 30 天，其间，村民可以随时提出意见。同时，村民委员会需要对规划方案进行审议，村民会议也需要发表决议，确保规划方案内容符合村庄实际情况。规划方案经过村内审议和讨论后，乡镇政府需要将其报送上级政府审批，并附上村民委员会的审议意见及村民会议的决议。一旦批准，规划成果应在规划批准之日起 20 个工作日内通过“上墙、上网”等多种方式公开备案，所有相关方和公众都能通过备案页面直接访问和查阅。规划成果需要在 30 个工作日内逐级汇交至省级自然资源主管部门，并叠加到国土空间规划的“一张图”上，进一步健全完善空间规划体系框架。

二、城市控制性详细规划的具体编制

城市控制性详细规划作为针对城市空间的详细规划，其管理主要通过规划内明确的规划指标来实现，根据属性，这些指标可以分为规定性指标和引导性指标两类。其中，规定性指标主要包括土地用途、建筑高度、建筑密度、容积率、绿化率以及公共绿地面积等，这些指标具有明确的强制性，一旦规划出台，就不能更改或调整，从而确保规划区域的城市基础设施、公共服务配套设施建设能够满足预定的城市发展和环境保护标准；引导性指标相较规定性指标更具灵活性，它们并非固定不变，而是根据城市特色、规划区域情况、文化传统、规划控制重点不断变化，当然，这种变化不是随意的，而是需要规划团队在遵循基本规划要求的前提下结合城市具体情况做出适当调整，以确保规划能够适应不断变化的城市发展需求。如今的城市控制性详细规划中经常包括城市设计导则，这一点借鉴的是欧美国家的成功经验，通过强化城市设计内容，为规划区的城市环境面貌提供指导性准则，具体内容涉及建筑立面风格、材料类型、颜色选择、体量比例、夜间照明以及城市环境小品配置等多项，在提升城市美学和功能性的同时不断提升居民的生活质量。

城市控制性详细规划的编制主要包括以下几个环节：

（一）前期准备

在开展规划编制之前，充分理解项目委托方的需求是成功编制规划的首要步骤。规划团队不仅需要了解合同中规定的双方权利与义务，清楚地界定双方责任，以防后期出现问题而导致冲突，还需要充分了解委托方的需求和期望，包括规划内容、所需深度、形式要求以及时间进度等，进而确保后续规划工作能够严格遵循规划指导有序推进，并确保最终的规划结果能满足委托方的期望。基于对项目特定需求和难度的了解，规划团队需要邀请专业技术人员加入团队（不同的规划项目可能需要不同领域的专家，需结合实际情况进行分析），如城市规划师、景观设计师、交通工程师、环境科学家等专业人才，确保规划的全面性和科学性。

在与委托方确定合作关系之后，规划团队需要组织实地踏勘和调查研究工作，通过实地考察规划区域的地形地貌、生态环境、土地使用现状、基础设施状况及文物保护单位情况，规划团队可以及时掌握第一手资料，为制定科学合理的规划方案提供数据支撑。同时，与地方房管部门、水务部门、电力电信部门以及城乡规划行政主管部门进行沟通交流，了解有关规划区域的政策信息和区域发展的相关数据，从而更好地理解政策环境、技术标准以及其他可能影响规划的要素。

（二）资料收集

城市控制性详细规划作为总体规划的具体操作，甚至需要满足区域专项规划的相关要求。基于此，规划团队需要在现场踏勘调查，和相关部门沟通时主动收集资料，为编制有效规划奠定坚实基础。

规划团队收集的资料主要包括以下几方面：第一，规划资料。规划团队需要向相关部门了解国家级、省级、市级国土空间总体规划、城市空间详细规划、相关区域和相邻区域的专项规划等规划资料，确定城市发展和区域功能定位。第二，城市基础数据。规划团队需要亲自调研规划区域的地质人文条件、地貌特征、气象数据以及区域“三调”（土地调查、土地定级、土地统计）基础数据，这些数据应确保真实、准确。第三，城市人口数据。规划团队需要向相关部门了解城市规划区域的人口规模、年龄分布、职业选择以及人口密度，以便预测未来城市公共基础设施建设情况。第四，规划区域建筑情况。规划团队需要向相关部门了解规划区域现有建筑物的基本情况，如建筑物面积、层数、布局、产权、用途、质量，同时还应确定现有建筑物是否需要继续保留。第五，配套公共设施情况。规划团队需要向相关部门了解规划区域现有的配套公共设施种类、规模、分布情况，特别是现有工程管网的建设年代、技术类型、走向、规格、使用情况及其老化损坏程度。第六，历史文化遗产资料。

如果规划区域属于老城区，无论是历史建筑、文化传统还是环境风貌，都需进行针对性规划，这就需要规划人员与相关部门多次确定历史文化遗址的保护情况和保护措施，充分发挥其本来作用。

（三）方案设计

完成资料收集后，规划团队需完成方案设计，这个过程不能一蹴而就，而是需要反复修改，这就需要规划团队与委托方进行频繁的沟通，沟通的次数与问题和反馈有关，所以次数并不固定，但至少大于等于三次，以确保方案内容满足甲方的真实期望和需求。在沟通结束后，规划团队至少可以确定方案中的功能单元、地块划分以及控制指标等规划关键要素。经过沟通后，规划团队需要根据反馈结果，从不同角度设计两个或两个以上规划方案，并将其全部提交给委托方。这些方案不仅需要进行多角度的比较，还需要进行技术经济论证，以便于精准评估每一种方案的可行性、成本效益和潜在的环境影响，最终选择最合理、最有效的方案。

在与委托方交流设计方案的过程中，规划团队不仅需要倾听委托方的意见，还需要整合相关专业技术人员、建设单位和规划管理部门的意见，针对一些关键的规划问题达成共识，确保方案最大限度满足各参与者的需求。在整个方案设计过程中，还应采取公示和征询意见的方式听取被规划区域内单位和公众的意见，提高规划的透明度，增强公众对规划结果的接受度和满意度。

根据多方意见，规划团队需再次与委托方展开深入沟通，进一步修改和优化方案内容。修改后的方案需要再次提交给委托方，继续听取意见，必要时应再次进行修改。这一过程可能重复多次，直到双方达成共识。一旦方案被最终确认，就意味着方案可以进入成果编制阶段，在这一阶段，要求公众参与的相关意见采纳结果也应予以公布，确保所有利益相关者都能看到自己的意见是如何被考虑和反映在最终的规划中。

（四）上报审批

在城市发展过程中，控制性详细规划的上报审批是规划编制的关键任务之一，通常分为三个步骤，分别是成果审查、上报审批、成果修改，有效确保了城市规划的严谨性、科学性，推动了城市有序、可持续的发展。

（1）成果审查。控制性详细规划项目的成果审查通常会以一次成果汇报会的形式实现，会议主办方为委托方。在这一会议上，规划项目团队将向相关利益方展示规划方案和成果以及初步收集到的反馈，同时将专家评审会和城市规划委员会从不同领域深入评估、阐述规划方案的科学性、合理性的审议报告作为附录，并基于此提出相应建议。

（2）上报审批。经过严格的成果审查后，控制性详细规划需要将设计方案上报审批。对于已经编制并通过分区规划的城市，一般的控制性详细规划可以由城市人民政府授权的城市规划管理部门审批，而重要的控制性详细规划则必须由城市人民政府直接审批。上报审批的文件应由委托方负责提供，如遇到需要重大修改的情况，委托方和规划编制单位需协商解决，以确保方案的可行性和科学性。

（3）成果修改。一旦城市控制性详细规划获批，规划内容通常不能更改，但若真的需要进行修改，组织编制机关必须先对修改的必要性进行论证，并广泛征求规划地段内利害关系人的意见。同时，任何修改都必须严格遵循城乡规划法及相关法律法规。修改后的控制性详细规划应依照原审批程序重新报批，如果修改内容涉及城市总体规划或城镇总体规划的强制性内容，必须先对总体规划的相关部分进行修改，确保所有规划层面的一致性和合法性。

三、城市修建性详细规划的具体编制

城市修建性详细规划是一种以城市控制性详细规划为基础进行的细化规划，由市、区或县人民政府制定，针对的是规划区域具体的建设布局安排，如规划区用地类型、建筑空间范围、绿化配置情况、交通组织条件、市政基础设施和公共服务设施的建设等。从这个角度分析，所谓的修建性详细规划便是围绕城市建设局部设计的清晰蓝图，在确保项目实施过程符合控制性详细规划的总体要求的基础上，对具体的开发建设项目进行指导，将宏观的城市发展目标转化为建筑物的高度、体量、风格、形象、用途等具体可执行的建设任务，实现社会经济的高效、可持续发展。除此之外，修建性详细规划还涉及城市道路、通信网络、中心广场、绿地公园等各种基础设施、公共设施的设计和建造，在增强城市美观性、功能性的同时还可支撑城市运行，满足居民的日常生活需求，提升居民的生活质量。

随着时代洪流的流淌，科技发展日新月异，作为城市国土空间总体规划细化框架的修建性详细规划还需充分考虑对先进技术的引入和应用，以便于及时适应城市的未来发展。这就要求规划者在编制规划时应充分考虑城市的长期发展计划，以城市物理空间优化、经济效益提升为根本出发点，结合数字技术的前瞻性预测，有序推进城市详细规划，为城市的未来居民打造一个和谐、美丽、先进的生活空间。

修建性详细规划作为城市规划体系中关键的组成部分，具有高度的计划性和专业性，最直观的体现就是规划图，图中不仅包含详细的规划数据，还展示了具体的规划意图，从而为相关的政府机构、开发商、建筑师及工程师提供具体的建设指导，使其能够遵循规划内容展开具体的规划操作，实现项目的顺利推进。此外，这种多元参与的编制主体结构也确保了规划能够包括多个角度和利益相关者，使得规划更加贴近实际需求，增加了规划实施的灵活性和适应性。

城市修建性详细规划的编制主要包括以下几个环节：

（一）资料收集

修建性详细规划需要收集的资料详见表 2–6。

表 2–6 修建性详细规划需要收集的资料

资料类别	资料内容
综合资料	法律、法规、规范、政策文件和规划成果等
电力工程	用电负荷、电源、供电方式、电力工程设施及中低压配网等
通信工程	通信用户、通信管网、通信工程设施等
燃气工程	气源、用气量、供气方式、燃气输配系统、燃气管网、燃气场站设施等
供水工程	给水管线、预留接管、给水加压泵站、再生水设施等
排水工程	排水体制和污水、雨水设施等
自然条件	地形地貌、地下水、工程地质、植被等

续　表

资料类别	资料内容
历史文化	文物保护单位、历史建筑物、非物质文化遗产、古树名木及城市的文化底蕴、空间肌理、建筑特色等
土地利用	地价、地籍等
建筑物	各类建筑物的质量、功能、结构等
道路交通	道路交通规划、城市交通设施布局等
防灾设施	防洪、消防、抗震、防灾、人防等
供热工程	热源、热负荷、供热方式、供热管网等
环卫工程	垃圾转运站、垃圾收集点、公共厕所和餐厨垃圾处理设施等
地下空间利用	交通、市政等基础设施和地下商业、文化娱乐等公共设施等

（二）方案设计

修建性详细规划的方案设计过程与控制性详细规划类似，只不过在具体内容上更注重细节实施。在方案设计开始阶段，规划团队同样需要与委托方进行密切的沟通反馈，这一过程也需经过 2 ～ 3 轮，确保每个细节都经过深思熟虑并获得委托方的认可，进而确保方案能够满足委托方的全部需求。在方案设计过程中，规划团队至少需要展示两个设计方案，并在这些方案后附录技术经济论证、优劣对比。同时，规划团队需要与相关专业的技术人员、建设单位、规划管理部门以及全体民众展开沟通，协调方案中的具体事项。根据收集到的反馈，规划团队将与委托方进行进一步沟通，并不断修正方案，直到最后达成共识。

（三）成果展示

修建性详细规划的成果主要分为两部分，即说明书和图纸。

规划说明书详尽记录了规划项目的各个方面，为后续规划建设工作的开展提供了全面的指南和依据。规划说明书的具体内容包括以下几个方面：第一，规划区域的自然环境、社会经济背景、现有基础设施和建筑使用状况等基本条件，确保规划编制立足实践；第二，规划的指导思想、根本目标和基本策略，为后续规划开展提供指导；第三，各类功能用地的分配和布局，如住宅区、商业区、工业区和公共设施区的具体划分，确保土地资源的最大化利用；第四，规划空间的美学特征和实用性，通过营造独特的城市环境来提升城市的视觉吸引力以及居住者的使用感受；第五，城市的交通组织和生态网络布局，特别是道路系统和绿地系统的分布和配置，为居住者提供完善的交通服务，提升居住者的生活质量；第六，供水、排水、供电、通信等基础设施的建设情况，确保基础设施可以支撑城市的高效运转以及未来的扩展；第七，建筑的高度控制和空间利用效率，平衡城市密度，提升居住者的居住品质；第八，具体技术经济指标，如总用地面积、总建筑面积、住宅建筑总面积和平均层数、容积率、建筑密度、绿地率等指标，为项目的经济可行性评估提供科学依据。

修建性详细规划是规划设计最重要的表达方式之一，其中详尽记录了项目的具体设计和布局要求，主要分为区域位置图、宏观俯视图、区域基本情况图、规划总平面图、道路系统规划图、竖向规划图、工程管网图等。其中，区域位置图主要标明的是规划区域在城市中的位置以及与周围地区的关系，有助于规划团队理解该区域在整个城市结构中的定位和功能；宏观俯视图是从更为宏观的角度拍摄的三维立体图，可以生动表达规划设计意图，增强规划的表现力，更重要的是能帮助所有参与者更为直观地理解和评估规划设计的效果和影响；区域基本情况图描绘的是规划区域的地形地貌、现有道路、绿化情况、工程管线以及区域各个功能区的范围、土地性质、分布情况，比例尺为 1 ： 500 ～ 1 ： 2000，为规划提供重要的数据参考，确保设计方案的适应性和合理性；规划总平面图是整个规划中最为直观的部分，同样采用 1 ： 500 ～ 1 ： 2000 的比例尺，清晰地标注了规划中的建筑、绿地、道路、广场、停车场和河湖水面的具体位置和范围；道路系统规划图详细描绘了规划区域内各个道路系统的红线位置、横断面以及道路交叉点的坐标和标高，为设计一个流畅、高效的交通系统奠定了良好基础；竖向规划图主要绘制的是道路交叉点、交坡点的控制高程以及室外地坪的规划标高，有助于实现地面和地下的平滑过渡，优化整体空间的视觉和功能体验；工程管网图展示了市政公用设施管线的平面位置、管径、标高以及相关设施和构筑物的位置，可以确保基础设施的有效运作。

（四）上报审批

规划方案完成后需要提交给审批机关，该机关会组织专家和相关单位对方案内容进行详细评议。此次评议是一个更专业、技术性更强的验证过程，可以确保规划方案符合城市规划总体要求、发展目标、技术和环境标准等。方案通过评议后，规划编制单位需要准备相关材料进行正式的规划报批，具体材料包括编制报告、方案说明、规划文本、规划图纸以及环评报告、交通影响评估、市政设施分析等其他相关附件。需要特别注意的是，由于城市详细规划所包括的区域重要性不同，其审批权限也存在一定差异，那些涉及重大发展区域或具有特殊城市战略意义的规划可能需要更高级别的政府部门审批，以确保规划的严谨性和执行力。这一连串审批环节可以使得城市详细规划成为推动城市可持续发展的重要动力。

当审批机关接收到城市详细规划的申报材料后，具体工作流程需要严格按照法规和相关程序的规定进行，具体步骤如下：第一，审批机关需征求与规划相关的专业管理部门的意见，确保所有规划方案都能满足相关法律、技术和环保标准。第二，审批机关需要从规划局认可的专家库中选取多名规划专家对规划方案进行详尽的论证，以保证规划的科学性、客观性、实效性。第三，审批机关在正式受理城市详细规划的报批文件后，需要在 50 个工作日内完成审批工作。第四，如果审批机关在审批过程中认为提交的规划文件需要进一步修改才能满足规划要求，会正式向申报单位提出书面修改建议。值得格外注意的是，规划文件的修改期并不计入整个审批期限，从而保证了审批工作的质量和深度。第五，规划通过审批后，审批机关会制发正式的批复文件，并在批复文件附带的规划文本和规划图纸上加盖官方证章，正式确认其法律效力。第六，为确保公众的知情权和参与度，组织编制单位必须在城市详细规划获得批准后的 60 日内向社会公布规划方案。

城市详细规划一旦得到正式批准，其内容及结构不能随意进行修改或调整，但如果规划区域的经济和社会发展目标以及建设条件发生巨大变化，甚至影响已确定的城市详细规划方案内容，原规划申报单位必须及时向原审批机关提出正式的修改申请，并详细说明修改的原因和内容。原审批机关批准后，原规划申报单位需要重新申报，并附上全部审批文件，确保修改后的规划仍符合法律法规和城市发展的最新要求。对于违法编制或未按照规定程序编制的城市详细规划，审批机关将不予审批。如果审批机关发现已经审批的规划存在违法审批、审批不当或者违法变更的情况，有责任对这些决定进行撤销，同时还应对那些参与违法审批、审批不当或违法变更城市详细规划的直接责任人依法给予行政处分，严格维护整个规划和审批系统的纪律。

第三章　国土空间规划层级细化

第一节　省级国土空间规划

一、省级国土空间规划的基本概念

（一）省级国土空间规划的核心作用

在国土空间规划体系中，省级国土空间规划是对一定时期内省域国土空间保护、开发、利用、修复的政策总纲，是国家级国土空间规划纲要的具体实施细则，并且充当了上级国家规划与下级市县规划的沟通桥梁。从这个角度分析，省级国土空间规划不仅需要对全国性的指导纲要进行地方性的解读与细化，还需要对省域及更低级别的所有规划提供指导，确保所有规划形成一种从国家到地方、从总体到具体的多级联动机制，使得国土空间的保护、开发和利用更加科学、合理与高效。

省级国土空间规划作为省级政府依照国家国土空间规划指令开展工作的主要手段以及省域范围内国土空间规划编制的重要依据，其编制和实施必须以省域实际情况为根本出发点，充分考虑当地实情与国家规划战略之间的吻合程度，积极发挥其在国家与地方层面之间的桥梁作用，协调国家战略和地方发展之间的内在关系，实现国家大局与地方发展的同步推进。之所以可以实现同步推进的宏伟目标，是因为省级国土空间规划具有战略性、协调性、综合性和约束性等特点，这使其成为一种强有力的工具，既能够保证国家战略的有效实施，也能够增强地区间的联动效应，进而促进国家层面和省级层面、省级层面和下级层面的协调发展，更好地实现社会经济的可持续发展。

省级规划的核心任务之一是制定针对省域的国土空间开发保护战略目标和总体格局，通过科学的规划方法确定各县（市、区）的主体功能定位。包括分解并下达具体的规划指标，设计用以指导空间开发保护的详细指引与严格的管控规则，从而引导国土空间得以适度有序开发。在这个过程中，省级规划承担着协调省内外资源的重要责任，包括自然资源的保护与利用，确保资源开发利用的总量控制、结构优化和时序安排得到有效管理。此外，省级国土空间规划还需要着重强调生态保护与修复。这涉及对全省国土空间的生态系统进行整体保护、系统性修复以及综合治理，以应对环境退化和生态平衡破坏的问题。规划中必须明确具体的生态保护目标和措施，如生态红线的划定、重要生态区域的保护等，以确保省域内的自然资源得到持续而有效的保护和合理利用。通过这样的省级国土空间规划，不仅能够保证地方政府在国家战略的框架内有效操作，还能够确保省内各级市县规划的统一性和协调性，形成上下贯通、互相支持的国土空间规划体系。这种规划体系的建立和实施对于推动省域经济的持续健康发展、实现社会和谐以及生态文明建设具有不可替代的作用。

（二）省级国土空间规划的根本任务

省级国土空间规划作为承上启下的规划总纲，其根本任务主要体现在以下几个方面：

（1）切实落实国家主体功能区战略、区域协调发展以及国家重大发展战略，明确省域各地区在国家发展大局中担任的角色和承担的责任，从而制定符合国家目标和地方发展的空间发展战略，确保国家的宏观调控和战略目标能够在省级层面得到有效实施。

（2）结合省域实际情况，制定全省区域的国土空间总体规划，优化省级区域内的经济结构和空间布局，同时还应划定省域资源环境的底线，通过严格的环境保护措施，确保可持续发展的环境底线不被突破。此外，省级国土空间规划还需协调下辖各单元的发展任务，确保整体发展的平衡和各区域功能的最大化。

（3）结合省域内经济活动、人口流动和城镇扩张的大趋势，科学预测未来城镇化的发展趋势，从而根据区域特点，制定针对不同区域差异化的发展策略，以促进区域内部和谐发展。

（4）围绕城市基础设施、公共服务、环境保护等多个方面构建并健全城市支撑体系，为区域发展提供坚实基础，同时加强对支撑体系各个专项规划的系统指导。

（5）加强与周边省份的沟通联系，围绕重大基础设施建设、产业布局、生态保护、文化和公共服务等领域展开深度合作，促进资源共享、优势互补，从而推动区域整体的联动发展，形成更加广泛的区域经济圈。

（6）明确空间规划实施的政策机制保障和责任落实要求，并监督各级政府和相关部门履行职责，以实现规划目标的顺利达成。同时，应用先进数字技术搭建信息平台，通过数据共享不断提高规划实施的透明度和效率。

（三）对省级国土空间规划的深刻认知

1. 省级国土空间规划是编制依据，而非直接管控依据

在中国国土空间规划体系中，省级国土空间规划主要扮演着承上启

下的关键角色，在国家总体规划和具体市县规划之间架起一座桥梁，通过构建一个宏观的规划框架，既能实现国家总体规划的细化，又为下级实现规划编制提供坚实依据，从而确保地方政策的制定既符合国家发展的大方向，又能够考虑到地方的实际需求和特点。从这个角度出发，省级国土空间规划并没有直接介入具体的用地管控，而是指导下级市县在此框架下制定更详细的空间治理和用地规划。形成这种局面的主要因素是省级规划的定位较为模糊，其所对应的省级区域由于空间范围相对较大，导致规划本身不可能达到“定边界”的深度，所以只能在策略和指导层面发挥作用。基于此，我们可以简单地归纳省级规划的主要任务就是将国家制定的国土空间开发、保护战略及省级战略意图准确传递下去，使得市县编制的具体空间规划能够顺应国家和省的发展目标。

在实际操作中，省级国土空间规划并不会单独绘制具体的发展蓝图，而是将各市县按照省级规划要求制定的规划整合在一起，形成一个统一的大局，因为建设用地的使用和开发权主要集中在市县级国土空间规划中，它们负责具体的执行和管控。这就要求省级国土空间规划既不能过于宽泛，导致缺乏具体指导和操作性，也不能过于精细，甚至深入每一个具体用地的管理，导致其超越作用范围，侵犯市县的规划自主权。同时，省级国土空间规划还需要保持一定的灵活性和开放性，以确保各地能够根据自身特色和需求，进行合理的规划设计，实现不同地区协同发展，提高省级区域的整体发展质量。

2.省级国土空间规划的内容体系应与事权体系相适应

省级国土空间规划的核心在于提供一个框架和方向，引导市县规划的编制和实施，同时促进区域内部的协调与整合，确保市县规划既遵循国家总体规划和省级发展战略，也能够灵活地解决本地区的具体问题。为了实现这种从省到市县各级规划的衔接和协调，形成一个协同发展的区域网络，省级国土空间规划的内容体系应与事权体系一一对应，切实做到“批什么报什么，管什么编什么”。

表 3-1　省级国土空间规划管控内容与事权对应关系表

管控内容	对应事权
建设用地规模	省级划定，国家审批
生态保护红线	省、市、县单独划定
永久基本农田	市县划定，国家审批
城镇开发边界	市县划定，省级审批
省级园区及重大设施	省、市、县协同划定，省级审批

根据表 3-1 可以得出一个结论，省级国土空间规划应在政策上做加法，而在内容上做减法，赋予市县更大的规划自主权，从而更有效地发挥其战略和协调功能。对省级国土空间规划而言，只需从宏观层面时刻保持对永久基本农田线和林地保护控制线等关键领域的敏感，然后将具体的执行权下放给市县级，允许市县在遵守总体战略方向和政策框架的基础上进行适当的局部优化。例如，省级规划只负责宏观层面的边界指标和结构划示内容，具体操作权由市县层级负责；乡村发展控制边界也从具体划定转变为制定一套可操作的标准，由市县根据本地实际情况进行综合划定。换言之，省级规划只需重点关注区域协调、陆海统筹和高质量发展等宏观战略内容，发挥政策引导和战略引领作用即可，而具体的决策权和操作交由市县级规划，不仅可以大幅提升市县级的工作自由度，激发其工作积极性，还可以针对地方实情和市场需求实现细化管制，最大化地保留规划效果。

对于市县级国土空间规划而言，需要充分发挥主观能动性，强化逐级向下落实的政策和指导，确保具体措施得到贯彻执行，同时还需要及时向上反馈规划具体的实施情况和效果，形成一个互动的规划反馈执行循环。其中，向下落实主要涉及的是具体政策的执行力度和精确度，要求市县层级严格按照上级规划的战略目标编制下属镇区或分区的规划，并且能在细致入微之处反映地方特色和需求，实现市县发展与国家大局的一致性。向上反馈主要包括生态保护、农田保护、林地保护和开发边界维护等具体规划的定期更新，尤其各类措施的实施情况和各种指标的落实情况，同时还应附录落后区域的原因调查报告和调整优化方案，确保这些落后区域在经过调整后都能够符合省级规划的总体要求，满足长期发展的根本目标，实现地区的可持续发展。

二、省级国土空间规划的传导体系

（一）传导对象

目前，国家已经建立了一个包含五级三类的国土空间规划体系，包括国家、省、市、县、乡各级行政单元，并分为总体规划、专项规划、详细规划三种类别。在这个体系下，未来的规划传导将主要体现在两个方面：纵向的层级间传导和横向的部门间传导。

在国土空间规划体系中，纵向传导主要包括两种关键类型，分别是行政层级间的传导和技术层级间的传导。其中，行政层级间的传导是从国家到省、市、县、乡镇的一种自上而下的规划实施过程，下级政府只需逐步细化和落实上级政府的战略意图，即可有效确保国家级宏观政策和发展目标的一致性和连续性，从而形成一个完整的规划实施体系；技术层级间的传导主要涉及规划内容的逐步具体化，即从宏观的总体规划到更具体的专项规划，再到更加细化的详细规划，规划聚焦的范围也逐渐从全国战略布局细化到具体的土地资源管理，确保规划的每一步都以前一步为基础，更适应当地的特征和发展需要。

横向传导则是涉及自然资源部门的国土空间规划与交通运输部门的

综合交通规划、水利部门的市政水利规划等其他相关部门空间类规划之间的协调和融合，当各个部门的规划保持协调一致时，这种跨部门的规划横向传导可以确保国土空间规划实现其战略和纲领。当然，横向传导的成功离不开各部门规划的目标一致和信息共享以及强有力的制度支持，要求自然资源部门与相关规划部门展开深度沟通，相互理解并给予充分支持，进而使得国土空间规划与交通、水利等其他关键领域规划形成相辅相成的关系，共同为国家发展战略大局服务。由于横向传导涉及多个部门，在如今崇尚快速变化的社会经济环境中，规划内容必然具备灵活性，以适应各个政府机构不同的协调机制、评估机制和修订流程，增强各个部门规划的互动和协同，为实现国土空间规划的长远目标奠定坚实基础。

根据上述对纵向传导和横向传导的阐述，我们可以清楚地发现省域国土空间规划纵向传导的对象是省域范围内的各市县政府或主管国土空间规划的部门，从而确保各地级或县级市规划的编制能够严格依照省级规划的指导原则和战略目标开展，从而确保省级规划具体落实到每一个市县，实现地方发展与国家大局的整体性和协调性。横向传导主要涉及省级各相关部门规划之间的协调，包括发展和改革委员会、交通运输部门、水利部门等，其传导对象主要停留在省级部门，从而确保省级规划的编制和实施与各个部门的规划和政策协调一致，形成统一的发展策略，着力推动省域内各领域的协调发展。

（二）传导内容

省级国土空间规划涉及的内容极为广泛，根据内容核心可以将其分为两大类，如图 3-1 所示。第一类是非空间性内容，包括策略、指标、名录。其中，策略主要指导整个规划的战略方向，指标是衡量规划实施效果的具体标准，而名录涉及的是规划中需要特别管理和保护的资源和资产，这些非空间性要素是规划成功实施的重要基础，为规划提供了明确方向。第二类是空间性内容，包括结构、边界、分区、位置。其中，结构体现了规划中各个功能区的布局和相互关系，边界明确了不同管理区域的划分，分区涉及具体功能区的详细划分，位置则是规划中具体项目或设施的地理位置，这些空间性要素直接影响着规划的空间布局和物理实施。

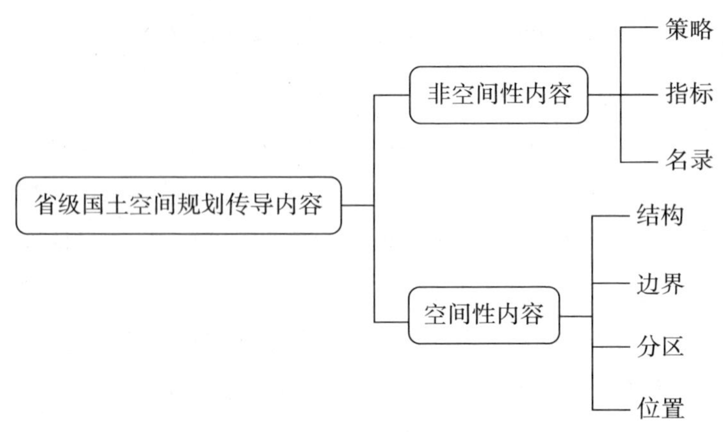

图 3-1　省级国土空间规划传导内容

1. 策略

省级国土空间规划的传导策略指的是省级国土空间规划下级相关部门遵循、落实的政策、规则或行动计划，既包括对全省统一性政策的明确要求，也涉及对各市县或具体部门的指导性规定。这种策略的传导大都属于纵向传导，从而有效实现全省范围内的战略协调、一致。省级国土空间规划传导策略主要分为以下四种类型：

（1）全省范围内贯彻实施的发展理念，如以人为本、生态优先和城乡统筹等，这些理念不仅是所有市县和相关部门编制和落实规划必须遵循的基本框架，也是实现省级政策与国家大政方针保持一致的关键所在。

（2）省级政府提出的战略意图，这些战略要求各市县在落实规划时必须严格遵循，同时各相关部门还要积极配合并给予最大支持，从而实现整个省的统筹发展。例如，海南省国土空间规划中提出的“建设自由贸易岛”和“全省一盘棋、全岛同城化”战略格局。

（3）省级层面制定的、必须在市县层面具体执行的政策，如对各类控制线的管控、准入政策等，这些政策涉及全省范围的国土空间保护与开发，是省市各级政府和各部门开展工作必须遵循的统一政策。

（4）从全省的发展角度出发，针对不同市县的特色和潜力，制定相应的功能区划和发展路径，这些路径是针对各市县的具体功能定位，明确规定了市县的发展方向。

2. 指标

省级国土空间规划中的指标指的是反映规划目标实现效果的具体化、可量化概念，主要分为数量型指标和标准型指标。其中，根据对象，数量型指标可以又分为两大类：一类是管控性指标，指的是省级规划中常用于监控资源合理使用与保护情况的定量化指标，如自然资源保护面积、三区三线的具体面积、蓝绿空间的面积扩展以及自然岸线的保持长度等，这些指标明确标注了地方政府对资源利用政策的执行界限，有助于维持生态平衡，进而实现可持续发展；另一类是预期性指标，指的是省级规划的宏观经济目标，以及市县级规划在具体实施过程中通过调整本地经济政策得以实现的、符合省级发展预期的省域发展目标，如经济总量的增长、产业结构的优化等，这些预期性指标通常与经济发展、社会进步和技术创新等密切相关，促使各市县在不断追求自身发展的同时，为整个省份经济和社会目标的实现贡献最大力量。

标准型指标，顾名思义，指的是针对城市建设、土地利用等国土空间开发、利用、保护活动而制定的一系列标准或规范，这些标准直接影响规划的执行质量和环境的可持续性，确保省级规划的各项要求能够在实际操作中得到标准化和规范化的执行，进而提高整个省域规划的科学性和实效性。

3. 名录

由于省级行政单元范围较大，省级国土空间规划中有大量细节化的规划内容受精度和尺度限制而无法用清晰的图示表达，尤其那些面积小但数量多、位置无法精确定位但需进行严格管控的对象更是规划的难点。为了更好地实现规划，规划团队通常会将这些对象整合成一个列表，将其交予下级市县级规划或相关专项规划进行细化和落实。省级国土空间规划中常见的列表化名录主要包括以下四大类：

（1）自然保护区、历史文化名城、名镇、名村等以自然资源和人文要素为核心的规划对象名录，这些名单的列表化可以确保这些重要资源和地点得到合理利用和重点保护。

（2）省级规划中明确规定的交通、市镇、公共服务设施名录，这类名录的列表化可以从省级层面统筹规划基础设施和公共设施的分布，从而确保市县级空间规划中基础设施和公共设施分布的合理性，促进各个市县区域资源的优化配置，最终实现均衡发展。

（3）生态修复工程、土地整治计划等具体实施位置往往难以在省级规划中一一标注各类工程项目和行动计划，这些项目的列表化可以指导市县级规划根据实际实际需要和地理位置进行具体实施，确保这些工程和行动计划能有效支持省级发展战略的实现。

（4）准入清单和负面清单，这些清单明确规定了哪些项目或活动是被鼓励的、哪些是被限制或禁止的，使得市县级相关部门全面了解省级规划的相关政策和管理要求。

4. 结构

省级国土空间规划中的结构指的是国土空间保护与开发总体战略与布局的物理形态，完整体现了上级政府具体的战略意图。基于此，省级国土空间规划结构的传导不仅涉及从省级到市县级的纵向规划传导，还涉及省级各部门之间的横向规划传导，这种双向传导可以确保省级规划的一致性和协调性。在省级国土空间规划中，这种结构主要分为以下四个部分：

（1）省域保护开发的总体格局。它是国家战略格局在省级层面的直观体现，是将国家的宏观发展战略与省域资源、环境、经济条件相结合后形成的具有地方特色的发展模式，指导省内经济空间布局，并推动社会、环境等多个方面的综合发展。

（2）生态、农业、城镇空间的总体格局。它是省域规划中的一个关键结构，不仅关注单个区域的发展，更注重不同功能区之间的相互作用和平衡，促使生态保护与经济发展能够协调发展，从而对全省城镇、农业、生态保护空间格局形成整体认识。

（3）省域国土空间保护开发总体格局。它是连接各个功能区的主要桥梁，尤其是发展走廊、生态廊道等特殊结构，重新定义省内主要的发展轴线和生态网络，增强了各功能区域的连接性，使得省级规划更为具体化、实用化。通常情况下，这些结构要素由省级规划提出，然后由市县规划和专项规划展开实施，以确保这些战略设想在地方层面得到有效落实。

（4）支撑国土空间总体格局。它是维护省域经济社会发展稳定所必需的结构性支撑，如常见且重要的设施廊道等，它们不仅需要承载国土空间规划的经济活动，还需要从长远发展的角度仔细考虑结构要素的支撑性，确保社会功能正常运行，满足省域未来发展和升级的需求。

5. 边界

国土空间规划中的边界主要指的是地理空间中通过明确控制点和坐标点划定的空间控制范围，由于省级规划覆盖区域较为广泛，这些控制范围的产生必须综合考虑，在满足宏观调控、微观实施相关要求的基础上，还应具有明确的用途属性、权籍属性和管控属性。国土空间规划中的边界主要包括两种情形：第一种是基本农田保护线、生态红线以及城市开发边界等以各类资源要素控制为核心的区域边界，设定这些边界可以确保关键资源和敏感区域得到适当保护，防止非法侵占和不当开发；第二种是特定园区、旅游区等以特色开发保护为核心的主体事权边界，划定这些边界是为了合理配置区域资源，实现经济效益最大化。其中，第二种边界还具有一定特殊性，虽然它在省级规划阶段提出，但具体实施却落实在市县规划层面。

虽然边界的确定往往需要准确的空间坐标，但省级规划作为一种宏观层面的规划依据，具体的坐标定位和精确划线则需要在市县甚至乡镇级别的国土空间规划中加以细化确定，所以省级规划中的边界内容并不常见。

6. 分区

省级国土空间规划中的分区指的是为了实现国土资源的合理配置和高效管理，将整个区域空间划分为多个区域的过程，主要通过纵向传导机制实现从省到市县级的规划协调。根据划分目的，省级国土空间规划中的分区可以细分为四种类型：第一，功能分区。这些区域通常是为实现某一功能性目的而划定的区域，但并不一定只有单一功能，还可能是多种功能的融合，以其中一种主导功能为主，促进经济、社会和环境等方面的综合发展；第二，政策分区。如自贸区或开发区，这些区域通常是为响应国家或省级战略需要而设立，区域内被规划赋予了税收优惠、投资激励等特殊政策，推动特定经济和产业发展；第三，协调分区。如跨界地区、临界地区和重要流域等，这些区域是为了满足更广范围内的协调需求而划定的区域，由于涉及多个行政区，强调各区域的团结协作；第四，管控分区。如生态保护区、优化开发区和重点开发区等，这些区域是针对规划目标中的资源开发或保护而划定的特殊区域，从而确保该区域实现开发活动与生态保护的双向管理。

7. 位置

省级国土空间规划中的位置与边界存在一定的共通性，指的是省级规划中具体的地理位置，具体内容则需在下级规划中进一步精确编制。位置的传导方式既涉及纵向传导，又涉及横向传导，其中，纵向传导确保省级地理位置在市县级规划中保持一致且连贯，横向传导则确保该地理位置可以在省级不同部门之间获得全方位的功能整合和服务协调。省级国土空间规划的位置传导主体包括四个方面：第一，省级规划中明确规定的各类重要公共服务设施的空间方位，如医院、学校、政府建筑等建筑点位，这些建筑是城市公共服务的关键基础设施；第二，省级规划中划定的重要交通走廊和设施走廊的空间位置，这些走廊是区域连接和经济活动流动的主要通道；第三，支撑城镇空间网络化格局的廊道位置，这些廊道能够有效增强城镇间的联系，促进城镇间的经济协同和空间发展；第四，生态修复工程的空间位置，这些工程直接关系生态保护工作的有效性。

为了提高省级规划的效率和精确性，通常将位置与名录结合在一起进行组合传导，不仅可以大幅提高规划内容的详细程度，还可以加强规划指导的实用性，确保各级规划更精准地对接和落实。

（三）传导方式

1. 一体式传导

所谓的一体式传导就是上级规划中的内容需要下级所有规划共同遵守，不能进行任意的调整和改动，好似整体的平移。在省级国土空间规划中，虽然这种传导方式不占主导地位，但刚性和影响力却极强，主要涉及国家或省级严格管控的事项，如生态保护红线，它本身属于省级事权，市县规划中只能严格按照省级规划执行，而无权对其进行任何调整。随着国土空间规划从扩张性规划向存量型规划转型，全国统一的规划框架逐步构建，永久基本农田和城镇开发边界等逐步趋向固化，意味着这些关键的空间管控线将可以采用一体式传导，实现从省到市县各级的统一执行，保护关键农业区，控制城镇无序扩张。这种传导方式涉及内容的逐步增加，体现了国家对重要土地资源管理的长远战略意图，强化了规划的执行力。

2. 分解式传导

分解式传导是一种将省级总体规划目标分解为多个具体执行指标和任务分配给各地政府，从而实现规划目标地方化的传导方式，这种传导可以确保省级规划的各项目标和要求在市县层面得到具体执行。根据分析内容，分解式传导可以分为两大类，分别是数量型分解和规划型分解。其中，数量型分解主要是将省级规划中设定的与数量有关的指标进行分解，如将基本农田保护、建设用地总规模等数量型指标根据各市县的地理环境、经济发展水平和具体需要逐步分解到具体的地方政府，这样做既能实现省级规划目标，也能避免资源过度集中，促使各地发展趋于平衡；规划型分解则是根据省级规划中功能分区编制市县级规划的功能分区，特别是对于生态、农业、城镇等主要功能空间的划分。换言之，市县级规划需要以省级规划功能分区为基础，再结合当地特色和发展需求，逐步分解市县级区域用地。对于沿海省份，规划分区除了涉及生态、农业、城镇等主要功能空间外，还需考虑海洋空间的规划，以进一步深化细致的规划分区。

3. 变换式传导

在省级国土空间规划中，变换式传导是一种较为复杂的传导机制，所谓的变换主要体现在省级规划中的非空间性内容很可能随着规划的深入而转化为具体的空间性内容。规划内容出现变换的原因主要是要上级规划的内容可能不适应下级规划的环境，不得不进行功能、形式和内容上的适当调整，以确保规划内容更贴合地方的实际需要。例如，省级规划中主体功能区的规划分区仅以概念和策略性描述出现，但在市县级规划中需要将其变换为具体的规划分区，用具体的地理坐标来进行界定；省级规划中的经济发展指标、环保指标等可能只是宏观的要求，但在市县级规划中为了确保这些理论指标得以实现，则需要将其变换为具体项目。

第二节　市县级国土空间规划

一、市县级国土空间规划的基本概念

（一）市县级国土空间规划的基本定位

在我国国土空间规划体系中，市级与县级属于不同的行政层级，但在空间规划的思想和方法上具有一定共性，不仅都强调实施性，还都承担着落实国家和省级战略、引领地方发展的重要责任。因此，在国土空间规划的编制中，通常会将市县级规划联合在一起进行论述，变相强调了这两级规划在实现国家战略目标和推动地方发展中扮演的关键角色。正因如此，在编制市级、县级国土空间规划时，需要特别重视市县之间的互动与协调，通过统一的规划视野，以确保各自规划的衔接性和实施性。具体编制方法需要结合市县实际情况灵活选择，通常情况下，最好采用“先市后县，分级编制”的模式，即先搭建市级规划框架，再细化到县级，这样可以确保整体战略的连贯性和规划实施的有效性。对于那些“强市弱县”地区，可以采用“市级主导，一步到位”的模式，充分发挥市级政府在资源和管理上的强大能力，由其主导整个规划实施过程，直接统筹县级规划的制定和实施，快速推进规划任务的达成；相反，对于“强县弱市”地区可以采用“市县互动，同步编制”的模式，以便充

分发挥县级的资源和优势，共同编制、实施市县级规划，提升县级规划的适应性。

那么市县级规划在我国国土空间规划体系中的具体定位到底如何呢？我们已知市县级规划强调实施性，这一点与国家级规划强调战略性显然不属于同一层面，但二者之间并不矛盾，而是相辅相成的互补关系，共同组成国土空间规划体系框架。国土空间规划的根本目标就是通过构建统一的国土空间规划体系，进而实现资源的合理利用和生态环境的保护，这一目标并不是仅仅依靠国家级国土空间规划就能实现的，它的主要作用是提出国家发展战略，为全国范围内各级规划制定长远目标，明确发展方向；省级国土空间规划作为承上启下的中坚桥梁，主要作用是协调区域内的各类规划和政策，确保各级规划和政策协同推进；市县级规划侧重实施性，意味着这一层级的规划足够具体、操作性极强，需要在遵循国家战略大框架的前提下，结合地方实际情况将国家和省级战略意图进行具体化、细致化，从而实现国土空间规划从上至下的贯彻与落实。从这个角度分析，市县级国土空间规划所扮演的角色是承上启下的关键中坚，既需要保证国家战略的有效实施，又需要综合考虑地方特色和实际需求，从而实现地方战略与国家战略的有机结合，更好地应对地方发展中的具体问题。

需要特别注意的是，我国国土空间规划体系对国家级国土空间规划战略性与市县级国土空间规划实施性的重视程度是等同的，并没有孰重孰轻，而是强调通过统一的规划体系加强自上而下的规划制定和资源管理，解决以往规划体系中存在的自上而下传导关系缺失的问题，使得各级规划更加科学、合理，同时提高规划的战略性和实施效果。

（二）市县级国土空间规划的“实践”偏差

虽然我们经常将市县级国土空间规划放在一起进行阐述，但在国土空间规划改革过程中还是应逐步将市县两级规划分开编制，自然资源部也曾试图在起草市县规划指南的过程中将二者一起编制，但最终发现可行性不高，最终明确提出将二者分开编制。之所以出现市级、县级规划的分离编制，根本原因是二者代表的层级在国土空间规划体系中拥有完全不同的等级事权，分开编制能够清楚反映各级规划的差异，清晰界定各自层级的职责。从多规合一的角度分析，由于各自的发展目标、资源状况和管理需求不同，如果将市县两级规划合并编制，便很容易出现规划内容混乱的局面，不仅不能明确各自规划发展目标，还会起到相反的效果，进而引发市级和县级规划在实施层面的层级差异。

在我国国土空间规划体系中，即使分开编制市县两级规划，也无法抹除两者在编制内容上的偏差，主要体现在两者规划的基本架构相似，都是由面向全域的规划和针对中心城区的规划组成，但两级规划架构的核心作用和目标却完全不同。市级规划位于省级和县级规划之间，既注重实施性，也发挥承上启下的协调性，重点关注如何在市域辖区内传导省级规划的战略意图，并在省级规划设定的战略框架和目标指导下协调市域内各县级单元的发展，同时还需关注规划实施中可能出现的水资源管理、生态环境保护以及地区间发展不平衡等问题，从而在贯彻落实规划的过程中及时解决所有问题。县级规划则是国土空间规划体系中的基础层级，更注重实施性和具体性，根本任务是落实市级和省级规划战略意图，结合县域实际情况，编制能够贯彻实施上级规划各项任务和目标的下级规划，确保本级规划既符合上级指导，又具有下级可操作性，推动地方经济繁荣发展。

在新型城镇化发展过程中，围绕市县级规划开展评估评价与实施监督是确保城镇化可持续发展的关键措施，尤其是城镇规模、产业分布、空间利用等领域更是评估评价的重要指标，需要从市级甚至更高层面进行综合考量。对于市级规划而言，它不仅需要评估城市对水资源、生态资源和自然资源等空间资源的最大承载力，还必须解决这些资源之间可能存在的矛盾和冲突，从而更好地实现资源的统筹、协调和管理。例如，在水资源管理中，市级规划需要整合上游和下游的水资源储备和实际需求，确定城市对水资源的最大承载力，同时制定一系列水资源保护策略，实现水资源的科学、合理利用。随着科学技术的发展，数字技术为市级规划提供先进工具，通过打造先进的国土空间数据平台，不仅可以大幅提升市域内各种资源的配置管理效率，制定出保持经济发展和环境保护平衡的方针策略，还可以通过强化的监督机制，精准监控各项规划的有序执行和贯彻落实，一旦出现问题能及时发现并加以调整，最终实现城市的可持续发展。相较之下，县级层面规划强调实施性和多规合一，通过细化规划实施操作细则，实现市级和省级规划的宏伟目标，确保上级规划中的各项任务和目标在地方层面得以落实。

我国地域广阔，东西南北不同方向的城市规模、经济发展及社会服务水平各不相同，导致市县两级的国土空间规划编制面对各式各样的挑战，尤其目前一部分县级市本身的经济发展迅速，经济总量和生活服务水平甚至已超过一些经济较为滞后的市级城市。这种情况下，市县两级的国土空间规划编制必然需要经过充分考虑，结合当地的地形地貌、城市空间特征、经济发展水平、区域政策环境因地制宜地编制。例如，人口稠密、经济高度发展的东部沿海城市的国土空间规划可能更注重优化高密度空间的功能布局，解决城市拥堵、环境污染等问题，全方位提升公共服务的质量；而人口较少、地广人稀的西部地区城市的国土空间规划则更加侧重开展基础设施建设、改善交通连通性，大力推动地方经济的发展。那些拥有旅游景点或文化价值的城市的国土空间规划需要更多地考虑如何保护和利用其文化遗产，在推动旅游业发展的基础上实现经济可持续发展；那些拥有工业基地或技术创新优势的城市的国土空间规划需要重点考虑优化产业结构，提升科技创新能力，实现区域经济增长。因此，市县级规划的编制应以当地实际情况为出发点，积极探索各种合适的规划模式，设计出既符合国家战略，又贴合地方特色的规划方案。

（三）市县级国土空间规划的根本任务

市县级国土空间规划作为强调实施性的规划，其根本任务同样是对上级规划的细化，主要包括以下几个方面：

（1）落实省级规划中明确提及本市县级空间范围内的区域生态、区域产业、区域基础设施（如铁路、公路和机场）的具体任务，明确每个市县在区域发展中的角色和责任，确立空间发展的目标和战略，推动地区间的协调和资源的合理分配。

（2）明确省级规划中确定的资源和环境底线，结合市县当地实际情况，贯彻落实省级规划生态格局和生态保护措施，促进市县层面的生态环境可持续发展。

（3）结合市县当地的人口增长数据、经济结构变化、技术进步，大胆预测市县未来的中长期发展趋势，从前瞻性视角适当调整本地区的发展战略，从容迎接未来可能出现的各种挑战和机遇。

（4）围绕省级规划的产业布局，明确市县地区的核心产业及其空间配套需求，优化产业布局，强化产业链条，促进经济高质量发展，同时划定专门的产业园区、商业区，为这些产业的发展提供强大的物理支撑。

（5）开展社会普查，掌握市县区域的人口规模、年龄组成和职业选择，通过恰当的空间规划解决关乎人口的住房、教育、医疗等公共服务的可达性问题，促进社会和谐发展。

（6）结合市县实际情况，组建市县管辖范围内的综合交通网和基础设施网，提高公共交通效率以及电力、水资源供给效率，进而提升城市的安全韧性。

（7）结合市县实际情况，合理配置教育、医疗和体育设施，确保市县内所有居住者都能够平等地接受教育、医疗服务，参与体育活动。对于人口密集区域或偏远区域，需要适当增减服务设施，增大基础设施的覆盖面和易达性，便于人们使用。

（8）结合市县区域实际情况，合理设置购物中心、市场、零售店等商业服务设施，组建有效的服务网络，在确保居民生活便利的基础上实现商业活动的繁荣，促进经济效益最大化。

（9）结合市县区域内国家、省级、市县级等不同政府机构的用地需求，并综合考虑各级政府机构的职能特点和服务对象，将其合理分布在市县的不同层级空间当中。

（10）市县级国土空间规划与周边市县密切相关，尤其是在生态、产业、人口、道路交通、教育、医疗和体育等方面，必须加强空间协同，建立跨区域的合作机制，通过资源共享优化区域内的设施配置和服务供给，提升整体区域的竞争力。

（四）市县级国土空间规划的强制性内容

虽然市县级国土空间规划重点关注实施操作，但也必须遵循上级规划中的强制性内容，主要包括以下几个方面：

（1）市县级国土空间规划必须明确包括生态保护红线面积、用水总量、永久基本农田保护面积等在内的约束性指标的落实情况，其具体任务要根据上级规划明确分解到各个具体项目和区域中，确保这些重要指标得到有效实施和监控，以保护生态环境和合理利用资源。

（2）市县级国土空间规划中必须细致划定生态屏障、生态廊道，构建自然保护地体系，维护生物多样性，保持生态平衡，构建一个连贯而有效的生态保护网络。

（3）市县级国土空间规划必须细化生态保护红线、永久基本农田和城镇开发边界这三条控制线的区域界限，合理利用土地资源，保护生态环境，维持城市发展与自然资源利用的平衡。

（4）市县级国土空间规划需包括与历史文化遗存相关的具体内容，建立健全历史文化遗产保护体系，划定历史文化保护线，确保那些具有重要历史底蕴、文化价值的遗址和建筑不被破坏。

（5）市县级国土空间规划中必须包括中心城区内结构性绿地、水体等开放空间的控制范围和均衡分布要求，它们是城市生态系统的重要组成部分，有助于改善城市气候、提升居民生活质量。

（6）市县级国土空间规划需要明确城乡住房、教育、卫生、养老和文化体育等公共服务设施的配置标准及布局原则，均衡分布这些公共服务设施，确保所有市民的基本服务需求都能得到满足，进而推动社会整体福祉的提升并趋于平等。

（7）市县级国土空间规划还应包括重大交通枢纽、重要线性工程网络、城市安全与综合防灾体系以及地下空间和邻避设施的布局，实现设施功能和效益的最大化，从而提高城市对各类灾害的抵抗能力，改善城市居民的生活环境。

二、市县级国土空间规划编制的注意事项

在中国的城市与区域发展中，通常会运用先进的“多规合一”规划理念，将城市规划、土地使用规划、环境保护规划等多种规划纲要整合在一起，实现国土空间的高效、协调管理。但是，“多规合一”并不是简单地将各类空间规划合并在一起，而是在统一的国家战略目标下，实现各个子空间规划目标的“神合”，共同推动城市可持续发展。为了实现“多规合一”，关键是要建立一个全面的、具有强制性的法律法规体系，这不仅可以为各种规划活动提供明确指导，还可以确保在规划实施过程中避免受到行政命令指导而产生的内外矛盾。同时，还要在法律标准体系的基础之上，遵循生态文明理念，追求社会、经济与生态三大支柱的平衡和统一，从更高层级统筹规划各个子规划，实现规划整体的、协调的发展目标。其实市县级国土空间规划就是这样一种“多规合一”的产物，所以其编制也要以国家战略意图为前提，结合各地实际情况进行编制。

（一）因地制宜，实事求是

市县级国土空间规划作为市县区域内最主要的规划方案之一，不仅需要能够支撑当地的生态保护需求、社会经济发展目标以及文化传承与创新活动，更需要为当地的未来可持续发展奠定坚实基础。这就意味着市县级国土空间规划的编制过程必须以国家和省级战略部署为先决条件，以本市县具体的经济社会发展实际为基础，综合考虑其地理位置、水资源、土地利用、气候条件、生态环境和灾害风险等各项关键因素，确保规划方案能够实现规划的根本目标。此外，市县级规划还必须紧跟当地社会意识形态，尊重当地的历史文化和当地居民的风俗习惯，提升规划实施的社会接受度。由于每个城市和县城都有其独特的自然生态条件，处于不同的社会经济发展阶段，拥有不同的文化背景和居民生活需求，所以市县级空间规划绝对不能“无脑抄袭”其他城市的规划方案，这种刻板的、一成不变的规划方法很容易忽视不同市县级规划编制的核心，从而导致规划无法解决当地发展过程中的实际问题。

（二）空间调研，深入沟通

在市县级国土空间规划的编制过程中，规划团队需要深入市县区域，对下辖的区、街道及乡村进行充分调研，这种深入的空间调研必须落实到具体实施中的每一个细节，而非停留在概念层面以致成为空想。规划团队对每一级空间单元的调研程度较深，自然能够获得实地情况的第一手资料，为规划的科学性和合理性提供理论基础，确保提出的规划方案既符合实际，又具备前瞻性。

市县级国土空间规划的空间调研并不是国土空间规划主管部门或某个规划编制单位的任务，而是一项由市委、市政府领导、各相关部门配合的综合性、战略性工作，这种统筹领导机制要求各个规划编制单位与政府相关部门展开密切合作，并与城市各个委办局进行深入沟通，以确保规划得到各方面支持，在资源配置、政策实施等多个维度形成合力。规划团队在与其他部门沟通时，应针对具体内容进行反复论证，分析规划实施的可行性，同时还应积极收集各方面的意见和建议，并根据反馈对规划进行调整，提升规划的适应性和实效性。

（三）以城区为中心、以区域为统筹

市县级国土空间规划与省级国土空间规划存在明显区别，省级规划更为宏观，没有明确的中心，而市县级规划更偏向微观，以市县区域内的各个城区为核心，强调的是在城区范围内系统地考虑生态、生产和生活空间的整合和优化。中心城区作为市县的心脏，基本上所有的经济活动、文化设施、教育机构、医疗服务及产业发展都集中在内，极大地增加了规划的难度；而中心城区之外的区域虽然也属于市县级区域范围，但大都是乡村或土地，规划更倾向统筹考虑。基于此，市县级国土空间规划中可以分为中心城区层面和市县域层面两个层面。对于中心城区层面而言，规划更侧重对土地空间布局的精细调整，优化城区功能布局，从而提升城区空间的使用效率，完善城市基础设施建设，将中心城区打造成集工作、娱乐、生活于一体的全新空间，推动市县的经济发展；对于市县域层面而言，规划更趋向从全域统筹考虑，在遵循国土空间规划国家战略的基础上，实现整个市县空间资源的合理配置和高效利用，保护生态环境，促进经济社会全面协调可持续发展。此外，市县级规划还需注意这两个层面规划策略的有机协同，利用从中心到周边的辐射效能促进市县区域内部平衡发展，共同提升整个市县的生活质量和经济活力。

（四）打造多城市产业联动

在我国国土空间规划体系中，市县级规划是省级规划的细化和延伸，这意味着市县级规划需要全盘承担省级国土空间规划的功能要求，但仅凭单一市县可能很难实现这一目标，所以市县级规划应主动打破单一城

市独自努力的传统理念，多与邻近城市展开功能互补和区域联动，逐渐形成一种高效协同的多城市联动发展模式。在这种模式下，各市县区域之间会主动减少同质化竞争，依托市县独特的资源优势，共同打造高科技产业、制造业、服务业等特定产业集群，共同推动省级、国家级战略目标的实现。在文化层面，市县级规划应以地方文化传承和保护为根本出发点，邀请相邻市县共同举办文化活动，通过文化的交流和融合，增强整个区域的文化吸引力、影响力，在丰富居民精神生活的同时，促进市县经济和相关产业的发展。

为了加强相邻市县之间的联动，市县级规划应重点打造以高速公路、城际铁路为核心的省域交通网络，增强省级区域内人员的流动性，实现经济的高效流转，同时还可借助数字技术的支持，打造数字平台，实现规划信息的互联互通。

（五）遵循从上至下、从宽到严的传导机制

市县级国土空间规划作为兼具协调性、实施性的市县区域规划，想要充分发挥自身作用，实现省级、国家级战略目标，必须保持规划传导的一致性和连贯性，这自然离不开一个有效的规划传导机制。具体而言，市县级规划的编制过程需要不定时地与上级政府部门进行沟通，协调规划各方面内容，这要求市县级规划必须能够完全理解并继承上级规划的目标和战略，且规划方向与国家和省级的发展保持一致。同时，市县级规划还需与相邻地区的政府部门开展沟通，各个市县区域内部各部门之间同样需要充分沟通，以便于确保土地使用、环境保护、交通发展等领域的详细规划和专项规划符合市县级总体规划的要求，最终实现区域均衡发展。为了实现这一目标，市县级规划必须遵循事权明晰、上下协调、管放有度、实施有效的原则，构建一个从上至下、从宽到严的传导机制，确保从省级到市县级，再到乡镇级的规划内容能顺畅传导，同时加强横向各部门之间的沟通与协作，形成一个多层级、多维度的规划

执行网络。

通过这一传导机制，市县级国土空间规划能够遵循上级规划的指导，确定本级规划需要落实的约束性指标、管控边界和管控要求，并以此来科学指导乡镇区域、主要功能区、社区、地块等更具体规划单元的规划编制，从而确保每一层级的规划都不偏离总体战略方向，却能在一定范围内灵活适应地方的具体情况。

第三节　乡镇级国土空间规划

一、乡镇级国土空间规划的基本概念

（一）乡镇级国土空间规划的定位

在我国国土空间规划体系中，乡镇级国土空间规划同样扮演着极为关键的承上启下的角色，不仅需要承接市县级国土空间规划的具体约束性指标和控制性许可要求，并确保这些上级规划指标被精确地传递和落实，还需要针对乡镇本身的特点制定具有针对性的地方性国土空间发展战略，全面考虑生态保护、农业发展和乡镇建设的空间布局，实现乡镇资源的最优配置和可持续利用。基于此，乡镇级规划应以当地土地综合整治和生态修复成果为基础，加快全域全要素统一管控进程，明确农村和乡镇社区等规划单元空间，合理配置社会基础设施和公共服务设施，推动乡镇经济繁荣发展。

（二）乡镇级国土空间规划的背景调研

乡镇国土空间规划的编制需深入当地开展调研，具体调研内容包括以下几个方面：

（1）地理环境。如地形、土地条件、气候条件、水资源等自然要素，这是调研的基础，不仅直接影响着规划区域土地的可用性、农业的生产潜力，也直接影响规划的发展方向。

（2）经济条件。如农业生产现状、农产品市场、乡镇人均收入水平等条件，这些信息可以帮助规划者充分了解当地的经济发展水平、主要产业及其未来的发展潜力，以便于在促进经济增长的同时实现社会的均衡发展。

（3）社会环境。如人口规模、结构分布和相关政策环境，这些是关系乡镇区域内人口动态和社会需求的重要数据，对于合理分布教育、医疗、文化和其他社会公共服务设施尤为关键。

（4）乡镇空间应用情况。如当前乡镇区域建设形态、基础设施和公共服务设施的建设情况以及道路交通系统和相关设备情况，这些情况直接关系到当地居民的日常生活、服务，是规划中重要的考虑因素。

在经过调研后，规划团队需要将所有收集到的信息整合在一起，应用先进数字工具展开分析，提炼关键点，在结合当地传统生产、生活和生态特色的基础上科学规划乡镇空间布局，实现乡镇经济和生态的可持续发展。

（三）乡镇级国土空间规划的理念转变

1.从侧重城镇发展转向生态优先

随着全球环境问题的日益严重，社会对可持续发展的重视程度也在逐步增加，在这一背景下，乡镇级国土空间规划的重心也逐渐从以往的以城镇建设发展为主向生态优先转变，这一转变充分体现了国家对生态可持续发展的重视，甚至将生态环境保护确定为国土空间规划的核心目标。在这一新规划理念的支持下，乡镇级国土空间规划应将保护自然生态系统放在首位，通过合理规划土地利用结构，限制对高生态价值地区的开发，保护关键的水源地、森林、湿地和其他敏感生态区域，以确保这些自然资源能够为当代及未来世世代代提供生态服务。

为了实现生态保护，乡镇规划应针对已经受损的生态系统开展生态修复工作，通过引入生态沟渠、绿色屋顶和城市绿地等一系列可持续发展技术，增强生态环境的复原力，提升居民的生活质量。此外，乡镇规划还应高举与自然和谐共处的旗帜，开展生态农业、可持续旅游以及其他基于自然的、对生态友好的经济活动，既能提升当地居民的经济收入，又能保护自然环境，实现城镇建设和生态保护的双赢。

2. 从单一规划转向全域要素统筹

传统的乡镇级国土空间规划主要关注土地资源的开发和利用，但随着时代的不断发展，这种单一规划已经无法满足当前乡镇级规划的需求，这就要求如今的乡镇级国土空间规划必须摆脱传统的单一规划模式，逐步转向全域要素的综合统筹。这种转变意味着在乡镇级规划过程中，应综合考虑自然资源、生态环境、基础设施、产业发展、人口分布等各类要素，构建一个高效、有序且可持续的空间发展格局。全域统筹规划意味着规划不仅要关注单个要素的发展，还要探索不同要素之间的相互关系，挖掘潜在的协同效应，通过统筹规划着力推动整个区域的发展。

以乡镇级国土空间规划中涉及的乡镇产业布局为例，规划团队想要发展乡镇产业，需要从区域选择阶段就充分考虑产业对地域环境的影响，然后综合考虑各个地域的最大环境承载力，确保产业发展在获得经济效益的同时还不会对当地的生态环境造成伤害。为了实现全域统筹规划，乡镇级规划需要充分利用地理信息系统、大数据分析等现代技术工具，精准分析和预测各类要素的动态变化，确保规划决策的科学性和前瞻性，提高规划的适应性和灵活性。

3. 从战略引导转向刚弹结合管控

乡镇级国土空间规划本身就发挥着承上启下的作用，既是上级规划的具体实践，也是下级规划的宏观指导，其中，前者的作用更为突出，这使得乡镇级国土空间规划必须转变管控理念，通过刚性管控和弹性管控并重的方式发挥其管控作用。

所谓的刚性管控指的是乡镇级规划必须严格遵循上级规则制定的控制性指标，如生态保护红线、永久基本农田保护区和城镇开发边界等，绝对不能随意更改；而弹性管控指的是乡镇级规划必须立足当地实际，结合具体发展需求，灵活地制定空间发展的引导性指标，从容应对不同地域的各种问题。具体而言，乡镇级规划中的管控措施应全面覆盖土地利用、生态保护、产业发展、基础设施建设等多个关键领域，同时建立有效的监测和评估机制，通过定期的进度审查、效果评估和环境监测等方式，对规划实施过程中出现的问题进行及时调整。这种刚性与弹性相结合的管控方式既保证了规划的强制性，又保证了规划的适应性，更响应了时代变迁的号召，实现经济、社会的可持续发展。

4. 从传统图纸式转向数字化模式

随着科技的快速进步，传统的图纸式规划由于过程烦琐、绘制困难、无法长久保存等缺点逐渐退出规划领域，而基于先进数字技术的数字化规划则因为高效、科学、精准日益成为乡镇级国土空间规划新的选择。

所谓的数字化规划就是利用三维模型、地理信息系统、数据平台等高级工具实现空间数据的高效采集、分析、处理和展示，甚至可以使规划团队更准确地模拟和预测各种规划策略的实际效果，从而确保乡镇级规划能够灵活应对快速变化的发展需求和环境挑战。例如，规划团队通过实时地理信息系统可以直观看到区域内土地利用的变化情况、环境保护区的状态以及基础设施发展状况，从而做出更加科学和合理的决策。这种数字化规划只需搭建在线平台或开发移动应用，就能让居民和利益相关者直接参与规划讨论，并提出意见和建议，大幅增强公众的参与度，提升规划的社会支持度。

二、乡镇级国土空间规划的编制建议

（一）明晰乡镇职责，适度下放县级权限

在国土空间规划的体系框架下，乡镇级国土空间规划更倾向乡镇区域具体的规划实施，这意味着乡镇政府本身职能的发挥关乎整个乡镇规划的具体落实，基于此，县级规划应将更多具体规划事权下放给乡镇政府，赋予乡镇政府更多自主权，使之能够结合本地实际情况灵活制定和实施规划，从而解决当地发展存在的问题，及时应对可能出现的社会变化。

那么乡镇政府应该具备哪些县级权限呢？主要包括以下三部分：

（1）更多的规划承载权限。乡镇政府的本身职责源于上级规划，这意味着在编制县级规划和乡镇级规划时应重新界定政府职责，扩大其对规划的承载范围，从规划方案的初步制定到本地数据的收集和整理，再到协调各相关利益主体的意见和需求等环节都应囊括其中，增强乡镇政府在规划过程中的主导地位，提升规划的针对性和实效性。

（2）更多的规划编制和实施权限。乡镇政府积极响应乡村振兴的号召，高举国土空间规划的大旗，只为实现当地资源的合理利用，推动当地经济发展。而想要实现这一目标，必然需要乡镇政府拥有更多的规划编制和实施权限，拥有更大的决策自主权，能够依据本地的经济特点和发展优势，开展乡村建设、基础设施建设、产业集群建设等领域的规划实施活动，这不仅保证了规划政策的实用性，也能大幅提升地方治理效率，为乡镇经济发展提供不竭的内在动力。

（3）更多的规划沟通权限。乡镇政府为了确保规划的顺利实施，需要与县级政府进行多方位沟通，如定期的沟通会议、进度报告以及信息共享平台等，这种多层面的沟通协调机制可以在乡镇政府遇到执行难题时及时获得县级政府的指导，从而找到解决难题的突破口。

（二）完善法律法规，推动政策科学有效

乡镇级国土空间规划的编制与实施直接影响着整个乡镇区域的未来发展，如果没有完善的法律法规，很难保证规划的实施遵循编制标准和具体细则，所以构建一个包括规划编制标准、审批程序、实施细则等内容的法律法规体系可以确保乡镇级规划的有力执行和落实。乡镇级国土空间规划编制标准主要包括规划范围、规划内容、所需数据和图纸等，是乡镇政府开展规划工作必须遵循的技术编制和指导，以确保乡镇政府规划工作的有序开展；乡镇级国土空间规划审批程序主要涉及规划责任主体审批流程、审批权限、审批内容的界定，科学合理的审批制度可以保障规划审批过程的科学性和合法性。乡镇级国土空间规划的实施细则就是明确规划实施责任主体、关键时间节点、具体实施措施以及监督机制的详尽规划内容，完善的规划实施监督和评估体系可以保障规划执行的透明度，实现效果最大化。除此之外，为了增强规划的强制力，还应建立法律责任追究机制，明确规定违反规划指令的法律后果和责任，一旦违反，立刻追究，坚决维护规划纪律的权威，从而避免规划执行过程中违规行为的发生，确保各项规划目标在法律的支持下得到有效执行，推动乡镇的可持续发展。

（三）强化多方协同，提高规划实施效果

乡镇级国土空间规划的成功实施离不开乡镇政府、县级政府、相关部门以及社会公众等多方的协同合作，但这一协同合作模式的诞生需要各参与方的有效串联，从而形成一个广泛的参与网络，通过完善的沟通协调机制，在规划的各个阶段贡献自己的力量。对于乡镇政府与县级政府而言，两者本质上属于“上下级”关系，无论是对话还是协调，都直接关系着整个乡镇级规划的实施，所以二者之间需要建立定期沟通机制，定期向上级政府报告规划进展，并共同讨论规划实施遇到的挑战，寻求

上级指导。对于乡镇政府和地方相关部门而言，乡镇政府是乡镇级规划的责任主体，承担着大部分规划职责，而环境、交通、公共工程、社会服务等地方部门同样在乡镇级规划实施过程中发挥着重要作用，这就意味着双方必须团结一致，建立协同机制，共同推进规划的有序实施与贯彻落实。对于乡镇政府和社会公众而言，乡镇政府负责规划编制，社会公众则是规划的主要对象，其意见和建议在一定程度上关乎整个规划的成功与否，这就意味着乡镇政府需要建立健全公众参与机制，通过定期召开公众咨询会、在线反馈平台等方式广泛征集居民的反馈，提高规划的透明度，增强公众的满意度。

在乡镇政府、县级政府、相关部门以及社会公众等多方协同合作的前提下，乡镇级规划实施效果必然会有大幅提升，但在规划实施过程中还需建立全面的规划实施评估机制，通过对规划实施过程的定期监测和评估，及时发现实施中的问题和挑战，并对其进行必要的调整或优化，以达成预期规划目标，促进乡镇可持续发展。

（四）加强生态意识，培养干部专业能力

随着环境问题的日益严峻，乡镇级规划作为生态环境保护最底层的防线，必须对生态环境保护有足够的认识和重视，同时还应提升乡镇政府对生态环境保护的认识水平，确保生态保护规划措施贯彻落实。为此，乡镇政府应定期开展生态环境保护的培训和研讨会，所有乡镇政府工作人员必须参加，让他们深入了解生态环境保护的最新知识、技术和政策，增强他们的生态保护意识，强化他们的绿色发展理念，确保他们能够在日常规划实施过程中自觉采取环保行动。同时，乡镇政府还需要组建专业的规划人才队伍，培养或招聘具备生态环境保护、规划编制及土地资源管理等专业知识的专家，利用他们的专业知识和技能为乡镇的可持续发展提供坚实的技术和策略支撑。

在数字科技日新月异的今天，各种数字技术层出不穷，乡镇政府应

该积极探索现代科技手段的运用技巧，利用大数据、人工智能等多项技术更准确地监测环境变化、预测生态发展趋势，从而制定更为科学、合理的规划策略，在提高规划科学性和精准性的同时保护乡镇的自然资源和环境。

第四章　国土空间规划专项设计

第一节　交通与基础设施规划

一、综合交通规划

（一）综合交通规划在国土空间规划中的定位

2019 年 5 月，国务院印发《中共中央 国务院关于建立国土空间规划体系并监督实施的若干意见》(以下简称《若干意见》)，明确提出我国国土空间规划体系“五级三类四体系”的总体框架，其中就包含综合交通专项规划。2010 年 5 月，住房和城乡建设部发布《城市综合交通体系规划编制办法》，明确城市综合交通体系规划应当与城市总体规划同步编制。显然，国土空间规划已经将综合交通规划与城市总体规划放置在同等重要地位。①

那么综合交通规划在我国国土空间规划体系中的定位到底是怎样的呢？为了搞清楚这个问题，我们需要先理解什么是综合交通规划。它是

① 张泉．城市总体规划编制工作的思考 [J]. 城市规划，2013，37（1）：51-55.

我国国土空间规划体系的专项规划之一，主要针对特定区域内或为实现特定功能制定的空间利用规划，国家、省、市、县等层级的规划都可以编制。基于此，我们可以简单归纳综合交通规划的内涵，其主要包括以下四个方面：

（1）在国土空间规划体系中，综合交通规划既不应仅被视为一种在"大局已定"的基础上进行的第二层次的专项规划，也不应简单作为报告中的一个单独章节。相反，它应成为规划体系中一个有机整合的重要部分，需要我们从更高的层次和更宽广的视角出发，采用更广泛的概念范畴来讨论具体问题，从而确保综合交通规划在整体国土规划中发挥应有的战略性作用，促进不同规划领域之间的有效整合。

（2）综合交通规划具有传递价值理念的作用，通过明确的目标和指标，为所有技术工作奠定正确的价值基础，同时促使相关指标体系的重新构建，既能反映经济效益，又能兼顾社会和环境的持续发展，满足公共利益和社会期望。

（3）综合交通规划必须跳出传统行业的思维牢笼，通过多行业、多团队的联合行动，从而提高规划的实用性和实施效率，实现交通规划与空间规划的有机融合。

（4）综合交通规划作为针对城市区域空间活动编制的规划，应重视空间关系、行为模式、网络流动之间的关联，尤其是城市和城市群之间空间活动系统的演化趋势。这有助于预测和应对未来的交通需求变化，最终达到提升城市生活质量的目标。

（二）综合交通规划面临的挑战

根据交通规划的相关理论以及我国国土空间规划体系的实际需求，我国当前综合交通规划面临的挑战主要来源于规划区域层面和城市交通层面。

在规划区域层面，受到当前区域一体化发展趋势的影响，各个城镇之间的社会经济联系得到显著加强，城市的职能分工和协作日益密切，促进了城镇群和都市圈的快速发展，同时推动了原有区域与城市二元分割结构体系的逐步融合。在这种背景下，综合交通规划不得不面临更为复杂的协调需求，尤其是在交通网络的管理上，需要将国家、省、市、县乃至城区各级现有交通网络融合在一起。但这些不同层级的交通网络属于不同的管理主体和投资主体，想要实现空间协调就必须在规划方法上进行创新，从更高的规划视角整合城市、市域、都市圈、城市群等多个空间层级的交通需求和发展目标，而传统交通规划方法中的日常空间活动系统和城际空间活动系统需在新的空间层级结构中进行统一优化，以确保交通规划能够有效支持区域一体化战略的实施。

在城市交通层面，随着城市化进程的不断加速，过去围绕小汽车进行的城市交通规划已经难以满足现代城市发展和交通需求持续增长的实际需求，逐渐暴露出在环境保护、能源利用以及社会公平等方面存在的不足，影响城市居民的生活质量，阻碍城市的可持续发展。目前，城市的快速发展导致当前城市交通拥堵、空气污染、能源消耗问题日益严重，城市风貌特色逐步丧失，城市空间结构趋于松散。究其根本，发现这一切问题的发生源于城市的快速扩张导致城市供需失衡，进而衍生出一系列矛盾，严重限制了综合交通规划的发展。

随着国内城市逐步进入存量更新的发展阶段，城市空间的扩展变得异常缓慢，且十分有限，而城市中的大部分道路和交通网络往往是在早期城市布局中就已经确定的，想要实现重新规划，就必须对这些基础设施进行全方位的修改或升级。这不仅需要巨大的投资和较大的存量空间，还需要高强度的协调工作，避免对城市居民的生活产生影响。这种交通设施的刚性属性使得其想要发展，就必须获得足够的存量空间，进而导致在现有空间内实现综合交通规划优化面临较大的挑战。

（三）综合交通规划体系构建的新设想

为了充分发挥综合交通规划在国土空间规划中的重要作用，满足新型国土空间规划体系的框架要求，实现交通体系与国土空间布局协同发展，我们在构建综合交通规划时，应将其与国土空间规划进行协同编制。这不仅能够促进规划的整体性和互联互通，也能够保障城市高品质建设，从而实现高质量发展。在这种背景下，建立一个与国土空间规划体系相适应、相协同、相配合的综合交通规划体系成为发展的必然。这一体系框架涉及多层级、多方面的内容，可以与国土空间中的城市规划、区域发展等衔接在一起，确保规划内容的连贯性以及时间跨度、实施策略和资源配置的一致性，从而通过规划的深化和落实指导国土空间规划的编制工作。

综合交通规划体系的构建必须遵循两个基本原则，一个基本原则是分级、分类规划，确保规划能够满足不同层级、区域的具体需求。通常情况下，综合交通规划的分级分类规划以规划区域的地理、经济和社会特征为根本出发点，明确区域政府和相关部门的具体职责，以确保规划更加贴近实际、更具有针对性。另一个基本原则是强化横向协同与纵向传导，增强不同层级和同级部门之间的合作，确保规划的连贯性、一致性。具体来讲，横向协同指的是加强同一层级内的城市或区域的相互配合，促使其共同解决交通规划的服务覆盖问题；纵向传导指的是遵循上级规划的战略指导编制下级规划内容，确保上层规划战略和政策的坚决贯彻与落实。

基于以上两个原则，我们可以参考国土空间规划的“五级三类”体系来构建“五级三类”综合交通规划体系，如图 4-1 所示。

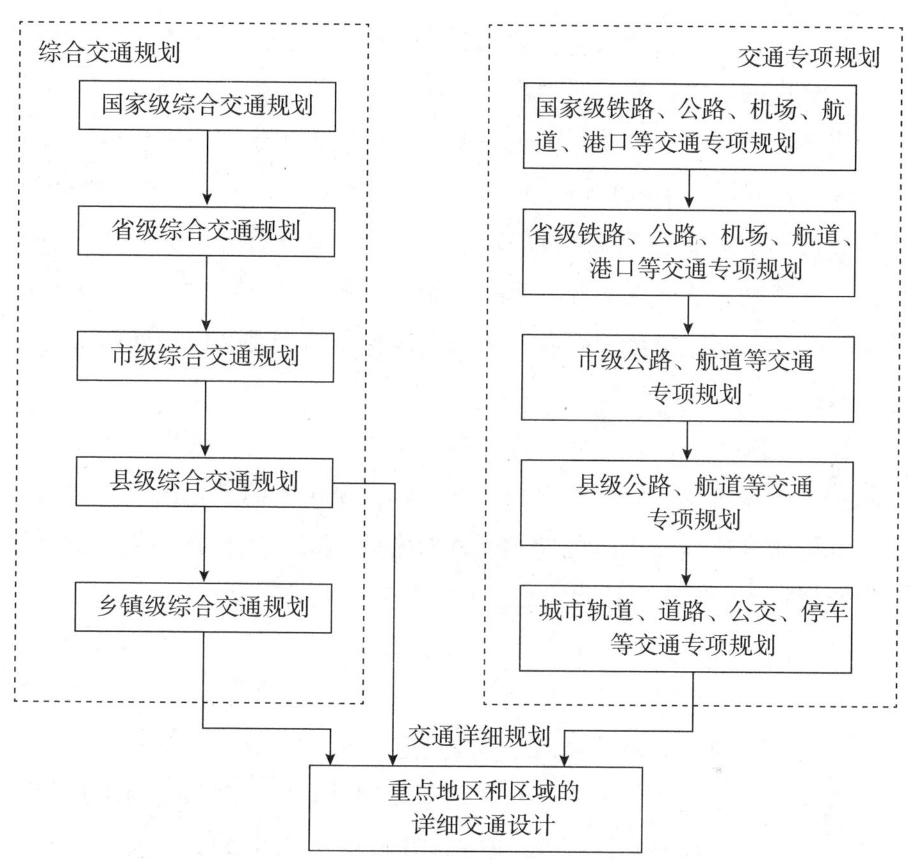

图 4-1　“五级三类”综合交通规划体系设想

1.“五级”层面的综合交通规划

根据国土空间规划体系的“五级”可以确定综合交通规划体系中的“五级”规划内容，其包括国家级、省级、市级、县级、乡镇级五个层级的综合交通专项规划。

由于我国地域广阔，不同地区的经济发展程度各不相同，如长三角和珠三角的部分乡镇虽然属于乡镇等级，但其经济水平甚至已经超过内地的一些县市，传统的交通规划模式往往难以满足其实际需求。因此，这些乡镇的综合交通规划需要根据当地的实际需求灵活编制，全面考虑乡镇区域高峰时段的交通流量和交通管理情况，制定更完善的综合交通系统，解决区域独特的交通困难，实现区域经济的持续发展和环境的可持续管理。对于那些集中多个重点城市的区域，不仅需要编制单一城市的综合交通规划，还需要充分考虑区域内部各城市之间的交通流动模式，评估周边城市的交通系统对本城市的影响，并基于各城市交通系统的衔接性、复杂性、差异性，开展土地使用、商业布局、住宅区开发等领域的协同合作，形成一个综合发展战略，确保城市内部和区域间的交通互联互通。

在“五级”综合交通规划体系框架中，国家级规划内容主要关注交通系统的宏观规划，省级、市级、县级以及乡镇级的规划内容则关注交通系统的微观操作，所以此处主要针对省级、市级、县级以及乡镇级综合交通规划的编制内容做出设想。

（1）省级综合交通规划是国家级综合交通规划战略和政策的细化，是以省域为规划区域的立体规划，具体规划内容包括以下几个方面：第一，构建集公路、铁路、水运、航空等于一体的完整交通运输体系，通过合理搭配，组建成“无缝连接”的运输网络，提高省级交通系统的运行效率；第二，合理分布国道、省道、城际连接线等省域交通运输路网，实现省域产品的快速流通，增强省内外经济的互联互通，加快地区经济一体化进程；第三，科学分布铁路、公交枢纽、机场和港口等省域交通枢纽，实现省内各个城市的紧密连接，极大提升省域交通网络的集疏运能力；第四，构建应急与专用交通系统，以确保在发生突发事件时能够迅速承担运输重任，保障人民的生命财产安全，维持社会稳定。

（2）市级、县级综合交通规划是针对市县区域的交通系统规划，具体的发展目标和战略方向应与省级规划紧密衔接，同时结合当地的人口增长、经济发展和城市扩展等数据，预测市县区域在未来不同时间段的交通需求，为规划提供决策支撑。其具体规划内容包括以下几个方面：第一，合理规划市县区域内的公路、铁路交通线，支撑市县区域内人员、货物的流动；第二，合理分布客运站、货运站、物流中心等客货运输枢纽，加强客货运输与省域运输通道的连接，提高运输效率，降低运输成本；第三，规划救护车、消防车等车辆的专用通道，确保在发生紧急情况时能畅通无阻。

（3）乡镇级综合交通规划关注的内容更具体，是在遵循上级规划的指导下，围绕乡镇区域开展的交通系统细致建设，实现乡镇与外界的有效连接，推动乡镇经济繁荣发展。其具体规划内容包括以下几个方面：第一，科学规划非机动车道、步行道、机动车道等公共交通线路，满足乡镇居民的出行需求；第二，合理布局乡镇区域内的客运站、货运站、物流中心，提升人流和物流的集散能力，减少运输成本，支撑乡镇区域的经济发展；第三，优化乡镇道路的交通设施规划，提高道路通行的安全性。

2.“三类”层面的综合交通规划

“五级三类”综合交通规划体系中的“三类”综合交通规划同样参考了国土空间规划体系中的“三类”规划，形成了集综合交通规划、交通专项规划和交通详细规划于一体的三层规划架构。此处的综合交通规划是从全域范围的角度考虑规划内容，类别自然最宽泛，包括立体交通网规划、市域综合交通规划、城市综合交通体系规划等。它将各类交通系统集合在一起，形成了一个高效、连贯的运输网络，具有战略性、政策性和综合性特点；交通专项规划是强调技术性、系统性和计划性的单一交通系统规划或为达成特定交通目标编制的专项类规划，如公路网规划、机场总体规划、轨道线网规划、交通改善规划等；交通详细规划则专注特定地区或项目的详细交通设计，如重点开发区域的交通布局优化、具体建设项目的交通接入与管理方案等，强调实施性、适应性及精细化要求，所以需要结合当地的实际条件和具体需求来设计，以确保规划结果既切实可行，又能有效适应当地的发展现状和未来需求。虽然这“三类”交通规划的聚焦点不同，但其通过分工合作、层层递进的方式，共同支撑着区域乃至国家级交通发展目标的实现，推动区域经济、社会同步发展。

（四）综合交通规划的编制建议

1. 充实综合交通规划的编制内容

综合交通规划的编制既要考虑与国土空间规划的横向全域覆盖相融合，也要满足纵向分级传导的相关要求，可以从以下四个方面来充实综合交通规划的编制内容：

（1）扩大综合交通规划的覆盖范围。随着国土空间规划体系的不断发展，综合交通规划的职责发生了根本性变化，由市域综合交通规划和城市综合交通体系规划构成的传统交通规划已经无法适应时代变迁，最显著的一点就是新时代的综合交通规划的覆盖范围进一步扩展至全域，而市域综合交通规划和城市综合交通体系规划作为交通运输管理部门和城乡规划管理部门分别负责编制和实施的规划，仅能包括交通规划的一部分内容，而且在规划实施过程中会出现不衔接、不协调的情况。基于此，为了更有效地支持国土空间总体规划，现在的综合交通规划需与国土空间规划进行深度整合，实现“两规合一”，不仅需要在覆盖范围上与国土空间总体规划一致，还需要在内容和深度上与其对齐，确保交通规划能在全域范围内贯彻落实总体规划意图。

（2）构建逐级传导的内容框架。随着综合交通规划与国土空间规划的融合，其需要建立一个健全的规划实施传导机制，确保规划的每一层级都能实际应用、管用并且好用。这种传导机制可以分为纵向传导与横向传导。纵向传导机制指的是综合交通规划的内容能够在不同行政层级间逐级传递和落实，即从国家到省、市、县、乡级别的交通规划都紧密衔接，确保政策的连贯性和执行的一致性；横向传导则是指综合交通规划与国土空间总体规划以及其他专项规划之间的协调性和一致性，确保综合交通规划内容既符合总体规划的要求，又能在总体规划的统筹下与环境保护、城市发展等专项规划保持一致，实现“多规合一”的规划目标。这样的纵向、横向逐级传导框架可以大幅提高交通规划的实施效率，增强规划的有效性，更重要的是细化了总体规划的实施步骤，使得综合交通规划能更好地融入国土空间规划体系，服务于区域和国家的长远发展。

（3）建立互动协调的内容体系。在综合交通规划的编制过程中，最核心的要求就是时刻保持与国土空间总体规划及其他相关规划内容的协调性，这意味着综合交通规划不是一个独立执行的框架，而是与国土空间规划、环境保护规划、经济发展规划等其他规划密切配合的规划体系的一个组成部分，拥有统一的发展方向。基于此，为了更好地编制规划内容，实现规划发展目标，综合交通规划需要构建一个与总体规划互通协调的内容体系，在规划初期就设定共同的发展目标和策略，确保规划在目标导向、政策导向、实施手段上都与总体规划保持一致。同时，编制综合交通规划的过程中应采取同步编制的方式，实时解决与其他规划间可能出现的矛盾和冲突，增强各规划间的衔接性和协同效应，确保各项规划都能得到有效实施，最终实现区域发展的整体优化。

（4）明确各部门的对应事权内容。国土空间规划是一个综合性的规划体系，涵盖自然资源开发与保护、城乡发展、交通基础设施建设以及社会经济发展等多个领域，其中与交通规划有关联的部门并不局限在一两个领域，这就意味着综合交通规划具有跨部门的性质要求，其规划表述内容必须明确体现各部门的事权和职责，且表述明确、具体，以提高规划的实施效率，增强部门间工作的协同性。简单来讲，综合交通规划内容应针对相关部门详细阐述规划项目的执行标准、时间表、预期目标等重要内容，以及各个部门的具体职责和执行的具体措施。例如，综合交通规划中涉及道路建设项目，此时，规划内容中应明确指出住建部门需要在规划中预留必要的空间和资源，自然资源部门需要提供土地使用权和环境影响评估结果，交通运输部门负责具体环节的实施。这样精细化的规划内容表述和明确的事权对应可以确保各部门在规划实施过程中各司其职，推动国土空间规划和综合交通规划的高效实施，实现区域统筹发展。

2. 转变综合交通规划的编制思维

随着时代的发展，国土空间规划体系不得不面临转型，而综合交通规划作为与之融合的专项规划，其编制思维也必须做出相应转变，主要体现在以下几个方面：

（1）未来的交通规划必须从根本上重视生态保护。传统的交通规划主要关注的是工程标准和经济效益，很少考虑生态红线和开发边界等重要概念，以至于在经济繁荣发展的背后是难以修复的生态破坏和环境污染，这会反过来影响经济效益。因此，未来所有交通规划都应以生态保护为先，在编制规划阶段就要进行严格的环境影响评估，确保所有交通项目都在生态可承受的范围内进行，实现可持续的交通发展。

（2）坚持全域全要素一体化的战略思维。在国土空间规划体系中，综合交通规划需要坚持全域全要素一体化战略思维，超越传统的区域—城市二元分割，构建一个更加连贯、覆盖所有地理区域的规划过程，实现从城市到乡村，从公路、铁路到非机动交通，各种交通方式的有机整合。更重要的是，全域全要素一体化战略可以使那些处于偏远和欠发达地区的省、市、县、乡接入国家、地区的经济流动大潮，推动区域经济的整体提升，实现社会经济的均衡发展。这种全域、全要素的视角可以确保综合交通规划构建一个覆盖全域、全层级的综合体系，既能保证交通规划的连贯性和系统性，又能体现综合交通系统对国土空间规划的战略性支撑与保障作用。

（3）树立协同发展的思维。为了实现区域可持续发展，综合交通系统应树立协同发展思维，主动与各类开发建设空间展开协同工作，优化交通流动，提高城市空间的利用率。这种协同思维在城市建成区表现得更为突出，尤其是在城市转向存量开发阶段，它可以充分调动交通运输部门和城市规划部门的工作积极性，优化交通系统，合理配置和更新现有空间，以适应城市的发展需求。

（4）培养以人为本的发展思维。在传统的交通规划中，通常会围绕车开展规划编制，但随着时代的发展，人作为规划主要的参与者和受益者对规划的实施效果有直接影响。这就使得现代综合交通规划应将人的需求放在中心位置，即从传统的以车为中心转变为以人为中心，强调提升安全体验、改善街道环境、提高枢纽效率，并扩大网络覆盖，以支持智能化和智慧化的交通系统，创造一个更加安全、便捷和舒适的出行环境，确保交通系统的高效运行和可持续发展。

3. 促进综合交通规划与国土空间规划协同融合

在现代城市规划中，虽然人们已经普遍认同综合交通规划与国土空间规划具有同等重要的地位，但在现代城市规划逐步向动态整合方向发展的趋势下，这种共识需要进一步深化，实现综合交通规划与国土空间规划协同融合，以确保规划的最终效果。

国土空间规划作为一种针对国土空间的控制管理，不仅仅是对自然空间的合理划分，还包括协调各种空间使用之间的关系。随着城市交通系统的快速发展，城市空间的使用模式不断变化，使得城市空间规划已不能局限于传统的静态空间布局，而是应融入更多动态元素，以适应城市生活的实际需求和未来的发展趋势。在这一背景下，综合交通系统作为国土空间规划的重要部分，化身为连接不同空间使用功能的关键枢纽，不仅为城市中各类经济活动、社会活动提供服务，还成为推动国土空间由静至动演化的活跃因素，所以综合交通系统必须与空间规划保持协调，发挥空间管控作用，确保空间规划满足当前空间格局的演化需求。

促进综合交通规划与国土空间规划协同融合的方式主要有以下三种：

（1）在实施国土空间规划之前进行前置先导性研究。前置先导性研究有助于在规划实施前明确关键的战略方向和结构布局，特别是在区域空间布局上，重大结构性问题的研究不仅可以确保交通网络的有效传承，还可以在不同层级的区域间建立有效联系，在战略目标、合作方式等方面做出一致选择。例如，上层级规划的交通网络传承问题直接影响下级规划的实施效果，通过前置先导性研究，下级规划部门可以清楚地掌握当前层级交通网络的优势与局限，并增强这些网络的功能，提高其效率，扩大其覆盖范围；不同层级区域之间的联系对于规划的有效落实具有重要影响，通过前置先导性研究，建立不同层级区域之间的沟通体系，不仅可以实现政策、战略、目标的一致性，还可以让各层级明确自身在国土空间整体规划发展中的地位和职责，从而通过协同共建促进区域整体发展。显然，对前置先导性问题的研究可以帮助规划者更准确地把握规划的总体格局，提升规划的科学性和实效性，增强规划的前瞻性和适应性，从而确保国土空间规划能够支持区域及国家的长期发展。

（2）促进国土空间规划与综合交通规划协同性内容的融合。国土空间规划属于总体规划，而综合交通规划属于专项规划，在一定范围内，前者是后者的政策依据，两者在规划目标和工作方案上存在一致性、协同性。为了实现国土空间规划与综合交通规划的协同融合，应针对性地从两者的协同性内容着手，建立一个共同的决策话语体系，确保两者在策略、目标层面的相互协同。具体来说，针对职住关系的空间组织、城市活动集聚区域与联系网络的关联布局，协调好人本场所空间与交通网络之间的关系，确保两者相辅相成，共同支撑城市的活力与可持续发展。其中，职住关系的空间组织是指居住地与工作地在空间上的位置关系及其组织方式，是城市规划的核心内容，通过合理布局住宅区和工作区，可以减少交通需求，减轻交通压力，从而提高居民的生活质量；城市活动集聚区与联系网络的布局也是协同规划的重点，通过合理配置交通网络，可以实现商业区、文化娱乐区以及其他主要公共服务设施的互联互通，增强这些区域的吸引力，支撑城市的社会经济活动。这些融合协同措施可以确保国土空间规划目标与综合交通规划目标在实施过程中实现统一，为城市和区域的持续发展提供坚实支撑。

（3）综合交通规划应传承国土空间规划中的落实性内容。对综合交通规划而言，它不仅仅是一个纯粹的技术系统规划蓝图，而是对国土空间规划目标的细致化操作，在规划实施过程中发挥着管控作用，为区域可持续发展奠定坚实基础。如果综合交通规划能传承国土空间规划总体框架中的规划理念、规划框架以及规划结构等落实性内容，可以确保规划发展目标和战略愿景的一致性以及规划实施的连贯性，实现规划效果最大化。规划落实性内容的传承意味着综合交通规划中的每一个元素都要围绕支持、推动规划目标的实现而编制，既要考虑规划实施效率，又要考虑如何通过交通网络设计促进区域经济均衡发展。基于此，综合交通规划需要特别关注以下几个核心问题：交通网络间的互动、技术标准与实际应用问题的匹配、土地开发与重大交通设施建设的时序安排，以及服务标准与工程造价之间的平衡。这些问题直接关系着整个规划的实施成功与否，必须在规划阶段进行妥善处理。

二、基础设施规划

（一）我国城市基础设施规划分析

1.城市基础设施建设的转变

随着科技的飞速发展，城市需求也在不断变化，促使城市基础设施的供给结构和供给效能不得不发生转变，而最显著的表现就是基础设施的精细化程度越来越高，品质也有了显著提升。在这一过程中，科学技术发挥了最核心的推动作用，加速了城市基础设施的转变进程，衍生出智慧城市基础设施规划、绿色发展基础设施规划和安全意识基础设施规划等三种不同类型的基础设施规划。其中，智慧城市基础设施规划是通过利用物联网、大数据、云计算等先进的科学技术加快市政基础设施建设，优化城市服务的管理和运营，实现服务的智慧化，从而提高居民的生活便利性；绿色发展基础设施规划是通过采用可再生材料、节能技术并遵循绿色建筑标准开展市政基础设施建设，减少环境污染，降低能源消耗，在为城市带来长期环境效益的同时实现经济发展；安全意识基础设施规划是通过增加具有安全检测、预警功能的基础设施，提升城市的防灾减灾和应急响应能力，确保城市在面对自然灾害和其他紧急情况时保持正常运转。无论是智慧城市基础设施规划、绿色发展基础设施规划还是安全意识基础设施规划，其本质都是促使市政基础设施建设转型，从而推动城市实现可持续发展，只不过方向不同。

2.城市基础设施专项系统的特殊需求

在城市基础设施规划实践中，不同的需求需要构建对应类型的专项系统，常见的有供水系统、排水系统、电力系统、燃气系统、通信系统等，这些系统都有其专属的系统需求。

（1）供水系统作为城市饮用水的主要来源，是整个城市的生命线，一旦遭到破坏就很容易引发严重后果，所以确保水资源的安全可靠是城市供水系统的根本需求。随着城市化进程的加快，水资源压力持续增加，再加上自然水资源的污染情况不容乐观，城市管理者需要采取各种各样的手段来保证水资源的安全，确保每一个居民都能获得质量上乘、安全可靠的饮用水。具体做法如下：第一，从水源源头开始保护和治理，杜绝一切工农业活动，防止对水源地造成污染；第二，采取反渗透、紫外线消毒等先进的水处理技术去除水中的污染物，确保供水系统中水质的纯净安全；第三，安装智能化水质监测系统，通过水质监测传感器和在线监测设备实时监控水质变化，保证供水安全。

（2）排水系统是城市应对强降雨及可能出现的洪涝灾害的重要设施，

关乎整个城市的安全，如果其无法满足需求，很容易造成城市内涝，同时伴随着巨大的经济损失。对此，城市管理者需要对现有的排水管网进行系统的改造和完善，以确保在特殊情况下能够有效地处理大量雨水。改造工程包括扩大管网的容量、优化排水路线，以及增加雨水储存和渗透设施，减轻集中式排水对整个排水系统的压力。同时，应用先进的污水处理技术处理污水，在减少环境污染的同时将其作为再生水二次利用，用于农业灌溉、工业冷却、城市景观用水等非饮用领域，不仅减少了对新鲜水资源的依赖，也能构建水资源循环体系，推动城市可持续发展。

（3）电力系统是整个城市所有用电设备的直接电力来源，一旦无法满足需求，会造成大面积停电，后果不可估量。因此，构建一个多元可靠、结构合理、区域协调且高效节能的电力网络至关重要。电网系统的电力来源多种多样，不仅传统的化石燃料燃烧可以发电，风能、太阳能等可再生能源也可以发电。城市管理者可以将两种发电方式整合在一起，有效降低能源供应中断的风险，大幅提高电力系统的稳定性。同时，应优化电网设计，确保能源在需求点之间高效传输，减少输电损失，再搭配智能电网技术，实现电网运营的高效管理。

（4）燃气系统是城市能源供应的主要来源，其中天然气因清洁、高效等特点成为最常用的燃气类型，但随着科技的发展，生物气、氢能等更加清洁和可再生的燃气资源为燃气系统提供新的选择。基于此，燃气系统开始步入供给结构转型阶段，即从依赖单一能源类型向多元化能源组合转变，这样做不仅可以大幅减少其对传统化石燃料的依赖，还可以降低环境污染。由于燃气具有不稳定性，一旦发生泄漏，很容易引发爆炸，所以燃气系统必须进行基础设施升级，采用先进的泄漏检测技术和自动关闭系统来防止燃气泄漏事故的发生。

（5）通信系统是现代城市转型的基础，尤其是物联网、云计算、第五代移动通信技术等先进通信技术的加持，使得现代城市成为真正的“数字城市”“无线城市”，可以提供无缝、高速、高效的数据传输服务，支持智慧交通系统、远程医疗服务、在线教育等智慧城市应用的正常运行，大幅提升城市管理效率，提高居民生活品质。

（二）智慧城市基础设施规划

所谓的智慧城市基础设施规划就是通过合理配置加持“智慧”属性的基础设施，实现城市智慧化建设。

1. 搭建城市智慧通信系统

智慧通信系统是城市现代化建设的重要基础，尤其是高速、泛在、智能、融合、安全的信息通信网络可以为整个城市的基础设施赋予“智慧”，从而实现城市智慧化建设。智慧通信系统构建最基础的是提升城市整体的宽带建设水平，将高速光纤网络扩展到每一个家庭，确保每个角落都能接入高速互联网。对于偏远地区，政府应主动与企业、社区沟通，共同努力扩大城市通信网络的覆盖范围，消除经济基础引发的通信鸿沟，确保所有市民都能享受到信息时代的巨大发展成果。除了城市整体宽带建设，智慧通信系统最显著的表现就是无处不在的公共无线网，无论是在购物中心、公园还是交通工具上，市民都能享受到稳定可靠的无线上网服务，这显著增强了城市的整体吸引力。

2. 构建城市智慧水系统

智慧水系统是城市基础设施现代化的重要组成部分，包括智慧供水系统、智慧污水系统、智慧雨水系统。

（1）智慧供水系统是在城市供水系统上集成智能管网监测控制系统、智能调度系统以及水厂智能运行管理平台形成的智慧化供水系统，不仅可以提升供水的效率，还可以实现水资源的精细化、可持续化管理，为居民提供更加案例的水资源。智能管网检测控制系统利用安装在供水系统水厂端、输送端、用户端的传感器，持续检测水流量、水压和水质等关键参数，并将其传输至水厂智能运行管理平台。这个平台不仅可以进行实时的数据分析，确保供水的质量，还可以在发现水质污染的第一时间切断受影响区域的水源，直至问题得到解决。智能调度系统可以根据城市用水需求的实时变化，自动调整水源分配和压力管理，优化资源的使用，减少浪费。

（2）智慧污水系统是利用先进的信息技术和自动化设备，实现城市污水处理系统的全自动智能运行。自动化控制系统可以确保污水处理在最优条件下进行，既能提升污水处理的效率和质量，又能减少人为操作错误导致的成本增加。建设智慧污水水质在线监测系统能够实时监测污水的化学需氧量、生物需氧量、悬浮物含量等指标，确保出水水质达到环保标准。此外，该系统还与城市监测中心联网，可以实时向其传输数据，便于环保部门监督管理排污企业和污水处理厂的排放行为，及时发现和处理违规排放事件，有效保护城市水环境。

（3）智慧雨水系统是城市现代化管理的重要环节，可以在雨水刚刚降临城市时有效降低地面不透水导致的雨水聚集，削减雨水洪峰，从而减少城市排水系统的压力，降低发生洪水的潜在风险。该系统通过集成的雨水泵站和管网智能调度系统，实时分析雨水数据，优化雨水的排放和调蓄，实现雨水的有效管理，保护城市免受严重洪涝的影响。该系统搭载的内涝监测预警体系可以模拟城区洪水演进规律，并实时监测道路的积水情况，甚至提前预测 10 ～ 60 分钟后的城市洪涝积水情况，使城市管理者和居民能够提前做好准备，采取必要的防范措施，有效减少洪涝带来的损失和影响。

（三）绿色发展基础设施规划

所谓的绿色发展基础设施规划就是通过应用循环再生资源替代不可再生资源，降低城市基础设施建设对自然环境的影响，实现城市绿色可持续发展。

1.优化城市能源消耗

在现代城市基础设施规划中，能源消耗作为影响城市绿色可持续发展的重要因素，必然是规划的重要内容，主要从以下三个方面着手：第一，优化城市能源结构，当前城市中应用的能源大都是不可再生能源，如天然气、石油、煤等，这些能源在一定程度上增加了城市的碳足迹，所以城市管理者需要主动减少不可再生能源的应用比例，增加可再生能源和清洁能源的应用比例，推动城市能源消耗向更加环保和可持续的方向发展；第二，在城市中心、中央商务区和大型公共设施等关键地区建设以天然气为主要能源的分布式能源站，这不仅能近距离地为周围区域提供高效、安全的能源供应，减少能源传输过程中的损耗，还能提高整体能源使用的安全性；第三，开展区域燃气供应管网一体化建设；通过整合、优化城乡燃气供应管网系统，可以提高城乡能源的分配效率，增强城乡对能源供应中断的韧性，保证城乡供气安全。通过对城市能源的优化，不仅可以实现能源的自给自足，还可以在全局上推动绿色发展战略，促使城市向低碳、环境友好型转变。

2.合理利用废弃物

废弃物是城市基础设施建设和发展过程中不可避免的伴生产物，如建筑废物、生活垃圾等，但随着城市化进程的推进，这些废弃物的种类和数量不断增加，对城市的环境保护和管理产生了严重影响，所以合理利用废弃物可以实现资源的循环利用，推动城市可持续发展。主要从以下三个方面着手：第一，完善城市固体废弃物处理体系，即通过先进的处理设备完成废弃物的收集、运输、处理过程，减少对环境的直接污染；第二，推行固体废弃物的减量化措施，即从根源上减少废弃物的产生，如推广环保包装、减少一次性产品的使用、实施废物分类政策等，从源头减少进入处理系统的废物量，从而减少废弃物对环境的影响，降低处理成本；第三，实现废弃物二次利用，即通过研发或应用新技术，将废

弃物转化为有用的资源，实现二次利用，如回收生活垃圾中的有机部分制备堆肥，将建筑废料经过适当处理后用于道路基础建设，或将废弃物焚烧，通过能量回收系统将废物转换为电能或热能。

（四）安全意识基础设施规划

所谓的安全意识基础设施规划就是通过合理配置基础设施，保障城市的空间安全。

1.城市空间的基础设施安全布局

在城市规划和建设中，市政基础设施的安全布局不仅影响城市的管理效率，更是保障城市公共安全的基础。

（1）城市综合廊道布局。在城市建设过程中，主干综合管廊、大型输油管道、超高压天然气管道、超高压电网、污水深渠系统等综合廊道是支撑整个城市的关键框架，关系着整个城市的日常运行。这些大型基础设施的规划必须严格遵循安全防护距离和标准，同时综合考虑城市区域的地质条件、人口密度和环境影响等因素，避免对居民区和敏感区域构成威胁。此外，这些设施之间的布局还要考虑到各种极端天气和灾害的影响，最好使用耐腐蚀、抗震、抗冻融的建筑材料，再搭配先进的自动监控系统，实时观察并收集数据，一旦发生问题及时进行预警。

（2）在安全性和环境保护方面有高标准的大型市政基础设施的布局。在城市建设过程中，火电厂、煤气厂、天然气站、垃圾填埋场等大型市政基础设施至关重要，但由于其本身具有一定的特殊性，很容易对周边环境造成影响，甚至引发严重的安全问题，所以这些大型市政基础设施的布局需要进行周密的安全和环境影响评估，全面了解这些设施可能对周围环境产生的影响，并据此制定有效的安全保障和环境保护措施。例如，将潜在污染较大的垃圾填埋场布置在远离居民区的地点，同时保留足够的安全缓冲区，将对人类健康和环境的威胁降到最低。为了确保这些设施的安全，还需引入先进的监控系统，实时监测设备安全情况和周边环境质量，最大限度地降低对环境的影响。

（3）城市生命线系统基础设施的布局。在城市建设中，变电站、水厂、污水处理厂等属于维持城市生命线的重要基础设施，在遇到紧急情况时仍然需要保证不受影响，所以这些基础设施的布局不仅需要考虑安全性，而且需要考虑冗余度。这意味着这些基础设施在规划阶段需要充分考虑到各种潜在风险，并为应对极端事件做好充分准备。例如，变电站布局需要考虑容载比，以确保从容应对突增的电力需求或潜在的设备故障，甚至在部分设备失效时能维持正常供电；水厂布局需要考虑供需比，将其保持在合理水平之上，以确保在发生干旱或其他突发事件时能够持续供应足够的水资源；同理，污水处理厂的设计亦需保留足够的弹性系数，以确保在面对超出常规处理量的情况时仍能有效运作，防止污水处理过程因超负荷而中断。此外，城市应急资源和能源的储备也是保障城市基础设施运行安全的关键。

2. 现有市政基础设施的安全更新

在城市发展过程中，老旧城区由于建设时间早，很多基础设施组件已经接近或达到使用寿命，不仅无法充分发挥自身作用，还存在很大的安全隐患。因此，对这些基础设施进行系统的安全更新很有必要。对于老旧城区来讲，供水系统、排水系统、电网、燃气管网等常用设施由于使用次数多，必须进行彻底的检查和评估，根据检查结果对需要维修的部分进行维修，对无法维修的部分直接更换。同时，对这些基础设施进行技术升级，装载自动化系统和智能监控系统，可以使其变得更加智能化。例如，在供水系统中装载智能水表和远程读取系统，可以更有效地监控水资源使用情况，一旦出现数据异常能够及时发现。为了保证老旧城区的安全，城区需要进行专业的应急演练，锻炼应急处理能力，以确保城区在面临自然灾害或其他紧急情况时能迅速恢复功能，最大限度减少其对居民生活和城市运行的影响。

3. 布置城市安全应急基础设施

在城市建设过程中，应急水库、应急储气设施、应急电源设施等城市安全应急基础设施的合理布置可以提升城市应对突发事件的能力，从而在面对自然灾害、技术故障或其他紧急情况时能够保障城市的正常运行以及居民正常的日常生活。其中，应急水库是城市为应对干旱或主要水源受污染准备的应急水源，能够在极端情况下提供足够的水资源；应急储气设施是城市为了在自然灾害出现或供应链发生中断时维持医院、消防站和重要政府机构继续运行的应急储备；应急电源设施（如备用发电机和移动电源车等）是城市为了应对电网故障导致大面积停电的应急储备，可以维持交通控制系统、通信网络和急救服务等基础设施长久的运作，应定期进行维护和测试，确保在需要时能够立即投入使用，同时使用先进技术管理这些应急设备，实时监控所有基础设施的状态，以便于在紧急情况下能够快速做出调度决策，减少紧急情况造成的潜在损失。

第二节　生态系统规划

一、生态空间规划

（一）生态空间的概念

生态作为一个概念，经常被误解为自然界中的个体生命，如一棵树、一座山、一片湖泊或一条河流，但从更深层次上讲，生态指的是生物体与其环境之间的相互作用和相互依赖的复杂网络，是生命体与非生命体（如水、土壤、空气）以及生命体之间相互作用形成的一个动态、连接的系统。

随着时代的发展，生态这一概念被应用在城市规划领域，成为理解城市空间关系的新概念。在城市空间规划中，人与自然环境的关系可以被视作一个生态系统，人类的生活、生产、消费等活动可以被视作人与自然环境的互动，那么规划的本质就是寻求空间内人与自然环境的协调。从这个角度理解，我们可以获得新的启示。举例来说，水体污染问题一直都被看作环境问题，但这仅仅是表象，背后隐藏的是复杂的生态关系网络，因为水体污染情况的发生虽然源于水体中存在污染物质，但这种污染物质进入水体的过程揭示了人类活动与自然环境的相互作用以及发生的失衡。这种人类活动与自然环境的相互作用关系就是“生态”这个词最根本的思想内涵，基于此，我们需要深入理解人类活动与自然环境之间的相互作用，追溯问题的根源，从而制定出真正能够解决问题的策略，实现人与自然和谐共生。

在城市规划中剖析生态的本质，得出生态是一种人与自然环境的关系，那么由“生态”和“空间”组成的“生态空间”又是何意呢？“生态空间”一词的关键是“空间”，何为空间？是区域、是范围，所以生态空间就是一个具有重要生态功能的区域，主要作用是提供生态服务或生态产品，对维护生物多样性、调节气候、保护水源、维持生态平衡具有重要作用。常见的生态空间有森林、草原、湿地、河流、湖泊、海洋、滩涂等多种形式，每一种都有其独特的生态系统和生物群落。其中，森林和草原是重要的碳汇，对于缓解全球气候变化有着不可替代的作用；湿地被称为地球的肾脏，具有净化水质、调节水量、保护生物多样性的功能；河流和湖泊是淡水资源的主要来源，对于维持区域水循环、支撑水生生态系统具有重要意义；而海洋和滩涂不仅是海洋生物的栖息地，也是全球重要的碳储库。既然生态空间如此重要，在当前全球环境持续变化和人类活动的压力下，合理利用并保护这些生态空间就成为必然，从而为后代留下丰富的自然遗产。

（二）生态空间的内涵

根据生态空间的定义可以简单归纳其内涵，主要表现为多元化生态系统服务、生态空间功能复合、人本性服务价值三个方面。

1. 多元化生态系统服务

生态空间最主要的作用是为空间提供多元化的生态系统服务，从而维护空间的生物多样性，实现人与自然的和谐共生，促进环境可持续发展。生态空间的多元化服务主要分为四大类，分别是供给服务、调节服务、支持服务和社会文化服务。其中，供给服务是生态系统最直接的功能，指的是生态系统向人类直接或间接提供食物、水、天然草药等生态产品的功能，这些生态产品成为农业、医药业以及其他行业的原材料，有助于维持人类的正常生活，改善人类的身体健康；调节服务是生态系统最核心的功能，指的是生态系统对气候、水文和土壤等影响空间环境的要素的控制与管理，维持空间生态的完整性；支持服务是生态系统的衍生功能，通过对空间环境的保护和修复，为空间生态系统提供生命支持，实现生物的栖息、繁衍及能量循环，如保护生态空间生物多样性、植物的光合作用和营养元素循环等，这种对空间生命的支持不仅为所有生命形式的存在和发展奠定了坚实基础，也推动了生态系统的健康可持续发展；社会文化服务是从精神层面对生态系统功能的解析，指的是生态系统在人类进行户外活动、旅游休闲时可以为其提供特殊的精神满足、文化认同和心灵慰藉，成为其灵感的源泉。

2. 生态空间功能复合

生态空间蕴含着多种生态功能，通常会将功能较为一致且以生态系统服务为主导的地理单元划分为一个功能区，既方便保护生态系统的功能，也方便空间管理，所以生态空间分区就是功能分区。但是，生态空间囊括的生态系统复杂多样，不可避免地会出现某一空间包含多种功能的情况，这种功能的交叉、重叠使得空间具有了模糊性特征，间接反映了生态空间的复合性特征。这种复合性主要体现在两个方面：一方面，农业空间、城镇空间与生态空间之间可以通过复合利用实现功能融合或转换，形成独特的复合生态空间类型，如农业空间和生态空间融合后形成的“农业生态空间”不仅可以进行农作物种植等农业生产活动，还可以发挥保持水土、涵养水源、维持生物多样性等生态服务的作用，具有明显的功能复合属性；另一方面，城镇空间与生态空间这种复合利用形成的“城镇生态空间”可以在城镇建设过程中融入绿色理念，通过植被覆盖、建设绿色基础设施等方式实现生产与生态效益的统一。农业空间、城镇空间与生态空间之间的功能复合如图 4-2 所示。

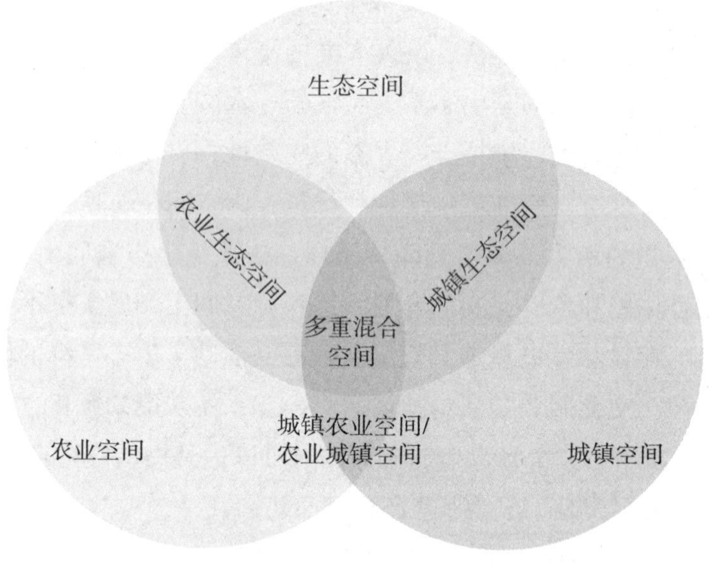

图 4-2　农业空间、城镇空间与生态空间之间的功能复合

例如，森林空间中的生态系统最主要的功能是提供碳汇和水源涵养服务，但也具备美化景观、为人类提供游憩空间等多种功能，功能复合属性极为明显。

3. 人本性服务价值

生态空间是一个复杂、多维的生态系统集合体，不仅包括人类这一核心主体，还包括自然资源、生态环境以及其他生物，其中人类作为生态系统运行的主体之一，充当了物质、能量和信息等系统要素交互的主要媒介。对于人类而言，生态空间的核心功能在于能够根据人类对自然资源或生态功能的需求提供生态系统服务，这些服务具有参考人类价值判断体系赋予的独特价值。这一价值的存在表明了生态空间与人类之间存在一种密切联系，这种联系正是通过生态系统服务建立的，即生态空间是生态系统服务的供体，而人类是生态系统服务的受体，享受着生态空间输送的服务价值，最终形成一种相互依存、相互影响的动态关系。具体而言，生态系统服务通过调节气候、净化水源、保护生物多样性、提供美好自然景观等不同服务形式满足了人类在生态空间中的生存与发展需求。基于此，生态空间的管制不应仅仅是对生态系统的单向管理，而是应综合考虑人类和生态系统之间的交互耦合以及基于需求导向的规划、使用与管理，以确保生态系统服务的价值能够完整地传递给人类，推动人类社会与自然系统的协同发展。

（二）生态空间规划的思维逻辑

1. 底线思维——恪守生态保护的底线和红线

在生态文明建设中，我们追求成效最大化，更重要的是守住底线，即在制定战略政策、实施决策时应该坚持的最低目标要求，这种底线源于对人类社会维持自身生存和发展所必须拥有的生态安全底线的深刻认识，要求我们自觉遵守。在实践中，生态保护红线就是坚守生态文明建设底线的具体体现，它指的是生态空间内具有重要生态功能且必须强制性严格保护的区域，不仅是生态空间安全的保障线，也是维护国家和地区生态平衡的生命线。

在红线区域内的功能区多为生物多样性丰富的保护区、关键的水源保护区、具有重要自然景观的地区，通过法规和政策严格限制这些区域的开发利用，可以预防生态环境恶化，防止生态系统功能退化，同时提高生态系统的恢复力，在一定程度上抵御自然和人为的干扰，为当前及未来创造一个健康、稳定的自然环境。

既然生态保护红线如此重要，那么如何划定这一红线呢？这就需要以区域生态安全底线（特定区域内维护生态系统完整性、稳定性和功能性的最低界限）为根本出发点，以省级资源环境承载能力评价和国土空间开发适宜性评价“双评价”结果为理论支撑，在市县级开展生态系统服务重要性和生态脆弱性评价工作，确保生态保护红线的划定工作具有科学性和准确性，不仅符合区域生态安全的总体需求，也符合地方实际的生态保护需求。在此基础上，市县级需要进一步细化规划工作，得出市县级的生态保护红线预选区，实现从宏观到微观的初步精确。然后将预选区与现行禁止开发区域的边界进行对比和叠加，修订预选区范围，再考虑地理、生态和行政等多种因素，形成市县级的生态保护初步红线，为后续的批准和实施打下坚实基础。在此基础上，遵循国土空间规划自上而下的规划传导机制，通过上下层级的联动，结合最新的土地利用现状图和卫星遥感图，对省级生态红线的落位结果进行修正和反馈，确保市县级生态保护红线能准确反映省级、国家级的生态保护要求，形成最终的市县级生态保护红线范围及边界。

2. 系统性思维——遵循景观生态系统格局

根据景观生态学理论，自然生态系统的稳定性依赖完整、连续的景观生态格局，来确保生态系统服务功能的长效发挥。景观生态格局指的是森林、湿地、草原、河流等不同生态地貌在空间上的分布和配置，对生物多样性的维护、生态过程的运行以及生态系统服务的提供起着决定性作用。景观生态格局拥有强烈的系统性思维，要求我们跳出单一视角，综合考虑生态、社会和经济等因素，寻求城市建设和生态保护双赢的方案。为了实现这一目标，需要采用系统性思维把握景观生态要素，深入剖析各种生态要素在不同尺度上的互动，以及它们对生态过程的贡献。例如，通过生态廊道构建将断裂的森林区域或分散的湿地等被孤立的生态斑块连接在一起，极大提升了生态空间的连通性和完整性。此外，这些连接起来的斑块还可以帮助动植物种群维持基因流，促进物种迁移和扩散，起到维护生态过程稳定的作用，减少自然系统的破碎率。

绿色基础设施建设和生态网络构建也是景观生态系统性思维的具体体现，结合地区实际生态需求不仅可以在城市与自然之间形成人工缓冲带，还可以使城市景观得到一定程度的优化，更重要的是能够继续提供生态系统服务，改善城市居民的生活质量，提升居民生活品质，展现人与自然和谐共处的未来。完整生态网络的构建主要从以下两个层面着手：

（1）识别生态网络结构性格局要素。对于生态网络而言，生态源地与生态廊道是最主要的结构性格局要素，其中，生态源地指的是森林、湿地或其他自然区域等具有高生物多样性和生态功能的区域，是生态网络中的关键“节点”，主要职责是为周边地区提供生态服务和生物栖息地；而生态廊道是指连接生态源地的“通道”，使动植物能够在不同生态源地间移动和扩散，增强生态系统的连通性和抵抗力。生态源地的识别方法包括特征识别法和综合叠加法，其中，特征识别法主要依据地区的用地属性和生态功能来确定生态源地，综合叠加法则是通过整合多种生态和生物多样性指标来识别关键的生态源地。生态廊道的识别方法主要包括直接识别法和综合识别法，其中，直接识别法主要通过观察现有的生态斑块链接和潜在的线性蓝绿空间来确定生态廊道，综合识别法则通过适宜性和连通性分析构建最小阻力模型，再使用最小路径法来识别和优化潜在的生态廊道路径。

（2）生态网络构建。在识别生态网络结构性格局要素后，需要对其进行评价，然后基于评价构建生态网络。结构性格局要素的评价方法主要包括景观格局指数评价法和网络分析法。其中，景观格局指数评价法是利用生态源地形态指数、生态源度数和生态廊道综合指数等指标评估生态元素在空间分布和形态特征上的优劣，从而指导生态源地和廊道的选择和保护；网络分析法则是将线点率指数、环通度指数和网络连接度指数等指标与对应的图形理论结合在一起，全面评价生态网络、生态源地和生态廊道的配置效率及功能贡献，从中识别网络关键连通路径和潜在薄弱环节，从而保证生态网络空间配置的合理性、稳定性。

3. 弹性思维——弹性应对空间生态格局

在生态空间规划中，生态系统独特的韧性可以使其在面临极端干扰和冲击时仍然能够维持主要功能、结构及自我调节能力等关键属性，也正因为这种韧性的存在，即使面临自然灾害、气候变化、人类活动等外部压力，生态系统依然能够保持稳定，逐步恢复并继续提供必要的生态系统服务。但是，遵循静态蓝图式思维构建的景观生态格局在面对不断变化的环境干扰和复杂挑战时往往显得力不从心，因为这种静态格局缺乏对未来不确定性的考量。生态环境一旦发生重大变化或出现突发性干扰，便很难维持生态系统的韧性，进而影响其稳定性和长期服务功能。基于此，我们必须转变传统的规划思维，从静态蓝图模式向灵活弹性模式转变，通过模拟多种情景，构建出具有弹性和适应性的生态网络，灵活应对各类突发变化，发挥生态系统的韧性，为人类社会提供稳定而持久的生态服务。

在生态空间规划中，弹性思维不仅仅是一种应对策略，更是一种全新的规划哲学，它强调在不断变化的环境中保持系统的灵活性、适应性和韧性，具有综合、情景反馈和循环思考的特点。在景观生态格局面临气候变化、技术革新、重大基础设施建设以及生产、生活方式转变等不可控、不确定场景时，弹性思维鼓励规划者跳出静态蓝图思维的限制，既要考虑当前的需求和挑战，又要考虑生态格局由于干扰所发生的动态变化，确保最终规划即使面临复杂环境仍能稳定、持续地发挥作用，更有效地支持市县级生态空间的生态系统服务功能。

二、生态修复规划

（一）生态修复的内涵

何为生态修复？从字面上理解，它指的是对生态的修复，即对那些已经受损或退化的生态环境开展的修复活动，以便于恢复生态系统原有的结构和功能，支持生物多样性，增强生态服务功能。根据上文内容可知，其实生态的本质是人与自然的关系，那么生态修复完全可以视作对人与自然关系的修复。从这一层面出发，我们可以将生态修复的应用领域扩展到生态空间，因为仅仅修复被破坏的环境而不修复人与环境的关系，那么修复好的环境很容易再次遭到破坏，整个修复过程就变成了无用功。因此，针对生态修复，我们需要转变思维，将调节人与环境的关系作为根本出发点，综合考虑社会、经济和生态的关系，真正达到生态修复的目的，恢复并增强生态系统的自我维持能力。

（二）生态修复的思维逻辑

生态修复作为修复人与环境之间关系的活动，其思维逻辑与规划者本身的理念偏向密切相关。为了更好地了解生态修复的思维逻辑，我们可以先考虑两种极端情况：一种是以自然环境为核心的自然主义思维，另一种是以人类发展为核心的人类主义思维。对于那些将环境完整性置于首位，强调无条件保护自然环境的自然主义规划者来讲，生态修复就应该从根源上减少人类活动对自然环境的干预和影响，即使这可能限制社会和经济发展，他们也不动摇；与之相对的另一极端状态是人类主义规划者，他们认为自然环境的本来作用就是为人类服务，所以在满足人类的所有需求、实现社会经济发展的过程中可以在一定程度上忽视对环境的破坏，也正是因为这类思维的存在，许多自然环境被过度开发的情况才会发生。无论是自然主义还是人类主义，都属于极端思维，存在局限性，所以生态修复应该在两种极端思维中寻求一种更为综合、均衡的路径，即生态思维，强调人与自然之间的相互依存关系，追求人类福祉与健康生态系统之间的动态平衡。在这种思维模式下，规划者在制定空间规划时应综合考虑人类需求、社会经济发展与环境保护、资源可持续性的关系，采取适应性管理策略，不断地评估、调整规划的执行过程，从中寻找一条最大化环境保护和经济发展的平衡之路。

在漫长的人类历史岁月中，人类和自然环境好像处于天平两端的砝码，人类则是中间的支撑点，承担着平衡两者之间关系的重任，但只要其中一方的所占比重稍有提高，天平就会立刻向那一方偏移，这导致人与自然的关系随着时代发展而不断演变。从生态空间角度分析，自然环境与人类都属于空间的重要组成部分，两者之间存在相互依存的关系，共同维系着空间生态系统的平衡。随着时间的流逝，人类社会发明出各式各样的先进科技，不断推动社会、经济发展，其中对资源的过度开发和利用不可避免地导致了自然环境的破坏，人类的工业化发展、城镇化建设更是从根源上改变了生态空间的自然结构，显著增加了空间生态系统的压力，导致已经遭受破坏的生态系统恢复缓慢。但是，通过破坏自然环境实现经济发展只能在短时间内收获利益，从长期来看，反而会因为生物多样性的减少、地表水和地下水的减少以及气候变化等问题对人类的生活环境产生直接影响。面对此情此景，人类不得不寻找环境治理策略，参考人类生病时应用的成熟医疗体系来构建自然环境“生病”时的生态修复体系。自然本身具有一定的自我修复能力，但这种修复能力有其极限，当环境破坏超出一定程度时，这种自我修复能力就变得更加微弱，甚至无法在短时间内恢复，这就使得我们在自然界“生病”时无法像人生病时那样使用有效的修复机制对其进行“治疗”。

在这种背景下，专家学者们并没有放弃，而是另辟蹊径，参考我国传统中医理论构建了一套有效的生态修复体系。根据传统中医理论，疾病的发生主要是因为人体内各个系统不协调，治疗方法就是根据患者整体和各部分之间的关系搭配相关药剂、针灸，以维持并逐步恢复患者身体内各个系统的平衡。从这个角度扩展，现代国土空间规划和生态修复同样可以从生态系统的整体性出发，构建一套解决环境问题的治理方案，恢复受损的生态系统功能，增强生态韧性，促进生物多样性，最终实现自然环境的可持续发展。具体来讲，国家可以出台相关政策，主动扩大自然环境在生态空间中的占比，进而增强自然的自我修复能力，恢复自然生态。同时，规划者需要转变自己的身份，同时充当设计者和保护者，在制定实用空间规划的同时，协调人与自然之间复杂的关系。这种转变使得规划者的职责扩展到一个全新的维度，即生态责任感，这种责任感促使规划者在项目中以自然环境影响为基础，强调通过规划实践促进生态系统的健康发展。

（三）国土空间的生态修复方向

生态修复最核心的任务就是发现生态问题，确定生态系统的具体病症、治疗机理以及治疗关键点，这要求规划者对生态空间进行深入分析，了解生态系统功能失衡的原因，从而结合原因制定针对性的修复策略。

为了更好地理解这一过程，我们可以用一个例子来阐述。现有甲、乙两个城市，甲城市所处的地理环境相对简单，涉及的生态过程不复杂，却有严重的环境问题；而乙城市刚好与甲城市相反，不仅所处的地理环境十分复杂，涉及的生态过程也极为复杂，但环境问题并不严重。面对这两个城市，规划者需要采取完全不同的生态修复策略。对于甲城市，生态修复主要关注城市发展过程导致的环境问题，聚焦于减少污染源、恢复受损区域。对于乙城市，生态修复应尽可能关注如何保护现有的良好生态状况，维持生物多样性，避免城市建设对生态敏感区域产生影响，从而导致生态环境退化。基于此，规划者必须根据每个城市的地理、生态和社会经济背景制定生态修复策略，确保修复措施的科学性、合理性。

国土空间的生态修复应重点关注以下几个方向。

第一，规划区域的地方性，即每个地区独特的自然生态条件、人文与文化以及自然与人文因素形成的特殊关系。地方自然生态条件包括一个地区的地理地貌、气候条件、水资源、植被类型以及生物多样性等，每个地方的自然生态条件都存在显著差异，需要规划者深入了解，才能因地制宜地制定规划方案。地方人文与文化包括每个地方的人文历史、文化传统、风俗习惯以及社会价值观，这些因素都对规划的方向和细节有影响，需要规划者深入了解，才能设计出既符合当地居民的生活方式，又能被广泛接受的空间规划。自然与人文因素形成的特殊关系主要表现为城市空间的独特布局、景观的独特设计以及当地人与环境的互动方式，这些存在于不同城市、不同角落的差异需要规划者在编制规划时进行全盘细致考虑，要保证规划方案既尊重自然生态，又契合当地的文化需求。

第二，规划区域的历史性，因为规划区域当前所面临的环境问题虽然最近才出现，但其本质上是几百年甚至上千年发展演变的结果，是区域的历史积淀。因此，规划者在编制方案时必须从发展的历史过程中理解问题，找准问题的根源，从而制定出有效的应对策略。例如，一座城市在从建设完成后经历了无数个朝代，每个朝代都可能对城市进行扩建，如今的城市空间布局、建筑风貌和基础设施系统可能是多个历史时期叠加的产物，如今的一条简单道路可能在过去就是交通要道。这就要求规划者在规划前详细了解规划区域的历史，从历史的角度剖析过去的规划决策，分析导致当下环境问题的根本原因，探索解决问题的最佳路径。

第三节　历史文化保护规划

一、国土空间规划的文化剖析

（一）国土空间的“文化属性”

目前，我国正在全力研究国土空间规划的编制和实践，并且对其中涉及的历史文化保护内容进行了深入研究，其中最具代表性的就是国家文物局对历史文化空间的识别和评价技术的持续完善，以及自然资源部推动历史文化保护与国土空间规划的有效结合，做到真正的全国一盘棋、一张图。无论是理论深化还是实践推进，都使得历史文化保护正式进入规划核心。但在此背景下，历史文化保护的核心内容不应局限于传统意义上的划定“保护线”，或简单地将现有保护区域的界限纳入规划图中；相反，应当从更深层次出发，重新审视和定义历史文化保护在国土空间规划中的角色和意义，从而制定灵活的保护措施，再现这些历史文化的活力，实现区域可持续发展。

我们带着这个问题继续进行深入研究，但在研究过程中有很多人质疑，国土空间只是一个物理空间，怎么会与历史文化有交集，又如何实现历史文化保护呢？当然，这种观念是片面的，虽然国土空间本质上是一个物理空间，但其中所包括的历史古迹、文化建筑等拥有丰厚的“文化属性”，无论是故宫、布达拉宫、苏州园林，还是云南丽江古城、安徽皖南传统村落，都是我国著名的历史文化遗产，也是一个个独立的国土空间，这些本质是建筑、城市、乡村的历史文化同样会由于历史悠久、工艺精湛、景致宜人等原因而被保护。此外，这些历史文化遗产的保护原因只是表象，是文化最表层的体现，深入研究其“美”“精工巧制”会发现，这种表象结果根本不是偶然形成的，而是当代人将时代特征、社会文化与自然环境紧密融合在一起后形成的，从而形成独特的国土空间文化。

中国最早将国土空间与文化联系在一起的是春秋战国时期的《周礼·考工记》，文中有载："匠人营国，方九里，旁三门。国中九经九纬，经涂九轨，左祖右社，面朝后市，市朝一夫。"虽然这些描述只是寥寥数语，却精准地描绘了城市空间规划的中心、边界、功能区等具体内容，还用"左祖右社，面朝后市"标明方位，揭示了古代中国对城市功能和社会秩序的精细操控，反映了古代中国城市规划者的奇思妙想。更重要的是，这种规划设计深谙哲学之韵味，是一种将天地自然规律与人类活动有机结合的深层思考，实现了社会和谐与秩序的平衡，以至于后世乃至现代仍然有许多城市的规划设计以其为参照。

《管子》则从另一个角度强调了因地制宜和因势利导的重要性，强调城市规划不应一味遵循传统的规矩和标准，而是应根据具体的地理、环境条件和社会需求来设计。基于此，它在城市规划领域提出了与《周礼·考工记》完全不同的设计理念。例如，在城市选址上讲究"凡立国都，非于大山之下，必于广川之上，高勿近阜而水用足，下勿近水而沟防省"，即城市选择需要结合周边的山、水、平原一起考虑，才能更为稳固。在城市规划上讲究"因天材，就地利，故城郭不必中规矩，道路不必中准绳"，即道路不一定要横平竖直，可以根据地形地貌的具体走向建设。在城市规模上讲究"夫国城大而田野浅狭者，其野不足以养其民；城域大而人民寡者，其民不足以守其城"，即城市规模并不是越大越好，如果周边的田野不能丰收，那么城市规模太大很容易导致居民没有饭吃；如果城市人口很少，那么城市肯定守不住。《管子》中的思想为城市规划提出了一种更为灵活、适应性更强的方法，允许城市规划者根据地域的具体情况调整策略，最大限度利用地形和自然资源。

根据上述内容，我们可以将国土空间的文化内涵归纳为物质文化层面、制度文化层面、精神文化层面三个层次，这三个层次由表及里，极大地丰富了文化在国土规划中所扮演的角色。

（1）物质文化层面主要指的是人类在长期的生活和生产实践中创造的具体物质产品及其布局，如田园景观、聚落风貌、建筑样式等，这些元素不仅可以展示当地的审美趣味，还可以反映当地对自然环境的改造能力。

（2）制度文化层面主要指的是为了维持社会内部秩序稳定所自然形成或专门设计的制度，如法律法规、礼仪规范、伦理道德等，它们是社会特定历史阶段的社会形式和管理制度的直观体现，在实际生活中主要起到约束和引导作用。

（3）精神文化层面指的是一个群体或社区共享的世界观、价值观、信仰、生活态度、情感模式，虽然从字面上看比较抽象，但其对人类的影响很大，可以指导人们正确对待自然和社会，并对未来充满期待。

基于此，我们在探讨国土空间中的山、水、林、草、湖、田和聚落时，实际上是在欣赏一个地区千百年来积累的文化和智慧。这些自然与人工构建的元素不仅仅是简单的物理存在，而是先人们在与自然环境的互动中，通过科学和智慧精心配置的结果，蕴含着深厚的文化意义和生态智慧。例如，古代中国的山水园林不仅仅展示了园艺和景观设计的美学，更是哲学、文化与生态的完美结合。园林中的每一座假山、每一池水面，乃至植物的种类和布局，都反映了“天人合一”思想的实践，体现了古人对自然的尊重和对和谐生活的追求，这种设计不仅提供了审美的享受，也是对自然界规律的深刻理解和尊重。因此，真正的“诗意栖居”不仅仅是物质环境的优美和舒适，更重要的是对这些环境背后文化的深刻理解和感受，强调与自然和谐共生，尊重和传承地方的文化遗产，实现人与环境的持久和谐。

（二）国土空间文化的价值

国土空间不仅拥有丰富的文化属性，还拥有丰富的价值，只不过体现在多个维度，全方位揭示了国土空间中人与自然环境的相互作用，具体价值如下：

（1）历史价值。国土空间文化的历史价值主要来源于古战场、古建筑、历史村落等带有历史痕迹的场所和遗迹，它们都曾见证过历史，化身为时间的容器，保存着过去社会的风貌和事件。我们通过观察这些遗迹，仿佛可以置身那个时代，默默体悟历史的发展脉络，理解对应历史时期的社会结构、经济发展和文化交流。例如，长城是我国著名的古代历史建筑，是古代中国为抵御匈奴所建，如今，它不仅仅是军事防御的历史见证，也间接反映了古代中国的发展路径，从而让人更深刻地理解人类历史与文化的演变。

（2）艺术价值。国土空间文化的艺术价值主要来源于如今存世的建筑、雕塑、绘画以及景观，这些艺术作品是古人呕心沥血之作，不仅代表了当时最流行的审美观念，也间接揭示了不同历史时代的艺术发展趋势。例如，苏州园林的代表作拙政园不仅展现了精湛的园林艺术技艺，也反映了文人对自然和谐与诗意生活的追求，有助于我们理解不同文化和时代的人类如何通过艺术来表达自己的情感与世界观。

（3）科学价值。国土空间文化的科学价值主要来源于如今存世的古代工程技术产物，如大运河、都江堰，它们不仅是古代人类创造的伟大工程成果，也是古人与自然环境互动的智慧的具体体现，全方位展示了古人对环境的深刻理解和可持续利用，为现代类似领域的技术发展和环境管理提供了宝贵参照。

（4）社会价值。国土空间文化的社会价值来源于每一座历史建筑、每一个传统节日，因为这些事物都是当时社会的一部分记忆，蕴含着深厚的情感。当代人每当介绍一座历史建筑、每当度过一个传统节日，都好似置身于历史长廊，将现代人的情感与当时的历史相结合，可以强化现代人对古代人以及古代文化的认同感，增强凝聚力。

（5）文化价值。国土空间文化的文化价值主要来源于非物质文化遗产、文化内涵以及多元文化形式。其中，非物质文化遗产是指各族人民世代相承的、与群众生活密切相关的各种传统文化表现形式，如传统手工艺、民间舞蹈、节日庆典等，这些非物质文化遗产不仅向世人展示了各族人民的日常生活，还展现了当时的社会历史和文化，充当传递知识、技能以及生活方式的载体。文化内涵是指自然景观、环境等具备的被古人赋予的独特文化内涵，这些内涵具有难以估量的文化价值。例如，某些山脉、河流被赋予了特殊的文化意义，成为文化内涵的载体，不仅可以增加景观的精神价值，也可以促进生态保护。多元文化形式指的是国土空间中蕴含的民族文化、地区文化、宗教文化，它们各具特征，不仅丰富了人类文化的多样性，而且为当地人提供了强烈的身份认同感和归属感。

二、国土空间规划中的历史文化遗产保护

（一）国土空间规划中历史文化遗产保护的理论基础

1.文化地理学理论

文化地理学是人文地理学的一个重要分支，主要研究的是某一地域内的文化现象及其与地理环境的相互关系。20 世纪 30 年代，美国地理学家索尔将文化景观纳入人文地理学范畴，并创立了“景观学派”，不断扩大这一学科领域的理论和应用范围。在传统文化地理学中，研究重点主要集中在五个方向，分别是文化区划分、文化的扩散机制、文化景观的形成、文化生态的交互作用以及文化综合体的构建，这些研究方向可以让专家学者们理解文化如何在特定空间内形成独特的模式和结构，这些独特的模式和结构又如何随着时间的流逝而不断演变。进入 20 世纪 80 年代后，文化地理学领域迈入了新的发展阶段，衍生出新文化地理学。与传统文化地理学相比，新文化地理学最显著的特点就是强调文化的动态性，文化不仅是静态的传统和习俗的集合，而且是一个不断发展和变化的过程。同时，新文化地理学将“地方”这一概念作为“空间”的替代概念，将其视为文化形成和效应产生的关键因素之一。

目前，文化地理学已经被广泛应用于历史文化名城的保护过程中，从理论层面分析，历史文化名城的保护并不仅仅是对单一文化遗迹的保护，而是对整个文化系统的维护，文化区、文化生态等也不例外。从保护方法角度分析，建立“文化生态保护区”是一种保护非物质文化遗产及其生态环境的有效方法，且已逐步成熟并被制定为国家级政策——《国家级文化生态保护区管理办法》。当然，文化地理学也存在一定的局限性，虽然它在理论方面取得了比较优异的进展，但在城市文化景观和文化系统保护方面仍存在需要进一步探索的空间。

2. 城市历史景观理论

在全球化和城镇化快速推进的背景下，历史文化名城的保护不得不面临更多新的挑战，因为传统的城市保护方法往往只专注于个别建筑或遗址的保存，忽视了它们所在的更大环境和社会背景。基于此，拥有更全面城市保护视角的“城市历史景观（Historic Urban Landscape, HUL）”理论诞生了，为历史文化名城的保护提供了全新路径。那么到底什么是HUL呢？它不是简单的“历史中心”或单一的历史建筑，而是文化和自然价值及属性经过层层历史积淀而产生的城市区域。从这个层面分析，城市历史景观显然拥有更广泛的城市背景，不仅关注传统历史遗迹，更注重整个城市区域的历史文化层次，以及这些层次如何随时间的推移而发展变化。这种方法超越了传统的保护范围，使被保护对象从孤立的建筑遗址延伸至整个城市环境，以促进历史与现代功能的和谐共存。

城市历史景观的识别与保护需要统筹考虑时间维度的动态层积性与空间维度的整体关联性。其中，时间维度的动态层积性是HUL理论的核心内容之一，强调历史文化遗产不仅仅是过去的产物，而是在历史进程中层层叠加和发展的。这就要求我们在识别和保护城市历史景观时，不应固守，而是应深入理解其历史发展的各个阶段以及这些阶段如何影响当前的文化和社会特征，从而制定一套能够反映其历史深度的保护方案。空间维度的整体关联性则要求我们在进行城市规划和历史文化遗产保护时，注重遗产之间以及遗产与对应环境之间的内在联系。这意味着需要打破传统保护的界限，将相邻或功能相关的遗产作为一个整体来考虑。在国土空间规划体系下，HUL 理论可以在保护历史文化遗产的同时推动城市经济社会的发展。

3. 文化遗产空间理论

随着国土空间规划研究的深入，文化遗产空间作为一个全新的功能空间被单独提出，并逐渐成为国土空间不可或缺的一部分。所谓的文化遗产空间就是以区域历史文化遗产为中心划定的保护区域，是国土空间中历史文化遗产保护的主要对象，寻求遗产本体保护、协同管理和利用展示之间的平衡。基于此，文化遗产空间可以划分为三个层面：文化遗产本体空间、保护协同管控空间和展示利用空间。其中，文化遗产本体空间是文化遗产本体存在的空间，是文化遗产保护的核心区域，必须采取刚性管控策略，坚持保护底线，以最严格的标准确保文化遗产本体区域的物理本质、精神属性不受破坏；保护协同管控空间是围绕文化遗产本体空间进行拓展、衍生的功能区域，是在保护文化遗产本体的基础上兼顾区域生态、旅游、交通等多种功能需求形成的综合性空间，这类空间不只关注遗产的物理保护，更发挥了文化遗产空间的协同保护功能，促进文化遗产与现代生活的和谐共存，实现文化遗产保护与区域发展的双赢；展示利用空间则是文化遗产的合理利用衍生出的功能空间，通过对外展示或开放参观，提升地区的文化影响力，促进区域经济发展。

基于此，为了充分发挥文化遗产空间的作用，规划者需要正确处理文化遗产空间中各个空间的关系，以及其与生态、生产、生活空间的关系，实现空间规划的多功能和多目标协调，满足区域文化遗产保护、社会需求和经济发展等多方面需求。

（二）国土空间规划中历史文化遗产保护的政策细化

2019 年 4 月，住房和城乡建设部以及国家市场监督管理总局联合发布了《历史文化名城保护规划标准 》(GB/T 50357—2018),不仅为历史文化保护规划编制提供了标准依据和具体指导,也为历史文化名城的系统性保护和可持续管理提出了更高要求。

2019 年 5 月,国务院发布《中共中央　国务院关于建立国土空间规划体系并监督实施的若干意见》,将历史文化遗产保护定为国土空间规划的重要内容之一,直观反映了国家层面对文化遗产保护的重视,更重要的是为历史文化遗产的保护提供了坚实的政策支撑。2019 年 5 月,自然资源部进一步贯彻上述指导意见,发布了《自然资源部关于全面开展国土空间规划工作的通知》,再次强调历史文化遗产保护是国土空间规划工作的重要组成部分,要求在全国范围内开展系统的规划和保护工作。

2020 年 1 月,自然资源部发布《省级国土空间规划编制指南(试行)》,9 月又发布了《市级国土空间总体规划编制指南(试行)》,这两个技术文件都强调了“开展历史文化保护传承专题”“建立历史文化遗产名录”“明确历史文化遗产保护范围”“统筹划定历史保护线”“自然景观和人文资源特色空间保护”“整体保护历史文化空间集中的地域和廊道”等工作,标志着国土空间规划对历史文化遗产保护工作的细致化、系统化,确保文化遗产在城市化建设进程中得到有效保存。

2021 年 3 月,国家文物局与自然资源部联合发布的《关于在国土空间规划编制和实施中加强历史文化遗产保护管理的指导意见》不仅重申了历史文化遗产在国土空间规划中的核心地位,还具体阐述了在规划编制与实施过程中应如何落实文物保护管理的需求,特别是在文物空间数据的共建共享、文物保护线和历史文化保护线体系的整合以及文物空间用途管制与规划许可等方面制定了明确的操作指南,显示了中国政府对于历史文化遗产保护的系统性思考和战略布局。此外,这一系列行为的背后还隐藏着另外一重含义,即中国正致力于解决城市化进程快速推进中遇到的历史文化遗产保护难题,尝试通过集合各级政府与相关部门的力量共同推动文化遗产保护与国土空间规划的有效结合,在保护和弘扬中华民族的历史文化的同时，促进社会经济的可持续发展。

2024 年 1 月 1 日，自然资源部发布的《国土空间历史文化遗产保护规划编制指南》正式实施，这是中国历史文化遗产保护政策的一个重大里程碑，标志着国家对历史文化遗产保护的全面深化。该指南从保护名录、历史文化保护线、地域特色分区、遗产本体及其环境安全韧性、非物质文化遗产、基础设施、地上空间地下空间统筹等方面制定规划措施，为确保文化遗产的长期保护与合理利用提供了明确的指导框架，可以大幅提升历史文化遗产保护的效率和效果。

（三）国土空间规划中历史文化遗产保护的工作路径

在国土空间规划中，历史文化遗产保护是一项复杂而系统的工作，主要包括以下几个环节：

1. 资源识别

对历史文化遗产资源的识别是历史文化遗产保护最基础的步骤，因为不能识别历史文化遗产又谈何保护呢？对历史文化遗产的识别主要应用历史文献研究、地理信息系统、现场考察等方法，既要识别法定的历史文化资源和自然景观资源，也要对潜在的历史文化资源和自然景观资源进行发掘与识别，确保所有有价值的相关资源都能被注意到并纳入后续的历史文化遗产保护计划中。

2. 资源评价

在完成资源识别后，历史学家、考古学家、建筑师和文化学者等需要对收集的历史文化资源进行整理和分析，剖析其中蕴含的历史文化特征，尤其是历史价值、科学价值、艺术价值等，通过对资源的全方位评价，确定历史文化资源的真实性和完整性，因为只有准确理解资源的价值和状态，才能有效地规划其保护方式。

3. 体系构建

根据对历史文化资源进行深入评价的结果，我们可以构建历史文化遗产保护传承体系，确保历史文化遗产在现代社会中得到充分保护和有序传承，同时要通过合理利用发挥其对地区经济、社会发展的作用。历史文化遗产保护传承体系作为历史文化遗产保护的核心框架，应该包括国家、省、市、县、乡等多个层级的历史文化遗产保护规划，既要在宏观层面体现中华文明，又要在微观层面细化对历史文化、自然景观的保护，甚至明确划分历史文化功能区，在保证历史文化遗产保护连续性的基础上充分释放文化的活力，促进相关区域的经济发展。

4. 管控细化

为了确保历史文化遗产得到有效保护，规划者需要采取一系列空间管控措施，基于历史文化遗产保护传承的相关要求，划定历史文化遗产保护红线，细化历史文化空间保护的管理措施和用途管制。在具体实践过程中，规划者需要以历史文化遗产本体为根本出发点，结合当地历史文化遗产保护的实际情况，逐一细化保护措施和实施细则，确保历史文化遗产可以适应不断变化的社会经济环境。在这一过程中，政府部门需要发挥领导作用，协调各参与方，确保历史文化遗产保护规划的贯彻落实。

第四节　公共服务设施规划

一、公共服务设施的基本概念

（一）公共服务设施的含义

2012 年 7 月，国务院发布了《国家基本公共服务体系“十二五”规划》，该规划明确规定了国家基本公共服务的制度安排、基本范围、标准和工作重点。2017 年 1 月，基于《中华人民共和国国民经济和社会发展第十三个五年规划纲要》编制的《“十三五”推进基本公共服务均等化规划》发布，明确提出“十三五”时期乃至更长一段时期的基本公共服务体系建设内容。

2021 年 4 月，经国务院批准，国家发展改革委联合 20 个部门印发的《国家基本公共服务标准（2021 年版）》提出了“七有”（“幼有所育、学有所教、劳有所得、病有所医、老有所养、住有所居、弱有所扶”）、“两个保障”（优军服务保障、文化服务保障）共计 9 个方面、22 大类、80 个服务项目的服务对象、服务内容、服务标准、支出责任以及牵头负责部门等，为公共服务职责的履行奠定了坚实基础。

公共服务是社会发展的重要领域，涵盖教育、医疗卫生、文化、体育、公共安全、科技普及、就业服务、社会福利、社会救助和社会保障等多个方面，全方位支撑社会功能的正常运转，维护社会公平正义，推动社会稳定发展。基于此，我们可以得出公共服务的含义，公共服务指的是中央政府或地方政府为了满足公共需求、推动社会发展，通过合理利用公共资源、权力为全体公民直接或间接提供产品、服务的过程。而公共服务设施就是实现公共服务的具体载体，是公民获得教育、医疗、文化、体育等多样化服务的场所。

近年来，随着社会经济的快速发展和城市化进程的不断推进，公共设施建设与社会公共事业发展的关系日益紧密，这一点可以从两个方面阐释：一方面，公共服务设施的数量、类型和布局直接影响社会公共服务的覆盖范围与服务质量；另一方面，社会公共事业的蓬勃发展又对公共设施提出了更多样化和高标准的需求。从这个角度出发，公共服务设施是连接政府政策与民众需求的桥梁，不仅满足人们多元的物质、文化需求，还能提升城市居民的生活质量。如果缺乏公共服务设施建设，社会公共服务就无法平稳落地，城市建设也不算完整。

（二）公共服务设施的分类

公共服务设施的具体分类如图 4-3 所示。

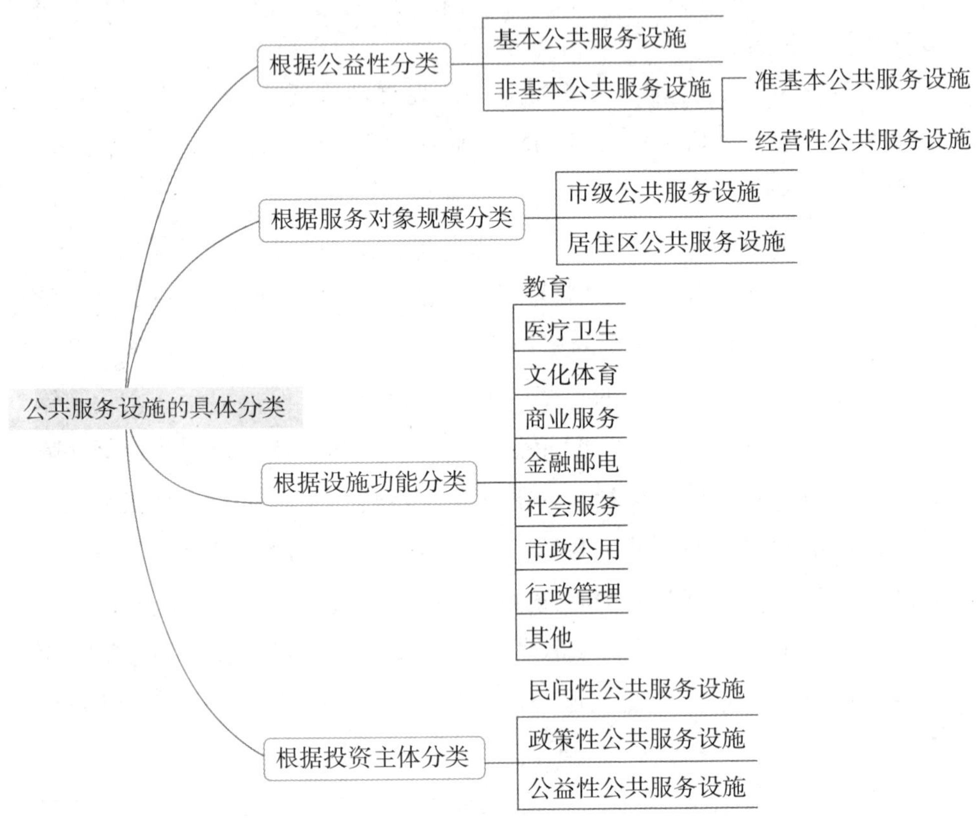

图 4-3　公共服务设施的具体分类

二、公共服务设施规划

根据服务对象规模，公共服务设施可分为市级公共服务设施和居住区公共服务设施两部分。

（一）市级公共服务设施规划

市级公共服务设施规划是城市发展规划的重要内容，关系着全体市民以及周边城镇居民的行政、经济、文化、教育、科研设计等领域服务的实现，从而满足社区居民日常生活的功能需求。近年来，市政府对公共服务领域的投资持续加大，尤其是在医疗卫生、文化、体育等关键领域的投入显著增加，因为这些领域的公共服务设施与人们的日常生活密切相关，是保障民生、提升居民生活质量的重要支柱。

1. 医疗卫生服务设施规划

医疗卫生设施是城市功能的重要组成部分，其规划直接关系到城市居民的健康福祉，但我国大多数城市的医疗资源并不能完全覆盖居民需求，所以需要从调整医疗卫生设施布局、优化医疗模式及完善医疗服务体系三个角度着手，全面提升医疗服务水平。

（1）调整医疗卫生设施布局。目前，许多城市的医疗资源大都集中在中心城区，城市各个方向的居民都集中在中心城区就诊，不仅门诊无法满足需求，还可能引发交通拥堵等问题。想要改善这一局面，可以通过土地置换、资源重组等方式积极推进中心区周边和城市新区的医疗设施建设，引导中心城区的医疗资源向外围地区扩展和转移，从而提高中心区周边及城市新区的医疗服务水平，为居民提供更加便利和高效的医疗服务。

（2）优化医疗模式。我国传统的医疗模式为三级医疗服务模式，即“三级医院、二级医院、一级医院”的金字塔结构，而在社会飞速发展的过程中，这种结构逐渐无法满足居民的医疗需求，所以政府应大力建设社区卫生服务中心（站），促进我国医疗模式转型为“区域性综合医疗中心与社区卫生服务中心（站）”相结合的扁平化医疗服务体系，通过“小病治疗在社区，大病诊治到医院”的方式为居民提供分级诊疗，让居民在家门口就能享受到优质的医疗服务。

（3）完善医疗服务体系。随着社会的发展，人们的健康意识越来越强烈，对于疾病预防、身体保健、康复、健康咨询等方面的需求越来越多，此时应加强专科医疗设施的规划建设，通过疾病预防控制中心、妇幼保健院、老年康复中心、体检中心等医疗设施的建设满足居民的多元化需求，提供更加专业化的健康服务。

2. 文化服务设施规划

文化服务设施是体现城市文化的标志性建筑，不仅是提升城市文化品质、促进社会精神文明建设的重要组成部分，也是城市居民享受高质量文化生活的基础保障，所以其规划应以提升使用率和服务效率为根本，具体包括以下几方面内容。

（1）进一步完善图书馆、博物馆和文化馆等公益性文化设施的建设。公益性文化设施不仅是城市居民享受文化服务、提升文化生活质量的重要物质载体，更是城市文化形象的重要窗口，对于推动社会精神文明建设、传承优秀传统文化、提升公共文化服务水平具有不可替代的作用。因此，政府应继续加大投入，确保公益性文化设施的均衡布局与合理发展，使更多市民能够享受到公平、优质的文化服务。

（2）完善全市性文化设施外部环境建设。全市性文化设施是市级文化服务设施的重要组成部分，如果没有良好的外部环境，就会严重影响城市居民享受文化服务。因此，政府应加大投入，完善全市性文化设施外部环境建设，为其正常运转提供良好的支撑与保障，从而提升文化设施的利用率。

（3）完善社区和街道（乡镇）文化配套设施建设。城乡接合部和城市边缘地带的文化服务设施建设也是市级文化服务设施的重要组成部分，所以城市规划应注重社区和街道（乡镇）文化配套设施建设，最大限度地缩小城市中心区与外围地区之间的文化发展差距，确保居民能够就近享受文化服务。

体育服务设施规划是城市功能布局的重要组成部分，可以确保体育资源的高效利用，并满足多层次体育需求。

（1）体育场、体育馆、游泳中心等大型体育设施的规划布局与城市总体规划相配套，以促进现代化体育事业的全面发展。大型体育设施的选址应充分考虑城市整体功能布局、交通条件及区域经济发展水平，确保这些设施不仅可以为国际性、全国性、地区性赛事提供支持，而且可以在比赛闲暇时分继续发挥作用。

（2）完善全民健身公共服务体系。对于普通市民，特别是青少年、老年人以及工作压力较大的上班族而言，虽然他们有体育锻炼的需求，但很少去大型体育设施中进行体育锻炼。完善街道、社区及各住宅小区的群众体育健身设施可以为他们提供更恰当的选择，在提升居民健康水平的同时，推动全民健身事业的发展。

（二）居住区公共服务设施规划

居住区公共服务设施是关乎城市居民日常生活的重要物质条件，直接影响居民生活的便利性和舒适度，所以居住区公共服务设施规划必须以居住人口规模为根本出发点，尽可能靠近居民日常活动的主要路径，并与居住区内部的道路系统有机结合，使居民可以步行或短时间内到达，确保每个居民在家门口即可享受到基本服务。

1. 医疗卫生服务设施规划

居住区的医疗卫生服务包括医院、诊所（社区卫生服务中心）、卫生站（社区卫生服务站）、护理院等，这些服务设施是保障居民健康的重要组成部分，所以其规划必须以满足居民日常医疗服务需求为前提，同时根据居住区人口规模进行分级配套规划，以确保满足居住区居民的实际医疗需求，提升居民的生活质量。医疗卫生服务设施规划需遵循以下几个原则：

（1）医疗卫生服务设施应选择建造在交通便捷、服务半径适中的地段，这可以保证即使面对突发的紧急情况，医疗卫生服务设施也能在最短时间内提供医疗服务。

（2）医疗卫生服务设施的选址应尽可能远离易燃、易爆危险区域，同时尽量避开存在有毒有害物质排放、噪声污染的建设项目区域，为医院工作者和住院人员提供一个安全、安静的环境。

（3）医疗卫生服务设施建筑需要具备充足的水、电、气供应条件，并与城市市政管网系统直接相连，从而保证医疗卫生服务设施能够正常运行且提供更高效的服务。

当前，我国针对不同地域情况建造了社区医院、卫生服务中心、卫生服务站等多种形式的医疗服务点，能够有效解决“看病难、看病贵”的问题，但这些基层医疗机构的布局并不合理，获得的政府支持力度也不足，还需国家给予进一步的资金支持，从而为居民提供更加便捷、经济的医疗选择。随着社会老龄化进程的加快，护理院的规划建设应提上日程，它作为服务老年人和长期护理需求人群的重要设施，直接关乎老年人、长期护理需求人群及其家庭的生活品质。最为恰当的措施是根据居住区域内老年人和有长期护理需求的人的比例进行布局，确保人人都能获得最大限度的护理帮助。

2. 文化体育服务设施规划

居住区的文化体育服务设施主要包括文化活动中心、文化活动站、居民体育场馆、居民健身设施等，这些设施是满足居民精神文化和体育健身需求的重要公共资源，所以其设置必须以居住区人口规模为基础，再根据分级配套的原则进行规划布局，以确保文化和体育资源的公平覆盖与合理利用。通常情况下，文化体育服务设施应选择集中布置，最佳地址为多个居住区的中心，交通便利更好。这种集中布局不仅能够方便居民的日常使用，还能够增强设施的集约化管理与服务效率。此外，设施布局应分层配置，形成居住地区级、居住区级或居住小区级等多层次的公共活动中心。具体来讲，文化活动设施可以围绕同级的中心绿地布置，从而为居民提供一个集文化娱乐和自然休憩为一体的活动空间；而体育健身场馆需配备充足的锻炼场地、配套设施，以满足居民多样化的体育活动需求。

随着我国经济的繁荣发展，居住区居民的物质生活水平有了明显提高，其对文化娱乐和体育健身的需求日益增长，并呈现出多层次、多样化的特点。面对这种情况，文化体育服务设施的规划同样需要进行调整，从而为居民提供更好的服务。从服务对象来看，文化体育服务设施应根据老年人、成年人、青少年、儿童等不同年龄段提供针对性强的服务内容；从服务类别上看，文化体育服务设施应尽可能涵盖图书阅览、法律教育培训、科技普及、文化娱乐等方面的服务活动；从活动空间上看，文化体育服务设施既要合理规划图书室、健身房、多功能活动室等室内场馆，也需充分利用户外空间开展广场舞、散步、晨练、儿童娱乐等活动，形成室内外相结合的服务体系。需要注意的是，文化体育服务设施属于公共活动场所，绝对不能用高档会所或其他娱乐场所替代，即使居住区周边已建有市级图书馆、体育场馆、广场等公共服务设施，也不能因此削减居住区内文化体育服务设施的配置，从而满足居住区居民日常生活中的体育服务需求。

3. 教育服务设施规划

居住区公共服务设施中的教育服务设施主要包括中学、小学、幼儿园、托儿所等，这些设施是保障居民生活品质、推动社会发展的重要组成部分，所以其规划应以居住区人口规模为基础进行分级配置，同时结合居住区学生年龄段分布来保障教育资源的公平分配。

根据城市居住区公共服务设施配置标准，中学的服务半径小于等于

1000m，对应的服务人口为 2 万人；小学的服务半径小于等于 500m，对应的服务人口为 1 万人；幼儿园的服务半径小于等于 300 m，对应的服务人口为 5000 人。这种标准要求不仅可以确保居住区教育资源的合理分配，也方便学生和家长的日常通勤，降低路途上的时间成本和交通风险。为了保证学生拥有充足的活动空间和健康的成长环境，教育服务设施应布置在环境优良、交通便利的地段，周围拥有大规模的绿地或活动场地为最佳，这样既能方便学生上下学或家长接送，又能减少交通拥堵所引发的安全隐患。还有一点特别重要，即教育服务设施的选址必须远离易燃易爆危险单位、排放有毒有害物质的工业设施、产生噪声污染的建筑项目、机动车频繁出入的城市主干道，从而保证学生能够在一个安静、安全的环境中学习。

第五章　我国国土空间规划管理体制

第一节　我国国土空间规划管理体制概述

一、我国国土空间规划管理体制的基本内容

（一）我国国土空间规划管理理念

国土空间规划是在遵循国家总体战略指导的前提下制定的针对国家或地区国土资源开发、利用、整治和保护的综合性规划，以促进规划区域空间资源、环境、经济、人口等因素之间的和谐共生，实现资源的高效利用、环境的长久保护、经济的飞速发展以及人口的大幅增长。为了实现这一目标，国土空间规划需要全面剖析规划区域的历史情况、规划现状以及发展趋势，结合当地的具体问题确定规划的具体目标和方向，统筹布局资源开发项目和基础设施建设，逐步落实规划实施措施，确保国土资源的开发与保护更加高效、科学。

在国土空间规划实施的过程中，为了确保规划效果最大化，对规划的合理管理更加重要。由此可以得出国土空间规划管理的定义，它指的

是系统管理国土空间规划实施全过程的结构框架，是国土空间规划实施的指路明灯。具体来讲，国土空间规划管理就是通过明确不同行政层级中国土规划部门的权力范围、具体职责、自身利益以及与其他层级规划之间的相互关系，将所有涉及国土空间规划的部门整合在一起形成一个合理的国土空间规划有机系统，采取恰当的方法、手段来确保各个行政层级达成国土空间规划的总体目标。从这个层面出发，国土空间规划管理最为核心的工作是设置职权明确、范围确定、利益充足、关系和谐的国土空间规划管理机构，从而确保国土空间规划稳步实施、坚决贯彻。

与国土空间规划体系相比，国土空间规划管理同样属于系统性的工作，需要各个层级的管理机构分配职权、协同合作，进而决定国土空间规划的实施效能。在国土空间规划管理系统中，位于最顶层的必然是与国家发展直接相关的指导性政策，如土地政策、环保政策、经济建设政策等，这些政策明确了国家实施国土空间规划的根本任务和最终目标；位于中间层的是以顶层指导性政策为指导、结合所属层级实际情况编制的细化政策，将宏观的规划任务和目标细分为各个层级对应的细化任务和目标，通过这种从上到下的政策融合，实现国土空间资源的合理开发、长久保护；位于最底层的是针对不同功能分区内土地、资源的使用策略和计划，再结合相关的法律法规确保底层行政部门在管理国土资源开发、利用时能够有法可依、有据可循。

需要注意的是，想要制定一条有效、高效的公共政策，就需要从发掘问题、制订规划、实现合法性、强制执行和综合评估五个层面着手，这五个层面构成了一个连续的完整框架，缺一不可。同样地，国土空间规划管理政策的制定也需要遵循以上构建框架，即国土空间规划管理政策需要立足全国，借助数字技术构建的全国国土数据库，明确国土空间规划与管理面临的问题，得出规划管理的根本任务和最终目标，制订详细的规划措施。基于此，构建与国土空间规划管理体系相匹配的法律体系，为规划管理的实施提供法治基础，确保国土空间规划有序、平稳推行，达成国土空间的秩序平衡。与此同时，面对规划过程中出现的各种问题，管理者需要严格遵循相关的法律法规执行解决或惩罚措施，展现国土空间规划管理的强制性，消除一切可能影响规划管理的隐患。为了更好地推行国土空间规划，需要对规划管理全程进行综合评价，构建具有专业性、针对性的评估制度，结合不同行政部门的具体需求，及时细化各部门在国土空间规划中的职责，确保国土空间规划管理的有效利用。

（二）国土空间规划管理体系的构建原则

国土空间规划是针对国土空间资源制定的规划措施，而国土空间资源是全国人民赖以生存的物质基础，是国家发展所需的物质能量，是国家开展城市建设活动和农业生产活动的根基。因此，国土空间规划管理应遵循以下几个关键原则。

1. 可持续发展原则

国土空间规划最根本的目的是实现国土资源的最大化利用和自然环境的最根本保护，这就意味着国土空间规划的管理必须以国土资源可持续利用、自然环境可持续发展为最高目标，以国土规划空间自然环境的最大承受力为基础，倡导国土资源的合理开发、使用，实现国土资源更新和同化的平衡发展，从而改善居住者的生活品质，提升其生活质量。

2. 系统性、科学性原则

国土空间规划作为针对国土空间资源的开发利用措施，其管理需要从全国国土空间资源整体角度出发，结合全国范围内国土资源的基本情况，科学制订规划内容、布局生产力，寻找自然资源保护和开发活动的平衡点，从而在保护自然环境的基础上实现经济飞速发展，消除国土资源各个用途齐头并进存在的隐患。同时，国家应重视规划管理的长久性，公平、公正地配置国土资源，共同承担经济开发成本，共享社会发展繁荣，实现世代内和世代间福祉的均衡分配。

3. 实践性原则

随着国土空间规划工作的开展，2021 年 7 月，我国实现了第一个百年奋斗目标——全面建成小康社会，并坚定地朝着第二个百年奋斗目标大步前进，即全面建成社会主义现代化强国。在这个过程中，国土空间规划发挥着难以磨灭的作用，这就要求国土空间规划工作必须立足我国基本国情，结合我国整体奋斗目标制定规划战略、目标和具体措施，而国土空间规划管理同样要坚持实践性原则，确保管理工作开展的有序性和针对性。

随着我国经济的飞速发展，我国人口增长速率大幅度提升，这种发展背后隐藏的是国土资源有限与经济发展和人口需求的直接矛盾、城市发展与乡村区域发展程度不一致、社会保障和就业压力剧增等一系列挑战，迫使国土空间规划管理工作必须遵循实践性原则，遵循“三个代表”重要思想的指导，深挖自然环境、经济发展的内在规律，逐步完善市场经济体制，调整经济结构，从而推动城市化、现代化进程的发展，实现经济社会与环境保护可持续发展。

（三）国土空间规划管理的主要内容

1. 程序性管理

在国土空间规划管理的过程中，政府发挥着重要的领导者作用，通过设计详细、精准、完善的管理程序，以控制整个管理工作的顺利开展。具体来讲，国土空间规划管理的程序性主要体现在两个方面：一方面，国土空间规划管理要通过相应的管理程序充分发挥规划与管理相关主体的主观能动性，确保规划管理工作顺利开展；另一方面，国土空间规划管理要通过相应的管理程序充分发挥自身的强制性，限制能动性的胡乱发挥，从而消除管理的不统一、不确定，从而降低执行主体产生机会主

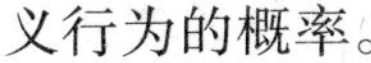

义行为的概率。

2. 司法性管理

对于国土空间规划而言，所有的行为和措施都需要遵循相应的管理规则制度和法律法规，这是由规划本身所决定的。具体来讲，国土空间规划管理的司法性主要体现在管理法律体系的权力属性方面，即所有国土空间规划管理工作都由国务院或自然资源部负责，他们通过整合不同层面的规划内容管理下级行政组织或个人，消除不同规划之间的冲突。

3. 专业性管理

国土空间规划的根本目的是实现资源的合理开发、环境的长久保护，这一目的的达成离不开专业的价值标准。具体来讲，国土空间规划的专业性管理主要体现在国土空间规划的编制集成了无数专业人士的意见和建议，最终形成一个特殊的、长期的价值标准。这一标准为所有国土空间规划管理提供专业支撑，保障国土空间规划的顺利开展。

4. 工具性管理

国土空间规划的实施离不开各级行政部门和相关部门的支持，为了刺激各级政府积极主动地提供支持，国土空间规划总体规划不仅详细记载了不同层级、类型规划的具体内容，而且标注了规划全部落实后的具体奖励。各级政府面对这种最为直观的财政奖励和政策支持，自然会主动遵循上级政策颁布的规划，保障规划从上至下有序推进。

5. 评价性管理

国土空间规划涉及多个行政层级，为了确保国土空间规划工作取得最大成效，上级政府除了要编制详细的国土空间规划内容之外，还要发挥主导作用，要求下级政府和相关部门制定详细的国土空间规划管理评价标准，根据本级区域国土空间规划的实施情况、实际成效进行综合评价，并将结果上报上级主管部门，确保下级工作符合上级部门的行政要求，从而确保国土空间规划工作的稳步推进。

6.反馈性管理

国土空间规划方案的编制面临来自学术界、普通民众等多方面的外界压力，他们提出的反对意见可能是国土空间规划方案中最直接、最致命的问题所在，因为他们是第一实践者。这就意味着如果没有恰当的反馈渠道，会让普通民众没有参与感，降低执行规划的积极性，进而形成不合理的管理压力，影响规划的顺利实施。

二、我国国土空间规划管理体制的基本情况

（一）我国国土空间规划管理体制的外在情况

1.经济全球化

随着全球化时代的到来，信息技术和交通网络飞速发展，各个国家之间的联系越发频繁，国际资源的流通速度更快、效率更高，加上在世界贸易组织制度框架下全球经贸环境进一步发展，促使全球市场的开放性与整合性更为明显。在这一过程中，新型国际生产分工体系逐渐形成，国际贸易的流向随之改变，世界各国在生产要素的禀赋、成本优势、比较利益的驱动下积极参与全球产业链的竞争与合作，推动全球产业价值链不断发展。在这种全球化背景下，任何一个国家想要保持高度的经济竞争力，都必须从全球视角调整自身社会经济发展战略，科学规划空间资源开发、城镇体系建设、产业布局等领域，将自身优势全部融入全球经济网络中，实现更高效的资源配置。

随着经济全球化进程的不断加深，国土规划不得不面临更多不确定的挑战，如受到全球化影响导致区域传统边界逐渐弱化，原本划分的行

政区和功能区已经难以适应新的发展需求。同时，职能中心也随之发生迁移，市场化进程加速，导致资源配置、产业布局和城市职能等都发生了深刻变化。在这种背景下，国土空间规划采用的传统“烧多孔煤”模式已无法满足全球化对灵活性、适应性的要求，所以国土规划的战略、控制模式、编制方式和实施策略必须进行系统性变革，以适应经济全球化引发的资源流动和产业结构调整需求。

面对如此复杂且动态变化的规划环境，将治理理念融入国土规划的具体操作中，可以在一定程度上弥补传统规划模式的不足，增强国土规划对新环境的适应力，同时通过合理利用治理方式，可以更好地协调各参与方的利益，提升公共政策的合理性与可持续性。在规划模式的设计中，国土规划既要发挥政府的调控作用，确保规划的公共性与长远性，又要充分利用市场机制，提升规划的灵活性，增强市场对规划的响应。

2. 气候变迁

近年来，全球变暖趋势持续走高，世界气象组织在2024年10月28日发布的年度《温室气体公报》明确提出，2023年温室气体浓度再次打破纪录，由此可以，未来全球会有更多地域面临气候变暖的问题。随着气温的升高，冰川和极地冰层会融化，海平面会上升，直接威胁沿海和低洼地区居民的安全。此外，气候变暖还可能引起极端天气频发，提高干旱、洪水、热浪等自然灾害的发生频率，会对农业生产造成破坏，直接影响粮食安全，进而威胁全球食物供给。因此，全球变暖已经成为世界各国共同面临的严峻问题。

为有效应对气候变暖所引发的种种冲击，需要从根源上做出努力，积极恢复环境生态，实现资源的可持续发展。基于此，应将落实环境生态保护、实现环境资源可持续发展作为规划工作的重大课题之一，在维持经济发展和环境保护平衡的基础上提供一定程度的规划偏向，实现自然资源的科学、长远利用。但是，自然环境的恢复能力和速度有限，还需要采取措施应对当前气候变化可能引发的自然灾害。可以借助先进的科技实时监测气候变化情况，运用数据收集、处理、分析工具大胆预测灾害发生的可能性，评估灾害可能产生的影响，采取恰当的应急措施，最大化降低灾害所产生的负面影响。

在过去几十年里，虽然我国经济实现了快速增长，但这种快速增长背后多是高能源密集度产业，消耗了大量资源，环境污染问题日益凸显，对我国可持续发展战略的实施产生了严重的负面影响。在新一轮国土规划制定的过程中，规划者应从地理环境、地质条件、人口经济基础等因素的角度对空间区域的资源环境承载力进行综合评估，再以此为基础，制定针对国土资源开发、利用、整治和保护的中长期战略部署，确保资源开发和环境保护达到平衡，实现环境资源的可持续利用。与此同时，为了实现二氧化碳减排目标，未来的国土空间发展必须全方位推进节能减碳措施，有效缓解我国二氧化碳排放压力，支持我国向绿色低碳转型。例如，在生产领域，引入更高效的生产技术和管理模式，能减少能源消耗，并推动企业在节能减排方面的创新；在生活领域，增强公众节能意识，鼓励低碳生活方式的普及；在生态建设领域，推动绿色能源的发展，广泛实施绿化造林等工程，提高自然环境的碳吸收能力。

3. 城市区域竞争

目前，我国经济发展成就斐然，其中以沿海地区的长江三角洲、珠江三角洲最为优秀，其不仅将自身打造成一个独具特色的、多中心的、具有高度经济联系和协作潜力的经济共同体，更成为 21 世纪东亚经济增长不可或缺的重要角色。这些区域之所以有如此优异的表现，不仅与它们所在的地理位置有关，更重要的是它们与国家制定的对外开放政策极为契合，主动改变经济发展模式、调整产业布局，合理利用各自的资源禀赋，借助高效的经济协同，实现经济的飞速发展。

随着全球化进程的不断深入，大城市由于掌握全球资源的运筹能力，逐渐从区域中心跃升为世界城市，其中，上海、香港等城市就是最典型的代表，它们凭借全球金融、贸易、航运枢纽的地位，迅速集聚了来自周边地区乃至全球的资源，逐步发展成包括产业、人才和资本的大都会城市。同时，随着城市功能的不断扩展和辐射能力的加强，这些大都会城市逐渐形成所谓的“城市区域”（City-Regions），即包括周边多个城市、乡村及其相互之间紧密联系的区域经济体，具备较高的经济一体化水平和较强的区域竞争力，进而影响区域范围内的产业分布和人才输送。面对这些新诞生的城市区域，传统的行政区划和政策措施往往难以满足规划需求，需要国土空间规划打破固守的城市空间划分，构建跨区域的治理机制平台，增强不同区域之间的联动，促进基础设施、公共服务和生态环境等各类资源的共享，将产业、人才和技术合理疏导到更广泛的地区，推动区域内各城市间的均衡发展与共同繁荣。

在现行中央与地方二级治理架构下，资源竞争与同质化发展现象广泛存在，阻碍了城乡发展的规模效应与特色塑造，限制了城市差异化发展与可持续竞争力的培育，制约了区域合作机制的有效构建与运行，进而削弱了城市在国际市场中的竞争能力，使其难以有效参与全球竞争。为实现区域经济的协调发展，未来的国土规划应当引入区域合作治理的理念，深化区域内城市之间的协同合作，夯实城市群发展基础，促进各层级城市的协同进步。具体做法为：首先，加强城市群建设，进一步扩展大城市的规模、增强大城市的功能，实现资源的集约化利用与高效化治理；其次，以城市圈为核心，增强中等城市的综合竞争力，使其在区域发展中具有更强的韧性和活力；最后，深度挖掘城市带的发展潜力，推动小城市特色化发展，确保其在特定领域找到独特定位和竞争优势。通过推动城市间差异化发展与优势互补，加强区域合作规划，可以有效避免同质化竞争，形成协同发展的新格局，为区域整体发展注入新的动力，提升区域整体的经济竞争力。

4. 在地化特色

在全球化浪潮的冲击下，世界各地所有城市的发展逐渐呈现同质化特征，甚至城市形态、基础设施建设、规章制度以及市民行为都日益趋同，这种同质化趋势在一定程度上磨灭了城市的个性，影响其在全球化趋势中的竞争优势。但是，一座城市之所以伟大，与其优美的外形、宏伟的建筑、完善的制度、热情的市民的关系并没有想象得那么大，最重要的是城市蕴含的文化特质和凝聚力。因此，城市不应该是千篇一律的，而需要具有自己的特色，增强自身竞争力，这使得在地化成为城市建设的新选择。所谓的在地化指的是一个地区的建设需要与当地需求相适应，所以城市建设可以结合城市的实际情况打造城市独有的文化品牌，以实现“在地化”发展。这样的城市将“全球”与“在地”发展趋势融于一身，可以显著提升城市的核心竞争力，从而在国际竞争中脱颖而出。

近年来，各国都在积极推动在地化转型，以便在面临全球化大环境、大趋势带来的影响时能够觉醒地方意识，保持本土文化特色，成为一种能够抗衡全球化的重要力量。近年来，我国也尝试在这一方面进行深入探索与实践，无论是国家政府还是地方各级政府，无论是公共建设、地方产业发展还是城乡风貌和社区总体营造，都积极投入各类资源，以塑造具有鲜明在地特色的城市形象。然而，城市竞争力的提升过程并不简单，不仅需要物质层面的投入，还需要在精神和文化层面有所体现，所以如何将城市独特的文化特质进一步反映出来并融入城市的景观、基础设施、产业布局、居住环境及市民的生活方式与认同感成为国土规划进一步努力的方向。

5. 信息技术发展

随着时代的发展，信息技术不断更新，宽带网络技术越发成熟，极大提升了网络的传输速度，扩大了网络覆盖的应用范围，无所不知的网络充斥在整个社会中，使其成为一个统一的整体。在这种社会一体化的背后潜藏的是经济、社会、文化与空间结构等方面的革命性转变，从根本上改变了人类的行为和生活方式，形成了弹性化、虚拟化及个性化的等新兴的生活形态。在这种背景下，各国都将本国信息基础设施建设作为规划重心，并尝试在国土规划、城市建设与社区发展中融入信息技术，展现基于信息化的数字生活独特优势，推进优质信息社会建设，提升本国在国际中的核心竞争力。基于此，我们可以想象，未来融入信息技术的城市会因为信息基础设施建设变得更智能，管理能力也会得到显著提升。信息技术对城市规划的作用并不仅仅停留在基础设施建设层面，它还使得城市居民的生活变得更加智慧化，大幅提升居民生活质量，使其可以自由地享受生活，享受便捷的服务。

（二）我国国土空间规划管理体制的内部情况

1. 国土空间规划地位不明显

国土空间规划作为关乎国家经济发展和环境保护的核心内容，必须立足国家基本国情，通过制定相应的法律法规，严格规范国土空间规划的具体程序、实施机构、层级划分以及最终的规划成效。基于此，2022年10月，我国发布了首部国家级国土空间规划——《全国国土空间规划纲要（2021—2035年）》，明确规定了我国国土空间规划的具体目标、核心战略、组织机构、规划内容、编制方法、审批流程和实施环节等内容，为我国国土空间规划的顺利实施和贯彻落实提供了坚实的法律支撑。

随着时代的发展，国内外政治环境、经济环境都发生了巨大的变化，特别是在经济全球化和可持续发展理念的影响下，我国各个层级的国土空间规划出现细微的不协调现象，不同区域的城市建设、农业发展都遇到瓶颈，更为严重的是，现有的土地资源无法同时满足新兴产业发展和国土资源保护两方面的需求，导致我国国土资源开发利用出现规划不统筹、发展不和谐的局面。出现这种局面的根本原因可以归于国土空间规划没有获得理想的地位，它只是由国家发展改革委负责的区域规划、自然资源部负责的国土规划以及住房和城乡建设部负责的城市规划共同组成的“三头共管”规划，不具有独立性，以至于所有规划措施的实施都不够协调和强劲，在表层最直观的体现就是基层层面规划经常发生冲突、相互矛盾，进而导致地方规划无法顺利推进。

2. 国土空间规划管理机构不统一

国土空间规划作为针对国土资源的管理措施，涉及多个行政层级，以至于中央政府、省级政府以及市县级政府都有权管理国土空间规划，其实这种各个部门独立为政的割裂局面就是另类的分权，从根本上打破了国土资源的统一管理，导致国土空间规划管理不得不逐级开展。在国家层面，全国性的国土空间规划涉及多个空间的编制、开发和利用，如生态功能区规划、城镇建设区规划、农业生产区规划、主体功能区规划等，这些规划之间存在不同程度的内容冲突、职权不明问题，严重影响了规划的实施成果。在地方层面，各级政府根据上级国土空间规划内容，先后出台了多个不同方向的规划，这些规划由不同部门负责，市县级政府并不是专门负责国土空间规划的职权部门，只能发挥管理辅助作用，进而导致国土空间规划出现向地方利益或部门利益偏向的趋势，进一步加深了各个规划之间的矛盾冲突，甚至在眼前利益的影响下出现了恶意竞争的行为，导致整个国土空间规划从上到下一体化局面演变成上方千头万绪、下方独木难支的尴尬局面。

3. 国土空间规划民众参与程度低

国土空间规划涉及国土资源的开发利用、市县的城镇建设和发展、乡镇的农业发展等多个方面，这些内容与普通民众有最直接的关系，关系着民众的生活方式、生活质量等，但我国的国土空间规划太过追求宏观发展，几乎完全由相关政府机关负责，不仅没有获得地方政府的全力支持，而且缺乏民众参与机制，导致国土空间规划的具体实施难度剧增，甚至因为缺乏民众参与，导致编制的规划内容与民众的根本利益相悖，与经济市场的内在规律存在明显出入，严重影响规划的顺利推行。

第二节　对不同国家国土空间规划管理体制的了解与借鉴

一、不同国家的国土空间规划管理体制

（一）日本

随着日本经济的飞速发展，日本的人口急速增长，并逐渐向大城市聚集，形成大规模的人口流动。在这一过程中，日本的产业结构逐渐发生变化，最显著的特点就是产业发展逐步向城市集中，这使得城市土地不得不面临巨大的开发压力，尤其城市无序扩张、将城市周边农业用地用于城镇建设这一系列行为导致日本城市的自然环境遭到严重破坏。在这种前提下，日本政府主动开展国土空间规划，将土地资源的开发与利用融入国土规划，制定《国土利用计划法》。

目前，日本国土空间规划主要包括两部分内容，分别是国土综合开发计划和国土利用计划，简要介绍如下。

1.国土综合开发计划

根据类型，日本的国土综合开发计划可以划分为全国综合开发计划、都府县综合开发计划、地方综合开发计划、特定地域综合开发计划四大类，其中全国综合开发计划和特定地域综合开发计划实施成效显著，其他两类国土开发计划有待更深层次的挖掘。

从某种意义上讲，日本国土综合开发计划的四种类型可以划分为两

个体系。其中，全国综合开发计划、都府县综合开发计划、地方综合开发计划属于一个体系，是从全国到地方层面的国土空间规划，主要负责人为内阁总理大臣和相关层级规划的行政机关长官；特定地域综合开发计划单独成体系，针对的是跨越两个或两个以上都府县的规划区域，或者相邻的在经济、文化、自然资源等方面极为相似且地域直接相连的非政治划分区域，抑或自然资源保护区域或未开发区域。这些特定地域的划分需要经国土厅长官与建设大臣商谈后，由内阁总理大臣呈送国土综合开发审议会审批，审批通过后才能正式确定。

国土综合开发计划想要实现国土资源的合理开发和保护，就需要从全国综合开发计划开始，其主要设定全国性的国土资源开发战略；都府县综合开发计划需要承接全国综合开发计划的内容，保证开发的衔接性和一致性；地方综合开发计划需要结合地方实际情况制订开发计划，确保开发计划的有效性。对特定地域综合开发计划，需要围绕具体的建设目标、资源开发、环境治理、灾害预防等核心目的进行编制，既要包含开发计划的基本方针、计划大纲，更要详细阐述具体的计划内容。

2. 国土利用计划

日本的国土利用计划是根据《国土利用计划法》制定的国土利用方案，针对的是具体区域的国土资源管理情况。根据区域范围，国土利用计划可以分为全国国土利用计划、都道府县国土利用计划和市町村国土利用计划三大类。

全国国土利用计划主要针对的是全国范围内的土地利用事项，包括国土利用的发展战略、国土利用的根本目的、全国各个区域的划分、全国不同区域规划的目标和主要内容以及想要实现这些事项的具体措施。全国国土利用计划的制订需要由内阁总理大臣编制草案，并呈送内阁会议审批，审批通过后才能实施。

都道府县国土利用计划针对的主要是各个都道府县区域内的土地利

用事项，这些事项是关乎整个都道府县发展的关键内容。都道府县国土利用计划的制订需要遵循全国国土利用计划的指导，结合都道府县区域内的具体情况编制计划内容。

市町村国土利用计划主要针对的是各个市町村区域内的土地利用事项，这些事项关乎整个市町村的发展。市町村国土利用计划的编制需要遵循全国国土利用计划的宏观指导以及都道府县国土利用计划的细化指导，再结合地方的国土利用实际情况和地方国土治理法案编制，确保市町村国土利用计划的实践性和有效性。

（二）德国

德国属于联邦共和国，由 16 个联邦州组成，其中包含三个城市州，这种独特的政治体制决定了德国国土空间规划的特殊性，并且德国是世界范围内开展空间规划最早的国家之一，极具参考价值。德国的国土空间规划指的是针对特殊区域空间内社会、经济、自然环境发展的规划行为，最显著的特征就是以《联邦空间秩序法》为根本方针和法律依据，通过各级联邦州政府的共同努力，实现土地资源的合理利用，从而为居住者提供一个健康、和谐的生活、工作环境，实现经济、社会、自然环境的均衡发展。

根据规划区域层级，德国国土空间规划可以分为联邦级空间规划、联邦州级空间规划、乡镇区级空间规划三个层级，这三个层级与德国的联邦、州、乡镇行政划分一一对应，构成了德国完整的国土空间规划体系。在这个规划体系中，联邦空间秩序规划的规划区域为整个联邦，范围最大，其他两个层级的规划区域从上到下逐级缩减，下级国土规划需要遵循上级规划的宏观指导，并与当前行政层级的法律密切相关，以当前层级的法律为依据确定国土规划的具体定位。这种从大到小、从宏观到微观的国土规划不仅可以确保规划的连贯性、一致性和有效性，而且可以构建良好的上下级关系，实现各个层级国土规划的相互配合和补充。

1. 联邦级空间规划

德国的国土空间规划体系中并没有明确的全国性国土规划，只是在联邦空间秩序法、联邦空间秩序方案以及联邦自然保护法等法律基础上编制了特殊的宏观规划——联邦空间秩序规划。正因如此，联邦空间秩序规划的主要目的是确定国土规划的主要内容和基础制度，从而指引全国范围内合理配置人口、产业和城镇建设，保护自然环境，实现可持续发展。具体来讲，联邦空间执行规划由联邦政府和各联邦州政府共同制定，主要内容包括联邦的未来发展战略和方向，这是联邦国土空间规划的指导政策，是下级国土规划编制和实施的理论框架和实践基准，即德国各联邦州级空间规划和乡镇级空间规划的编制和实施需要以联邦空间秩序规划为基本准则。

联邦空间秩序规划并没有明确的期限，具体的版本更替需要联邦政府和各联邦州政府共同决定，结合当时所处的社会阶段、经济情况以及科技发展动态变化编制。目前，德国使用的联邦空间秩序规划为 2016 年出台的《德国空间发展理念和行动战略》，实施时间已经超过八年，其他版本的规划的使用时长也超过十年。在《德国空间发展理念和行动战略》中，德国联邦政府主要围绕提升空间利用率、实现自然环境可持续发展、开展能源革命等方面提出针对性措施，以减少对气候的影响，增强国家整体竞争力，保障公共服务顺利开展，实现经济、社会、自然环境的均衡发展。

2. 联邦州级空间规划

德国包含 16 个联邦州，其中 3 个为城市州，这些联邦州根据联邦空间秩序法、州级规划法制订州级空间规划，同时州级空间规划的内容必须符合联邦空间秩序规划的相关内容，确保规划的一致性和连贯性。联邦州级空间规划根据州的名称编制对应的空间规划，名称也以州为前缀，如莱茵兰–普法尔茨州的空间规划；根据目的，州级空间规划也可以分为空间秩序规划和发展规划。州级空间规划的主要内容是本州空间的未来发展趋势，如州级空间的划分和自然环境保护、空间发展轴、城镇体系组织架构、城市基础设施建设等，具体期限并不统一，与各州规划法律的要求相符，但基本在二十年。需要注意的是，州级空间规划并不仅仅包括州一级的空间规划，还包括州区域级空间规划，即多个州共用的空间规划，从而指导州级区域的城市建设、生态保护，实现区域协调发展。

州级空间规划的编制需要以联邦空间执行规划为基础，由州政府和地区规划会议全权负责，具体内容包括对地区规划的具体目标、实践原则、细化措施以及对下级空间规划的指导等，具体年限由所属州的法律规定，常见的范围为 8 ～ 20 年。

3. 乡镇区级空间规划

乡镇区级空间规划也被称为地方空间规划，是针对具体乡镇区编制的空间规划，是以上级空间规划为基础、结合规划区域的实际情况和相关建筑法律对合理利用区域空间内土地资源的规划。从这个角度出发，乡镇区级空间规划主要涉及两个方面的内容，即土地开发与利用、城市规划和建设，以满足城市发展的基本需求。正因如此，乡镇区级空间规划可以简单地分为土地利用规划和建设规划两大类。

土地利用规划是由乡镇区联盟政府制定的建设准备性规划，主要针对的是乡镇区范围内开展的一系列城市建设活动的土地利用，详细阐述了各种情况下的土地使用条件，如建设用地、绿地系统、基础设施用地、产业用地、交通用地等。此外，土地利用规划的具体时限并不固定，但大部分土地利用规划则超过了 15 年。

建设规划是由乡镇区管理机构制定的建设约束性规划，主要针对的是根据土地利用规划划定的乡镇区域具体地块的建设控制，与我国控制性详细规划有很大的共通性，如建筑朝向、建筑密度、容积率等。建设规划的编制需要以上级空间规划和土地利用规划为基础，时限范围由当地管理机构确定。需要注意的是，建设规划可以结合建设活动的开展适当调整规划内容，对规划进行补充或更改。

（三）荷兰王国

荷兰王国，简称荷兰，是欧洲西北部的一颗明珠，它东面与德国接壤，南面与比利时接壤，西、北方向为广阔的北海，这种特殊的地理位置使得它成为重要的海上运输港口，曾被世人称为“海上马车夫”。虽然荷兰地理位置优越，但其本身的土地资源极为有限，本土面积仅有4.15万平方公里，却拥有超过1800万人，这使得它每平方公里的平均人口密度高达433人，如此高的人口密度严重影响了当地居民的生活质量，再加上土地稀缺问题，直接影响国家的经济发展用地成本和产业规划发展，这种种问题使得荷兰的土地资源成为国家最具争议的社会和政治议题之一。为了解决国家土地资源稀缺的问题，荷兰很早就开启了多个层级的国土空间规划，希望通过土地资源合理开发、利用以及优化配置，实现有限土地资源的最大化利用，从而降低土地利用成本，减少荷兰城市建设与发展面临的投资缺口，提升国家产业竞争力。同时，荷兰政府将为居住在荷兰的人提供舒适的居住条件作为一项重要的社会福利写进荷兰宪法，这使得荷兰政府不得不通过国土空间规划实现土地资源的合理规划，从而保障所有居住在荷兰的人都能拥有合适的居所。

荷兰土地资源的缺乏也在一定程度上导致了国家自然资源的缺乏，除了天然气和石油等自然资源外，荷兰几乎没有其他显著的自然资源，这就使得荷兰不得不进口大量原材料和能源，甚至形成长期依赖，大幅增加了荷兰经济发展的困难，但也促进了荷兰对自然资源的高度重视，通过适当的国土空间规划，实现自然资源的高效应用和可持续发展。

荷兰的国土规划与我国较为相似，同样是与行政层级相对应的三级结构，从上到下分别是中央级国土规划、省级国土规划和市镇国土规划，

分别由三级政府负责制定和执行。

1.中央级国土规划

中央级规划是荷兰国土规划体系中最上层的规划类型，由中央政府全权负责，主要工作包括制定并发布全国规划报告、结构性纲要构想及结构性纲要计划，这三个文件是荷兰综合发展计划体系的核心法律文件，为中央政府和地方政府规划的制定和实施提供法律依据，通过强大的约束力确保全国范围内规划政策和措施的协调统一。

全国规划报告是荷兰空间规划体系的基础文件，明确提出全国范围内国土空间规划的发展政策，如规划方向、规划基本原则，为各级政府和相关部门编制规划提供指导性框架，从而确保荷兰国土资源得到合理、高效的配置和利用。结构性纲要构想是针对荷兰在未来不同时间段空间发展的一种特殊构想，通过想象的中长期的空间发展目标，勾勒出荷兰在未来数年乃至数十年内的详细发展蓝图，为国土规划提供明确的区域划分和功能定位，保障国土规划的一体性。结构性纲要计划是与结构性纲要构想相对应的文件，它详细阐述了荷兰各个部门在空间规划过程中的具体工作，涉及多个领域，如水资源供应、电力供应、城市空间规划、城市交通设施建设、城市水路运输规划、农村发展规划、自然景观保育、军事训练基地建设等，从而确保各领域的空间得到充分应用、资源得到合理分配。

2.省级国土规划

省级国土规划是荷兰国土规划体系的中坚力量，上承中央级国土规划，下启市镇级国土规划，由此可以得出省级国土规划的主要工作定位。省级国土规划是在遵循荷兰王国规划法的基础上制订的省级区域的规划任务，是省级政府践行中央级国土规划政策、推进国土规划细化工作、落实区域发展需求的重要工具。

省级国土规划主要针对省级范围或相关区域内的空间规划政策实施，

需要对所辖区域进行全面评估，发掘其中具有发展潜力的地区，并根据区域发展潜力排名，确定各个区域的发展顺序，从而根据地区发展的优先排序逐级分配资源，确保最具潜力的地区能够在获得最大支持的前提下实现飞速发展。为了确保资源的合理配置，省级国土规划还需要对规划区域进行深入剖析，了解区域的显著特点、实际需求以及与省级空间规划政策的匹配程度，确保空间区域开发取得最大成效。虽然省级国土规划的制定由省级政府主导，但这并不意味着其他参与者不重要，要求省级政府编制的规划内容不仅应参考政府机构的研究成果，还应邀请广泛的普通民众参与，收集社会各界的意见和反馈，全方位考虑各个参与方的利益，保证规划政策的全面性，平衡各方利益，提升政策的执行效果。

3. 市镇级国土规划

市镇级国土规划在荷兰国土规划体系中处于最底层，也是最靠近基层的空间规划内容，具有极强的实施性。根据方向，市镇级国土规划可以分为结构计划和土地使用计划两个部分。其中，结构计划与省级国土规划内容保持一致，只不过更为细化，主要关注市镇区域内各个地域的未来发展潜力，并根据发展潜力对市镇区域进行排序，从而确定各个区域的开发次序。同时，按照结构计划的要求，结合各参与方的意见，形成更全面的规划方案，从整体层面确定规划区域未来的发展方向。

土地使用计划是针对市镇具体区域土地的利用计划细则，详细阐述了区域土地利用的各方面内容，主要包括：规划区域土地的未来建设目标，是住宅用地、商业用地，还是公共空间用地；规划区域土地的使用计划说明书，确保土地利用的每一项规定都有据可循；规划区域土地的使用指导，确保土地利用的每一个环节都符合规划要求；规划区域土地未来的使用计划，方便后续进行调整；开展土地利用相关研究，并汇总各方意见，以保证土地利用的科学性。为确保计划顺利实施，市镇政府通常会在土地使用计划后面附录财务可行性分析，评估土地利用计划的经济可行性，同时上报地方议会审查，经批准后可以同步获得市镇财政预算支持，增强土地利用的可操作性。

二、国外国土空间规划管理体制的借鉴

（一）国土空间规划具有明确的政策目标

国土空间规划作为围绕国家经济发展、自然环境保护开展的治理工作，需要有明确的政策目标，才能努力克服一切困难，实现国家发展的宏伟蓝图，提升居住者的生活质量。无论是日本、德国还是荷兰，其开展国土空间规划的根本原因都是解决当时国家所面临的社会、经济和自然等一系列问题，所以制定了明确的管理政策和规划目标，描绘了国家未来空间秩序蓝图，希望能借助土地资源的合理开发利用实现国家的繁荣发展，提升全体民众的福祉。

在制定国土规划管理政策目标时，日本和德国通过立法的方式确定了全国范围的国土利用框架和国土规划的重要地位，并为其他国土规划提供了详细指导，确保了国土规划的连贯性、一致性。而荷兰王国虽然没有明确制定专属法律条文，但构建了相对完善的规划法律体系，通过明确的规划计划书规范全国范围的国土资源利用，保证规划政策目标的实践性和适应性。无论采用哪种方式，国家都应通过科学、合理的国土规划，有效控制土地开发的方向和规模，优化资源配置，保障经济的发展和自然资源的可持续性，维持生态环境的稳定。

（二）国土规划层级分明

国土规划作为涉及全国各个层面的规划，拥有广泛的覆盖范围，为了确保每个覆盖区域都能在规划的帮助下实现经济发展，国土规划必然需要包含多个层次，不同层级规划针对不同区域层面，如全国性国土规

划针对全国范围、省级国土规划针对省级区域等。此外，这种明确的层级划分还能确保国土规划执行统一的战略意图，因为上级国土计划主要发挥指导作用，为下级国土计划提供规划方向和规划框架，而在制订下级国土计划的过程中，需以上级国土规划为基础，以上级国土计划目标为落点，这种上下层级紧密衔接、相互配合的特殊机制可以使上级国土规划的宏观目标在下级国土规划中得到细化，最终贯彻落实到具体的国土空间规划中。

以德国为例，虽然德国没有制定针对全国范围的国土规划，但通过联邦空间秩序法明确了国土规划的具体目标和规划原则，为其他层级的规划提供了指导框架，保证其他各级规划和政策能够协调一致。因此，可以自上而下地归纳为全国、区域、地方三个层级。在联邦层面之外，各联邦州还基于联邦空间秩序法，制定了一系列从自身特点出发的联邦规划法，并以此为基础编制州级国土规划，搭配建筑法典指导城市和乡镇建设。这种从上至下的分层规划结构可以确保在规划实践过程中严格贯彻上级目标，实现各级政府间的紧密衔接和协调一致，形成了完整的空间规划管理体系。

（三）国土规划有法可依

国土规划工作的开展涉及多个行政层级，这就意味着有大量的行政机关和部门参与，如果每个部门都从自身利益出发执行规划措施，必然会大乱，这就要求所有国土规划工作必须具备合法性和特殊的法律效力，通过强制约束力约束国土规划实施部门的工作。日本、德国和荷兰都针对国土规划提出了专属的法律条文或指导性的纲要，这不仅确定了国土规划的法律定位，还为国土规划的开展提供了法律依据，更重要的是明确了各级规划之间的责任和任务，使得各级规划在执行中能够紧密衔接、协调一致，并在国家层面形成统一的空间秩序发展蓝图。

国土规划想要实现有法可依，不仅需要全国性的法律条文和指导性纲要，还需要出台针对其他层级的相关法律法规，即上级规划法律中包含下级规划的内容，使得下级规划可以时刻受到上级规划的约束，在上级规划的指导下完成具体的区域规划任务，实现区域发展。

（四）完整的国土规划管理体制

国土规划作为涉及国家经济、社会、自然、文化等多个方面的发展政策，通过合理开发利用国土资源，维持经济发展和环境保护的平衡，提升居民的生活质量，改善居民的工作环境。这一切的优异成果离不开完整的国土规划管理体制，它为国土规划提供了系统化的管理框架，确保了所有规划的制订、执行都被容纳在框架内得到有效的管理和监督，从而更好地符合国家整体发展目标。

国土规划管理体制的管理和监督涵盖了规划的各个环节，间接保证了规划目标的一致性和执行的连续性，实现了各级规划目标和措施的紧密衔接，消除了规划的重复或冲突。同时，完整的国土管理体制还能够结合规划的实施及时发现问题，通过即时反馈实现规划的即时调整，既维护了规划的有效成果，又确保了规划的灵活性和适应性。

第三节　我国国土空间规划管理体制的优化

一、我国国土空间规划管理体制短期优化措施

（一）构建并完善国土空间规划法律法规

国土空间规划作为围绕国土资源开发、利用、保护编制的政策，本身具备极强的权威性，可以保证规划的执行和管理获得理想的成效。那么应该如何发挥国土空间规划的权威性呢？最直接的操作就是将国土规

划的编制、审批、实施等环节纳入法律框架，为其赋予法律属性，确定其具有较高的法律地位，从而增强国土规划的约束力，保障国土规划所有环节的有序推进，实现资源的合理利用和生态环境的长远保护。

想要确保国土规划的所有环节都纳入法律框架，需要从法律层面明确规定国土规划的各个环节，即通过立法为国土规划的编制、修订、审批、实施等环节提供明确的法律依据，使国土规划的所有环节都有法可依、有据可循。同时，进一步完善与自然资源和生态环境保护相关的法律法规体系，尤其涉及土地、矿产、海洋等资源的领域，确保这些资源在使用过程中不被过度开发。例如，完善现有的《土地管理法》《矿产资源法》《海洋环境保护法》等法律，并填补与国土规划相关的法律空白，进一步加强资源管理的合法性，实现各类资源合理、合法的开发与利用。为了确保国土规划顺利实施，还需强调其权威性，对于未按法定程序批准或实施国土规划的行为，应当按照法律规定执行明确的处罚措施，严格维护国土规划的法律权威，从而保证其在实践中得到有效落实。

通过不断完善国土空间规划的法律法规，可以将国土规划体系中不同层次、类型的规划内容、方法、原则以及从规划编制到规划实施一整套基本程序纳入法律框架，不仅有助于剖析国土规划与经济社会发展规划、专项规划和城乡规划等各类规划之间的关系，而且可以为国土规划的审批、颁布、实施和修订提供坚实的法律保障，提升国土规划的规范性和科学性。

（二）进一步加强国土空间规划重点建设

虽然国土空间规划涉及各个层面、各个地域，但不同层次、不同地域的国土规划肯定有不同的任务和工作重心，那些层次较高、范围较广的国土规划大都是方向性战略指导，主要工作在于构建规划宏观框架；而那些层次较低、范围较小的地区规划则强调实践性和操作性，只为满足当地发展的实际需求。基于此，我们应进一步加强国土空间规划的重点建设，将抽象的、宏观的规划方案细化为具体的、微观的规划方案，稳步推进、贯彻落实，以实现规划成效的最大化。

国土空间规划最核心的任务主要包括几个方面：第一，明确国土资源开发利用的战略方向，包括国家经济社会发展的总体战略、国家未来空间发展核心区域、各个地区未来空间发展目标等，通过明确各级规划目标，为国土空间规划总体目标的实现奠定坚实的基础；第二，国土空间规划本身具有一定的宏观性质，既无法详细规定所有发展指标，也不能逐一安排具体规划项目，只能从宏观层面确定哪些区域适合开发、哪些区域需要限制开发、哪些区域应当禁止开发，这种按照区域功能划分规划区域的行为不仅可以实现国土资源的高效分配和利用，还避免了区域的无序扩张；第三，围绕国土资源开发、生态环境保护以及城镇建设活动制定合理的规划方案和规划目标，优化空间布局、规模与结构，从而促进生产力合理分布，引导城镇化和基础设施建设的协调发展，推动城乡和区域间的均衡进步；第四，根据规划区域的地理位置、资源条件以及环境承载力，合理确定城镇和各类园区的规模、结构和布局，促进区域空间的合理利用，保障城镇和园区的健康、有序发展，实现地方经济的可持续增长；第五，明确国土资源开发、利用和保护方向，通过对矿产、森林、能源等战略资源的科学规划，避免稀缺资源的过度开发，延长资源的使用寿命。

（三）构建国土空间规划绩效考核制度

目前，国土空间规划的执行工作由多个部门承担，这种分散性很容易导致各部门在执行规划过程中出现权责重叠现象，甚至为了各自的利益出现执行冲突，严重影响国土空间规划的落实程度。再加上国土空间规划中包含许多长期的、非经济性的指标，很难在规划实施后获得显著的经济效益，以至于部分基层政府为了追求经济效益最大化，优先落实那些能够获得显著经济回报或实物的规划指标，忽视那些需要花费大量时间才能看到微薄收益的规划指标，这与国土空间规划的根本出发点完全相悖，绝对不可取。基于此，构建国土空间规划绩效考核制度提供了一种有效的解决路径，通过一套科学、合理的绩效标准，可以使规划相关部门和地方政府严格按照国土空间规划内容执行，无论经济性指标还是非经济性指标，都能一视同仁。

为了充分发挥绩效考核制度的作用，各级政府需要结合当地实际情况，因地制宜、实事求是地制定合理的规划任务和目标，并将其纳入地方政府的综合发展计划中，真实反映规划区域的具体需求。同时，绩效考核标准需要政府、民众和各类利益团体共同商议决定，在明确当地国土资源利用和保护共同目标的基础上达成共识。在绩效考核体系构建过程中，为了防止“一刀切”的硬性规定影响国土规划的实际成效，需要为绩效考核体系保留一定弹性，以便在面对不同区域、问题时能够进行适当调整，从而更恰当地规范各部门和地方政府在国土资源利用中的行为，确保生态环境和资源的可持续利用，实现国家和地方的可持续发展。

二、我国国土空间规划管理体制长期优化措施

（一）深化国土空间规划的内涵

国土空间规划这一概念是我国从外国引进的，虽然为其赋予了全新的含义，将其融入了国家经济建设体系，使其成为决定国家未来发展的关键内容，但在为其赋予含义的过程中，可能存在过于重视国外国土空间规划的理念和方法，而忽视了其真实内在，导致国土空间规划在我国的实践应用逐渐沦落为针对土地等自然资源的纯粹开发计划，成为国民经济发展计划体系的组成部分。这种观念显然失之偏颇，国土空间规划并不是将国土资源视作一般商品或者国家财产，只是一味地享受利益，却不考虑利益背后产生的问题，而是将国土资源视作一种特殊的社会资

源，不仅现在需要，未来也有极大需求。因此，制定国土空间规划时应从长远角度着手，把土地等自然资源视作可遗留后世的巨额财产，充分发挥保护和管理的义务，避免对资源造成不可逆的破坏，延续国土资源的使用年限。换言之，国土资源是一个国家至关重要的宝贵资源，目前或许我们能暂时拥有和使用，但这一使用权利始终伴随着相应的责任，需要我们通过科学的管理实现国土资源的长久使用。

为了实现国土资源的长久使用，应对国土资源给予重视，加强资源的保护和可持续管理，任何可能引发资源滥用或对生态环境造成永久性破坏的行为都应该严厉禁止。目前，很多人认为追求经济发展就是最大、最根本的任务，其他的一切都不重要，都可抛诸脑后，虽然这种一味关注个体经济效益和短期经济收益的行为能让我们在短时间内获得高质量的生活，却从根源上破坏了后代赖以生存的环境，造成的非经济利益损失难以估量。虽然这些非经济利益没有具体数字，但直接关系着环境生态平衡，进而影响居民的生存，从根源上损害了全社会的福祉。基于此，应该从长远层面综合考虑国土资源利用的经济收益和非经济利益，树立正确的自然生态观，坚持可持续发展理念，在人与国土资源之间构建关系桥梁，通过对国土资源的科学管理和保护，构建人与土地的和谐关系，真正实现资源的永续利用，从而达成社会整体利益的最大化。

（二）成立专业的国土空间规划管理部门

随着我国经济的繁荣发展，各种用地需求急剧增长，但我国国土资源有限，这种用地需求的无限性与国土资源的有限性之间的矛盾愈演愈烈，促使我国不得不开展全方位的国土空间规划。但国土空间规划涉及范围极其广泛，触及不同行政部门的利益，如果各个部门都只维护自身利益，那国土空间规划根本无法顺利推行。为了充分发挥国土规划配置资源的作用，实现国土资源的可持续利用，成立专业的国土规划管理部门是最有效、最简洁的方法。这一部门的成立不仅能够全权负责当前层级所有的国土规划工作，而且能够在管理实施的过程中发挥协调、整合作用，集中全部力量，减少重复工作和不清晰的责任划分，大幅提升规划效率。

目前，我国的国土规划工作主要由自然资源部负责，但在国土规划实际执行过程中与住房和城乡建设部、国家发展和改革委员会等其他相关部门的职能存在明显重叠，权责分工也不清晰，很容易出现管理的混乱和资源的浪费，进而导致自然资源部在面对庞大的国土规划任务时显得力不从心。为了改善这些混乱局面，需要从国家层面着手，成立专业的国土规划工作部门，具体可行的解决方案有两种：第一种方案是将所有空间规划职能整合到一个主管部门之下，实现国土规划与管理的集中化和专业化，这种通过“大部制”改革实现的统一管理可以显著提高资源配置效率，同时避免各职权部门职能的重叠，消除多头管理的困扰；第二种方案是在保持现行多头管理体制的基础上建立统一的空间规划体系，明确各职权部门的事权范围，从而减少部门空间规划职责重合的问题，同时避免规划空间的重叠和内容的交叉，这种清楚的职权划分还可以促进各个部门在国土规划实施过程中团结协作，推动国土规划工作的有序开展。但是，无论采用哪种解决方案，都应将专业作为国土规划部门的核心属性，将规划业务与传统的行政事务区分开来，聘用具备专业技能和知识的专业规划人才负责规划业务，让专业机构承担更具有技术含量的规划工作，以确保国土规划更加高效、合理地推进。

（三）增加普通民众的参与程度

根据上述日本、德国和荷兰的国土规划阐述可以发现，公众参与是国土空间规划工作中的关键环节，规划部门通过主动与普通民众沟通，阐述规划内容并征求民众意见，以及根据民众反馈适当修改规划内容，彰显了国家决策的民主性，不仅可以大幅提升规划的合理性、有效性，更可以使规划一出台就能获得民众的认同。

所谓的公众参与指的是群众、社会组织充分发挥自身的权利和义务，以达成某一目标所产生的社会行动。从本质上讲，公众参与的过程就是普通民众与政府机关的双向沟通，将通过交流获得的反馈融入项目、方案、政策的制定与实施之中。需要注意的是，公众参与并不是在规划编制完成后或接近完成时才开展的，而是应在规划编制开始的那一刻就开展，充分吸取民众的意见，在增强规划“公众支持率”的同时解决规划存在的潜在问题，减少后续规划实施阶段可能面临的阻力。

为实现真正的公众参与，可以通过召开听证会、设立公众意见征集窗口、进行在线调查、组织公众咨询会议等方式增加民众参与规划的渠道，确保规划机关能够正面接受公众参与的反馈，真诚地接纳公众提出的意见和建议，并将其完美融入决策的各个阶段，发挥公众参与的巨大作用。

第六章　我国国土空间规划管理建设

第一节　国土空间规划的空间管制

一、空间管制的基本概念

（一）空间管制的背景

国土空间是支撑一个国家经济社会发展、保障国家生态环境安全的关键根基，是国家赖以生存和发展的物质空间，是生态系统、自然资源与人类活动交织的核心场域。随着我国国土空间规划的不断发展，我国的国土空间管制模式和方法五花八门，既有引导型空间规划管制，也有控制型空间规划管制；既有以规划用地类型为出发点的空间规划管制，又有以规划区域生态保护为出发点的空间规划管理，还有以自然资源管理为出发点的空间规划管制。虽然如此多的空间管制模式可以满足不同区域发展的多元化需求，但也可能导致同一规划空间中管制框架不统一、不同管制分区相互重叠、不同管制内容相互交叉甚至出现冲突等一系列问题，使得空间资源的管理变得更加复杂，大幅增加管理的难度，从而削弱国土空间资源的利用和保护效率。在这种背景下，想要实现国土空间资源的有效管理，亟须构建并健全空间管制制度。

近年来，我国持续推进政府机构改革，逐步落实生态文明建设，稳步实现国家治理现代化，这些都对空间管制制度的完善提出了进一步的要求。再加上中央关于生态文明体制改革的总体要求，配置制度框架的优化需求和各级政府权责进一步清晰，使得构建统一的空间管制体系成为实现国土空间资源综合治理和长效管理的关键手段。通过各类资源的科学配置，保持空间规划政策的协调一致，提高空间管制的有效性，为国土空间可持续发展提供更为坚实的保障。

（二）空间管制的内涵

空间管制本质上是一个“控制型”概念，通过划分功能空间，配合系统化的政策、标准和规划措施，引导和规范各类土地利用行为，从而实现空间资源的科学配置，促进区域社会经济和生态保护的协调发展。从这个层面分析，空间管制涉及土地利用、资源配置、社会经济发展、生态保护等多个维度，具有政策性、技术性和生态性特征。

1998 年，空间管制这一概念出现在由国家建设部发布的《关于加强省域城镇体系规划工作的通知》中，它的提出是为了解决因城镇化进程快速推进导致的城市建设用地需求迅速增长与生态环境承载能力有限之间的矛盾。在城镇化发展初期，我国城市建设速度较为缓慢，城市用地需求的扩展速度并不明显，还处于生态环境承载能力范围内，所以国家对土地的开发、利用管制需求较低。随着城镇化进程的逐步加快，城市建设用地需求急剧增加，对土地资源的侵占程度越来越大，生态资源承受的压力也随之增加，甚至因为城市用地的无序扩张对生态环境造成严重破坏，资源逐渐匮乏，城市建设用地需求与生态环境承载能力之间的矛盾冲突愈演愈烈。为了缓解这种日益突出的矛盾，政府开始意识到城市建设活动管制的重要性，于是，“空间管制”概念应运而生。

根据空间管制的最早来源，可以发现，空间管制本身作为协调城市建设和生态保护之间矛盾的工具而存在，通过不同功能的区域划分，结合空间管理，可以帮助政府合理配置资源，优化土地利用，平衡城市建设用地与土地资源保护之间的冲突，有效控制城市无序扩张，实现社会各阶层和各规划区域间的利益平衡，促进社会的整体和谐。

（三）我国现行空间管制类型

根据空间管制的内涵，可以在全域国土空间管理的框架下分析我国现行的空间管制类型，主要分为基于功能导向的国土空间管制和基于土地开发建设导向的国土空间管制。

1.基于功能导向的国土空间管制

所谓基于功能导向的国土空间管制，最关键的词汇是“功能”，其本质就是根据规划区域未来发展的主导功能采取针对性空间管理，从而干预区域土地资源的开发与利用，优化资源配置，实现区域可持续发展。常见的基于功能导向的国土空间管制包括主体功能区划、生态功能区划以及土地利用功能分区。

主体功能区划指的是根据规划区域的资源环境承载能力、开发密度以及未来发展潜力等核心要素的综合评价，基于规划空间中存在的自然环境要素、生态系统特性、人类活动痕迹以及社会经济发展水平等指标，将规划区域划分为具有特定主体功能的空间单元。这种功能分区方式可以轻松识别对应规划区域的主导功能，最常见的功能区划分为优化开发区域、重点开发区域、限制开发区域和禁止开发区域四类，其土地开发利用程度依次降低，生态保护程度依次升高。

生态功能区划指的是基于生态学理论，归纳分析不同规划区域的生态环境特征、生态环境敏感性、生态服务功能等因素的相似性和差异性进行的空间划分。这种功能区划分归纳总结了对应区域典型的生态特征，掌握了对应区域的生态系统类型和主导生态功能，剖析了区域生态功能对区域社会经济发展的潜在贡献。生态功能区划通过明确各区域的生态角色和服务功能，可以帮助政策制定者和规划者优化资源配置，维持生态系统健康。更重要的是，生态功能区划可以识别和强化区域内的生态资产，并将这些生态优势转化为经济效益，显著增加规划地区的经济收入，促进生态保护与经济发展的双赢。

土地利用功能分区是基于土地的功能适宜性和当前利用状况，将其系统划分为多个功能单元，不仅考虑了土地的自然条件，而且考虑了土地的社会需求和经济潜力，从而实现土地资源的合理开发和可持续利用，提高土地管理效率。土地利用功能分区还能有效避免土地利用过程中可能发生的冲突，确保土地利用的合法性、科学性，实现土地资源的可持续管理和经济、社会、环境效益最大化。

2. 基于土地开发建设导向的国土空间管制

基于土地开发建设导向的国土空间管制，最核心的词汇是“土地开发建设”，其本质是通过评估土地资源与城市建设等专项建设用地的匹配程度来确定规划区域的具体开发和利用方向，实现土地资源的合理配置以及建设用地的合理拓展。这种类型的空间管制大都与城市建设紧密相连，如在城市总体规划阶段进行的空间管制区划就是通过合理规划建设用地支持城市和地区的持续发展。土地利用总体规划中的建设用地管制分区同样属于这一类型，它通过进一步明确城乡建设的边界和强度，最大限度地保留了规划空间的自然资源、环境生态和自然景观，有效防止了过度开发资源，避免了城乡建设的无序扩张，推动了城市可持续发展。

（四）空间管制分区的方法

目前，国土空间管制分区的方法主要有两种，分别是定性分析和定量分析。

1.定性分析

国土空间分区的定性分析方法主要依赖的是对规划区域典型特征的掌握情况，或者同一区域过去的分区经验和相似区域的分区经验来划定区域范围。具体来讲，规划者需要对规划区域内的社会经济发展状况、城乡居民点宏观布局、城镇发展战略等关键要素进行定性分析，以此来识别和定义规划区域不同分区的主导功能。基于此，规划者可以根据每个分区的实际情况，灵活地制定土地利用政策和空间规划方案，实现土地资源的合理配置，促进经济和生态保护的均衡发展。此外，定性分析还可以帮助规划者识别特殊的生态敏感区，该区域严禁开展任何人类活动，以便于维护区域生态平衡、保护区域生物多样性。

2.定量分析

国土空间分区的定量分析方法是一种借助先进技术平台对国土空间适宜性进行科学性的分析，从而得出适宜空间的功能定位。这种定量分析由于考虑了多个空间关联因子，具有极高的精准度，可以精确得出土地的最佳利用方式。具体来讲，规划者采取定量分析需要先考虑国土空间的地形条件、土壤类型、水资源储备、交通便利性等自然和人工因素，然后根据这些因素的重要性赋予相应的权重值，将其叠加分析后可以得出空间土地利用最恰当的等级。以此土地等级为基础，结合城市生态敏感性和资源环境承载能力评价，可以精准识别哪些区域适合生态保护、哪些更适合农业发展、哪些区域更适合城镇建设，确保空间土地的开发利用更加科学和实用，实现土地资源的高效利用，推动区域可持续发展。

二、国土空间用途管制规则

（一）空间用途管制的总体思路

国土空间是一个复杂的集成空间，包含生态保护、自然资源、人类

活动等各种形式的、自然或人工的空间要素，这些要素在国土上的映射和承载形成了生态保护区、自然资源保护区、农业用地、城镇建设用地等多种用地类型。为了合理配置空间土地资源，实现空间可持续发展，必须将整个国土空间按照具体用地划分成一个个独立的功能单元，根据不同区域（如保护区、限制开发区、优先发展区等）的设定，采取针对性的规划策略，进行特定的管理和控制，实现社会经济和生态保护的均衡发展。

1. 国土空间用途管制分类

国土空间用途管制主要包括两种类型，分别是空间用途管制和地类用途管制。简要介绍如下。

空间用途管控是基于空间分区实现的大范围国土空间管控策略，可以根据城乡规划、环境保护、经济发展等多种需求来划分空间功能单元，然后针对不同空间分区的功能和特征采取相应的土地利用和生态保护标准，实现整个国土空间的均衡发展。根据空间分区的不同，空间用途管制可以进一步细化，尤其在不同类型、不同级别空间规划的影响下发生的不同层级的空间分区，为空间用途管制提供了更宽广、更细致的管控范围，从而精准识别各个功能分区的具体功能和发展潜力。

与空间用途管控相比，地类用途管制更具体、更细致，它根据空间土地实际的地理特征和社会经济条件来确定最终的用途分类，再根据土地用途制定更为详细、精确的土地开发利用规划。从这个层面出发，地类用途管制针对的是每一块具体空间地块的最终用途，从而确定具体的管制方案，以确保每一块土地都充分发挥其作用，获得最大效益。但是并不是每一级、每一类规划都必须严格按照地类用途管制来执行，需要根据具体的事权分配及管控目标来确定，以确保每一级、每一类规划都能做出合适的管控决策。例如，在国家级或省级规划中使用地类用途管制可以确保土地使用符合国家发展战略，而在市县级或乡镇级规划中，

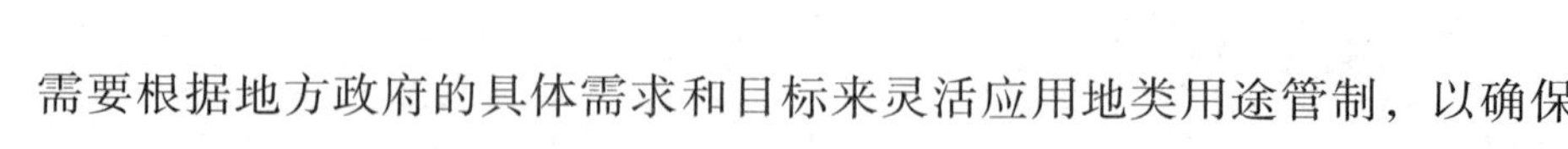

需要根据地方政府的具体需求和目标来灵活应用地类用途管制，以确保土地利用符合地方政府的真实需求。

2. 国土空间用途管制的基本原则

（1）坚守底线，功能指引。我国国土空间成分复杂，涉及生态保护、农业生产、城镇建设多个维度，但空间用途管制最核心、最重要的一点就是强调自然环境的不可替代，坚持生态保护、资源节约，实现空间的可持续发展。在这种前提下，国土空间用途管制需要严格落实生态保护红线、永久基本农田和城镇开发边界的“三线”划定，坚守生态安全底线、国土安全底线和粮食安全底线，保障空间生态环境、土地开发利用、粮食自给自足。同时，努力提高土地资源利用效率，在严格控制土地使用量增加的基础上盘活现有存量，推动城镇发展模式从简单的空间扩张转变为提升城镇深层内涵，形成绿色的发展方式和生活方式。对于“三线”外的其他功能分区，各级政府需要根据自身的权限和职责，遵循功能主导、用途指引的原则进行管理，以适应不同区域的发展需要。

（2）权责分明，分级管理。国土空间规划与我国的行政层级密切相关，同理，国土空间用途管制也离不开地方政府的支持，这就要求我国行政结构体系中的各级政府机构必须拥有专属的空间管制职责事权，包括空间资源的规划、配置、审批、实施和监管等，确保所有国土资源都能得到有效控制。我国行政结构体系为层级设置，相应层级的政府机构负责同一层级的各项事务，共同推动我国各项事业的蓬勃发展，这种分级管理体制既符合中央集权与地方分权的原则，也有助于提高政策的针对性和执行效率。随着中国政府“放管服”（即简政放权、放管结合、优化服务的政策）改革的推进，国土空间用途管制的管理框架也需要进一步优化，将更多审批权限下放给下级政府，使其在国家战略的大框架下有更大的自主权，减少中央与地方之间的行政冗余，提高政府服务的效率和质量。即使下级政府掌握更多自主权，也需要在当地实际情况的基础上紧紧围绕上级政府推行政策展开细化，寻找配合和自主的平衡点，保证整体管控的一致性，实现国家战略目标、地方发展需求的双赢。

（二）“三线”用途管制

1.生态保护红线

生态保护红线指的是一个地区维持生态服务功能、环境质量安全和自然资源可持续利用等方面绝对不能逾越的底线，不仅是对区域空间脆弱生态系统的一种严格保护，更是确保国家和区域生态安全、实现经济社会可持续发展、保障人民身体健康的生命线。从这个角度出发，生态保护红线不仅是国土空间规划的关键工作，也是空间用途管制的重要工具。生态保护红线一旦划定，政府部门需要以此为基础，制定具体的管理规章和保护措施，以确保红线区域内的自然资源和生态环境得到有效保护。

生态保护红线的管控需要遵循四个基本原则：第一，性质不转换。生态保护红线内的土地性质绝对不能发生转换，从而确保该区域内生物多样性的稳定和生态系统的完整，持续提高生态服务。第二，功能不降低。对于生态功能显著的区域应实施严格的封禁和保护措施，确保这些区域的生态服务功能不受干扰；对于已经呈现生态退化迹象的生态敏感区和脆弱区，需要采取恰当的生态修复措施激发生态系统的自我恢复能力，增强其生态服务功能。第三，面积不减少。生态保护红线一旦划定，其边界不能随意更改，通过这种对生态保护红线界限的维护来限制资源的非法开发和过度利用。第四，责任不改变。根据现行行政结构体系，生态保护红线区域内的生态要素管理涉及多个层级的行政机关，它们需要协同工作，严格执行生态保护职责。

生态保护红线的空间用途管控采用分级管控方法，与每一行政层级的政府密切相关，从而实现从国家到地方的资源环境生态保护的完美贯彻。在这一“分级管控”体系中，国务院及其相关主管部门根据各自的职责，联合其他部门制定详尽的红线管控实施方案，明确保护目标、任务重点以及制度机制，并对各地区的生态保护执行情况进行指导和监督，保障生态保护红线的稳步落实。在省级层面，各省政府基于国家生态保护红线一张图，将国家生态保护红线的相关要求完美融入当地的经济社会发展规划和相关专项规划中，同时出台一系列比国家标准更严格的管理办法，并在环境审批、用地审批和项目审批等许可制度中细化红线管控要求，强化红线管控实施。市县政府处于行政层级的底层，主要发挥实践作用，通过不断加大查处违法违规行为的力度，确保土地项目开发严格遵守生态保护红线的规定；同时，市县级政府需要对规划实施进行全过程的监控和跟踪，通过中期、末期评估和环境影响评价，确保所有土地开发活动符合生态保护红线管控要求。

生态保护红线是保障自然生态空间完整和生态环境安全的边界，应该严格遵循禁止开发的管理原则，以维护生态系统的稳定。换言之，在生态保护红线区内，所有土地的开发和利用都需严格控制，其中涉及城镇化建设、矿产资源开发以及农业资源的开发活动，而与生态保护目标相符的生态产品及服务利用行为则应予以鼓励。例如，生态保护红线区内严格禁止一切城镇化建设活动，这种禁止不仅体现在不能将任何土地用作城镇建设，而且体现在区域内现有的居住用地和建设用地也绝对不允许扩张，从而最大限度地保护区域内的生态面貌，维持生态服务功能。生态保护红线区内的矿产资源开发活动同样需要严厉禁止，不允许新设矿业权，甚至已经获得探矿权和采矿权的区域也应构建逐步退出机制，逐步恢复生态功能，实现区域矿产资源的可持续发展。生态保护红线区内的农业资源开发活动与矿产资源开发活动相似，不仅不可以转换区域土地性质，更要将现存农业用地恢复为生态用地，减少农业活动对生态系统的压力。需要注意的是，对于那些属于国家战略性矿产储备基地的关键区域，可以进行公益性的矿产资源勘查活动，但一切商业性勘查和开采活动都需要严厉禁止，从而防止生态环境遭受破坏。

2. 永久基本农田

基本农田是我国为了满足特定时间段内社会经济发展和人口增长所需农产品缺口的特殊耕地，这些耕地是农业生产的关键资产，通常位于土壤肥沃、灌溉条件良好的区域，其划定遵循土地利用总体规划，且绝对不能被其他非农业建设所占用。而永久基本农田是在基本农田前面增加了“永久”二字，这个“永久”的意思既不是在整个基本农田中划定的“永久区域”，也不是指代某些基本农田永远不能占有，而是一个最基本的定语，为所有基本农田赋予了“永久”属性，体现了政府保护耕地，尤其基本农田的决心和承诺。

随着城镇化和工业化进程的稳步推进，许多耕地被转变为建设用地，尤其城市周边，大量耕地被城市发展吞噬，严重侵害了当地的农业发展，甚至影响了国家粮食安全。在这种背景下，国家提出永久基本农田的概念，严厉禁止耕地被非农业建设占用，从根源上限制了耕地的过度开发和城市的无序扩张，确保农业生产能够持续提供足够的粮食供给，维护区域生态平衡。从这个层面分析，永久基本农田的概念是国家在土地资源有限和农业发展至关重要的基础上提出的，体现了政府对土地资源管理、农业开发活动的系统性思考，通过科学的土地管理策略，积极寻找城市扩张与农业保护之间的平衡点，加速城市发展转型。

在中国基本农田分级保护体系中，国务院作为全国等级最高的行政机关，主要负责确定全国范围内基本农田的保护规模、制定关键保护政策并监管这些政策的实施以及审批基本农田保护区的划分，从而从全国层面避免基本农田被非农业发展建设活动所侵占。省级政府是国务院层级之下的第一层级，它需要扮演连接国家政策与地方实际情况的桥梁角色，即在国务院制定的基本农田保护政策框架内制定省级区域内的基本农田保护政策，划定基本农田保护线并进行全面管理，确保省内基本农田得到充分保护，实现国家政策在地方的细化和落实。市县两级政府作为比省级更低的行政层级，主要负责基本农田保护政策的具体执行，即参照国家级和省级制定的基本农田政策，逐条落实基本农田保护政策的措施，确保基本农田保护政策可以具体到每一块基本农田。这种基本农田分级保护体系明确规定了各个层级的具体工作和职权范围，形成了一个从上到下、全方位的保护网络，确保从国家到地方的政府机关都在自身职权范围内为保护基本农田贡献力量，保障了国家粮食安全，推动了农业产业的可持续发展。

3.城镇开发边界

城镇开发边界，也称城市发展边界，是区分城市土地和农村土地的重要界线，属于城市土地的土地资源可以用于城镇建设，而属于农村土地的土地资源只能用于农业生产。合理划定城镇开发边界可以引导城镇建设活动向已完成城市建设的区域集中，越来越多的人口也向城市化区域流动，不仅提高了城镇建设用地的利用效率，增加了城镇人口密度，而且间接防止了城市的过度开发和无序扩张，使得城市呈现紧凑化发展趋势。

位于城镇开发边界以内的土地是城镇建设的主要空间，划定城镇开发边界可以实现城市土地的最大化开发利用，优化城镇布局和城镇功能结构，有效控制城镇的无序扩张。在这种背景下，城镇开发边界内的建设用地管控需要遵循严控增量、盘活存量、集约复合和弹性适应四大策略，促使现有城市内部空间的合理利用。其中，严控增量指的是在城镇建设开发活动中优先考虑对已有建设用地的二次开发或升级改造，尽可能控制建设用地的增加，减少对未开发土地的需求；盘活存量指的是在城镇建设开发活动中全面盘点现有建设土地资源，高效整合其中存在的利用效率低的或闲置的土地资源，用于满足当前城镇建设需求；集约复合指的是在城镇建设开发活动中将有限的土地资源进行统筹规划，建设成集商业、居住、办公于一体的综合性功能建筑，实现土地的多元化开发利用，提升土地资源的利用效率；弹性适应指的是在城镇建设开发活动中必须结合城市环境的变化和未来发展需求灵活地调整建设规划，从而实现城市的可持续发展。

城镇建设用地管理还应符合城市“三区四线”（“三区”为禁建区、限建区、适建区，“四线”为绿线、蓝线、紫线、黄线）的规划用途管制要求，完善“一书三证”(《建设项目选址意见书》《建设用地规划许可证》《建设工程规划许可证》《乡村建设规划许可证》）制度，统筹布局建设交通、水利、通信和能源等城市基础设施廊道，进而实现城市空间资源的合理配置以及城市建设土地使用的有效管理，消除不同用途空间的潜在冲突，推动城市区域均衡发展。

第二节　国土空间规划基础信息平台建设

一、国土空间规划基础信息平台建设的背景

（一）飞速发展的信息技术冲击

随着时代的发展，基于传统计算机技术的信息处理平台迎来了新的发展契机，尤其大数据、云计算、物联网和人工智能等新兴技术的诞生，不仅极大提高了信息平台的信息处理能力和处理效率，更拓宽了信息平台的覆盖范围，使其渗透社会的各行各业、生活的各个角落。同理，在这些信息技术的支持下，国土空间规划信息处理的平台建设之路也变得畅通无阻。

大数据是数量巨大、结构复杂、类型众多的数据集合，应用大数据技术可以实现海量数据的采集、存储和分析，能够让人们用更高的效率

挖掘数据中潜在的规律和价值。在国土空间规划领域中应用大数据技术可以构建涵盖规划空间的地理信息、人口数据、土地利用信息、用地类型、生态环境因素等一系列基础数据的规划数据库和管理平台，并且能随着空间规划的逐步推进而不断更新，这个规划数据管理平台能够动态监测空间各要素的变化，为国土空间规划决策提供科学依据和数据支撑。

云计算技术是一种基于网络展开的分布式计算，它将庞大的计算处理程序分解成无数个散落在网络不同角落的子程序，再将这些子程序分配给由多个服务器组成的庞大系统进行处理和分析，之后将处理结果回传给用户。通过这种方式，云计算不仅可以大幅提升计算速度和效率，而且用户不需要再独立购买昂贵的硬件设备和软件许可，只需通过云网络就能获得强大的计算能力。在国土空间规划中应用云计算技术可以为国土空间规划信息平台提供强大的资源调度能力和计算能力，大幅降低基础设施的建设成本，同时借助云计算资源特殊的弹性可以灵活应对大规模的数据处理和高强度的计算任务，从而显著提升国土空间规划的管理效率。

物联网技术是一种通过传感设备实现物品与互联网连接并进行信息交换和通信的智能化网络技术，这种技术的智能化主要体现在赋予物理设备智能属性，使其不仅能够感知数据、采集数据、实现数据通信，而且能够反过来控制物体的运动，使人们的生活更加便利。在国土空间规划中应用物联网技术不仅能够实时监控国土规划过程，还能够采集规划的动态数据，确保国土空间规划信息平台数据的准确性，为规划的动态调整提供依据。

人工智能是以人为模型展开的机器智能化研究，可以赋予机器类人的思想，使其像人一样思考和行动，将其引入国土空间规划信息平台会赋予平台智慧的分析能力，将与城市有关的地理信息、卫星信息、遥感数据等进行建模、分析，从中发现规律并进行未来趋势的预测，为规划人员制订规划内容提供理论依据。

（二）落实国土空间规划的政策要求

2017年1月，全国国土资源工作会议上明确提出要“结合实施全国国土规划，建立国土空间基础信息平台”，为国土空间和自然资源统一管理奠定信息基础，通过信息化手段支撑国土空间的合理开发。2017年7月，国土资源部和国家测绘地理信息局联合发布了《关于推进国土空间基础信息平台建设的通知》，进一步明确了建设国土空间基础信息平台的重要性与必要性，由国土资源部组织、国家测绘地理信息局、中国地质调查局、信息中心、中国土地勘测规划院、中国环境地质监测院等相关机构参与，齐心协力开展国家级国土空间基础信息平台建设工作，推动国土资源管理的信息化、精细化和智能化，为国土空间规划的编制、实施、监督和调整提供坚实的数据支撑。

2019年5月，中共中央和国务院出台了《关于建立国土空间规划体系并监督实施的若干意见》，进一步明确了建立全国统一的国土空间基础信息平台的重要性，要以自然资源调查和监测数据为基础，采用国家统一的测绘基准和测绘系统，整合各类空间关联数据，构建国土空间基础信息平台。同时将国土空间基础信息平台的建设工作从国家层面向地方层级逐步延伸，结合地方国土空间规划，构建地方国土空间基础信息平台，形成全国国土空间规划“一张图”管理模式，实现主体功能区战略和各类空间管控要素的精准落地，保障国土资源的合理配置与可持续利用。这个全国统一的国土空间基础信息平台不仅能够有效支撑国土空间规划的编制和实施，还能实现政府各部门之间的数据共享以及政府与社会之间的信息交互，打破数据孤岛，形成信息互通的机制。同时，公众也可以通过该平台获取相关的规划信息，这种主动参与空间规划的行为能大幅增强社会公众对规划的认可度，提高国土空间规划管理的有效性。

（三）急剧增长的国土空间规划诉求

国土空间规划是针对国土资源开发和生态环境保护的重要政策，科学、合理的国土空间规划不仅能够实现自然资源的充分利用，还能够平衡经济发展和环境保护的关系，实现人与自然的和谐共生。显然，想要实现这一系列目标，国土空间规划的工作量超乎想象，并且这种工作量会不断累积，使得整个国土空间规划的实施越发艰难，不得不寻求有效的解决方案。在这种背景下，信息技术的发展为解决国土空间规划问题开辟了新的道路，国土空间规划信息平台建设可以提供新的技术方法和思维模式，促使国土空间规划工作实现信息化转型。

国土空间规划的工作内容和信息化转型见表 6-1。

表 6-1　国土空间规划的工作内容和信息化转型

国土空间规划工作的内容概述	国土空间规划工作的具体内容	基于国土空间规划基础信息平台的规划工作信息化转型
厘清底图	编制国土空间规划最基础的工作是厘清规划空间内资源的具体情况，并以此为基础，构建清晰准确的“底图”，方便规划者全面掌握资源的保护现状和开发利用情况。这些工作主要依赖各类资源的详细调查和普查工作，往往需要投入大量的人力、物力和财力，同时由于数据采集和处理过程复杂，使得数据的更新周期较长，导致资源现状的变化可能与原有的数据产生偏差，影响空间规划的科学性	国土空间规划信息平台通过部署在土地、森林、水体等各类资源区域的物联网设备和传感器，可以实时感知自然资源数量与质量的变化情况，并将采集到的数据传输至信息平台，进行整合、存储和分析，不仅可以大幅降低数据采集成本，还可以实现数据的实时更新，避免信息的滞后性，从而为空间规划提供更为精确的依据

续　表

国土空间规划工作的内容概述	国土空间规划工作的具体内容	基于国土空间规划基础信息平台的规划工作信息化转型
全程监测	国土空间规划的实施需要坚守底线，严格保护生态空间，这就需要对规划的实施过程进行全程监测，全面、实时地掌握资源的保护状态与开发利用情况，特别是在开发建设过程中可能存在的违法行为	国土空间规划信息平台能够实时监测规划空间资源的利用情况和运行状态，实时采集和分析资源利用数据，及时发出预警信号，帮助管理者及时干预出现的违规行为。同时，智能化的监测和预警系统能够对空间管控措施和资源保护条件的执行情况进行全面监督，确保规划中的各项要求得到有效落实
动态评估	国土空间规划的编制与实施需要以“量化”为手段，将规划目标具体化为可操作的“指标”，并以这些“指标”为量纲明确规划的底数，构建系统的评估考核机制。这一过程需要大量现状、规划、实施和管理基础数据的支撑，以便评估各项规划指标的执行与落实情况。但大多数传统的规划评估依赖的数据常常具有滞后性，且时空维度和精度不统一，使得评估工作仅能在特定时间截面上进行，难以实现动态化、常态化的评估	国土空间规划信息平台可以实时监测空间自然资源的运行动态，形成丰富而多样的数据，克服传统调查普查的高成本、数据滞后等问题。此外，信息化平台还可以通过数据的实时采集和分析，使得国土空间规划的评估工作不再局限于特定的时间节点，而是贯穿规划编制、实施和调整的整个生命周期，大幅提升评估的精度

续 表

国土空间规划工作的内容概述	国土空间规划工作的具体内容	基于国土空间规划基础信息平台的规划工作信息化转型
公众参与	公众参与是国土空间规划编制、实施和评估中不可或缺的重要环节，只有深入了解公众的需求和实际情况，才能真正实现以人为本的规划目标。这就要求空间规划应深入底层，关注民生民情，了解生产和生活过程中人与资源的实际供需状况，这需要消耗大量的人力、物力、财力以及时间。同时，公众需要主动参与国土空间规划，通过反馈等形式表达对规划的意见和期望。这一过程需要政府和公众紧密衔接，但传统的国土空间规划很难满足这一条件	国土空间规划信息平台可以深入分析公众的活动规律、出行模式、居住偏好等信息，为规划人员提供居民对空间资源的实际需求，帮助规划人员做出更准确的规划内容。此外，信息化平台还可以向公众公开规划内容，增加公众对规划过程的知情权和参与权，同时让公众更积极地参与规划编制和实施的过程，发表自己的意见，使得国土空间规划能够更好地服务社会大众，真正实现“以人为本”，提升公众的生活质量

二、国土空间规划基础信息平台设计

（一）总体框架

国土空间规划基础信息平台基于云计算技术设计理念，依托大数据、分布式、物联网等先进数字技术，构建全面、系统、开放的基础信息平台，如图 6-1 所示。

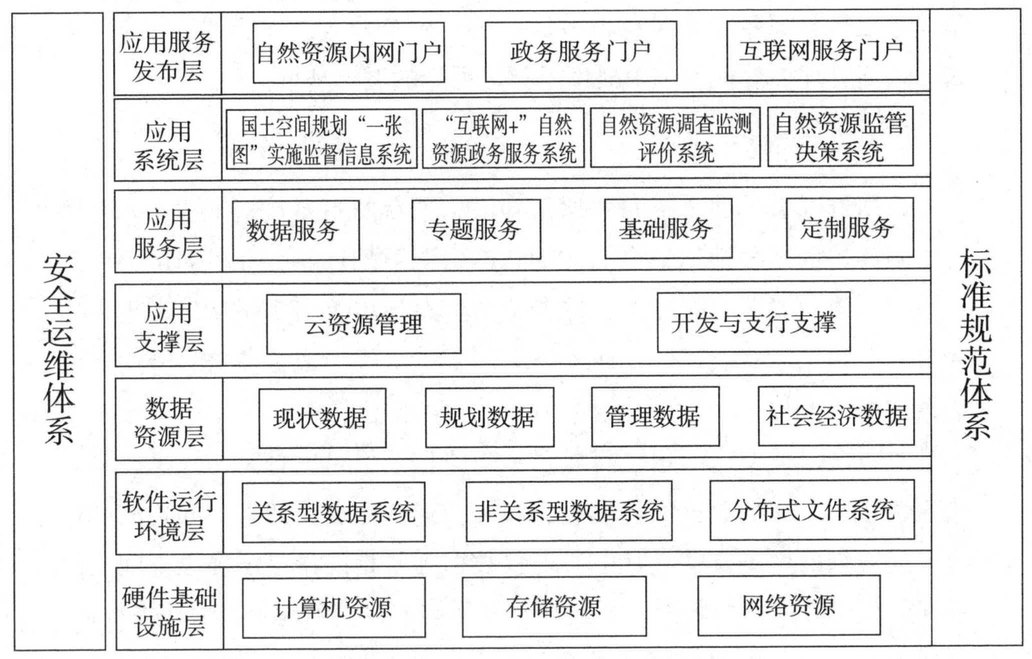

图 6-1　国土空间规划信息平台总体框架

1.硬件基础设施层

硬件基础设施层是国土空间规划基础信息平台重要的物理支撑，通过整合计算机资源、存储资源和网络资源等物理资源，构建一个共享资源池。它不仅具备高性能计算能力，能实现大容量存储，还可以结合具体需求动态扩展，满足多元化的业务需求。

硬件基础设施层不仅可以为平台提供充足的数据存储空间，还可以支持大量用户同时办理业务和查询共享信息，更重要的是可以为各级分节点业务系统的接入提供稳定的平台保障，使其在统一的云环境下实现数据和应用的无缝衔接，显著提升整体系统的灵活性。

2.软件运行环境层

软件运行环境层是国土空间规划基础信息平台关键的软件支撑，包括关系型数据系统、非关系型数据系统、分布式文件系统等组件，为平台的数据管理、处理和应用提供了稳定可靠的运行环境。

3. 数据资源层

数据资源层是国土空间规划基础信息平台的主要数据来源，是与国土空间相关的各种数据集合而成的自然资源数据体系，在横向层面涉及住建、测绘、发改、农业、自然资源、生态环境等多个领域，在纵向层面贯穿了国家、省、市、县四个行政层级，最终形成全覆盖、分层次的数据结构。

按照数据类型，国土空间规划基础信息数据可以分为四大类，分别是现状数据、规划数据、管理数据和社会经济数据，四者共同构成了国土空间规划的数据支柱。其中，现状数据主要指的是描绘国土空间实际情况的相关数据，如基础调查数据、专项调查数据和地理国情普查数据，是规划空间土地资源、生态资源、基础设施的真实反映；规划数据是针对国土空间编制的各种规划数据，如国土空间总体规划、详细规划和专项规划等，为国土空间管理提供了明确的规划控制依据和管控指标；管理数据是在行政审批和项目管理过程中产生的数据，如不动产登记、地政管理、矿证管理等，为批后监管提供了详细的信息支撑，使得各级管理部门能够更高效地监督审批结果的落实情况；社会经济数据则是国土空间中涉及动态变化的数据，如人口数量、就业情况、经济发展数据等，直观体现了规划空间的变化，为国土空间的综合分析和科学决策提供理论支撑。

4. 应用支撑层

应用支撑层是国土空间规划基础信息平台的技术支柱，是平台高效运行、灵活拓展的关键组成部分，主要包括两部分内容，分别是云资源管理和开发与运行支撑。

云资源管理部分是平台发挥管理职能的重要区域，其主要职能可以概括为三大类：第一，云基础设施的管理。是对平台各类基础设施的管理，如对计算、存储和网络等设施的全面监控、调度和管理，这种管理是实现合理调配、高效利用云资源的关键环节；第二，云服务资源的管理。是对平台服务资源的管理，涵盖服务的注册、发布、调度和监控等，这种管理可以在用户提出需求时积极响应，提供最恰当的服务；第三，云数据资源管理。是对平台各类数据资源的管理，涵盖数据的接入、目录管理、调度、管理和监控等，这种数据管理可以将源自不同部门的数据整合在一起，快速响应各级业务系统调用或访问的需求。

开发与运行支撑部分是支撑平台进行系统开发、平稳运行的核心区域，通过提供成熟的开发框架和运行环境，使得平台可以提供更为全面的服务。这部分主要包括服务总线、数据总线、门户网站、统计分析模块、授权与访问控制等。

5. 应用服务层

应用服务层是国土空间规划基础信息平台与用户交互、提供服务的主要界面，通过提供各种各样的服务，满足不同用户的多元化需求。根据服务类型，应用服务层提供的服务可以分为四大类，分别是数据服务、专题服务、基础服务和定制服务。

数据服务，顾名思义，就是以数据为主要服务内容的服务类型，它可以为用户提供所有与数据相关的服务功能，如数据访问、数据查询、数据浏览、数据共享等，使用户全面了解国土空间基础数据，以及其他部门、层级的共享数据，消除数据孤岛现象；专题服务，顾名思义，主要为用户提供与国土空间规划相关的专项功能的服务，如政务审批、监测监管、辅助决策、公众服务等，确保用户及时掌握资源的开发程度、利用情况以及管理成效，极大增强了公众对国土空间规划的参与度；基础服务，顾名思义，主要为用户提供一系列基础服务，如空间分析、统计报表和专题图制作等核心功能，这些功能可以让用户对空间数据有更全面、更透彻的了解；定制服务，顾名思义，就是以定制为主要服务特点的服务类型，它通过特殊的服务接口、编程接口、二次开发接口，使得用户可以根据自身需求自由调用平台数据和功能模块，实现特定应用的定制化开发。

6. 应用系统层

应用系统层是国土空间规划基础信息平台最核心的功能应用空间，它依托应用服务层的服务功能，构建了一系列满足不同业务需求的应用系统，如国土空间规划“一张图”实施监督信息系统、“互联网 +”自然资源政务服务系统、自然资源调查监测评价系统和自然资源监管决策系统等，全面支持国土空间规划的实施和落实。

国土空间规划“一张图”实施监督信息系统是平台针对国土空间规划的典型应用，通过一张可视化国土空间规划图全方位展示了规划区域的空间资源分布、开发利用情况，为规划者编制规划提供了数据支撑；“互联网 +”自然资源政务服务系统是针对政府部门的典型应用，普通民众和企业可以通过这一系统在线办理土地审批、不动产登记、矿业权申请等业务，极大简化了审批流程、降低了行政成本、提升了政务服务效率；自然资源调查监测评价系统是针对空间自然资源的典型应用，通过对空间内自然资源的实时监控，可以帮助管理部门更好地了解资源状况、掌握开发进度，从而识别生态空间环境的变化趋势，制定科学的自然资源保护措施；自然资源监管决策系统是针对自然资源管理部门的典型应用，通过大数据分析、智能算法和模型构建，找出自然资源存在的典型问题，抓住自然资源的发展趋势，从而为管理者管理自然资源、制定管理政策提供理论支撑。

7. 应用服务发布层

应用服务发布层是国土空间规划基础信息平台最主要的门户，是用户访问平台、平台提供应用和服务的主要界面，主要包括自然资源内网门户、政务服务门户和互联网服务门户三个主要门户。

自然资源内网门户主要面向的是政府的自然资源管理部门，用户通过该门户可以访问信息平台中与国土空间自然资源相关的核心数据、监测报告，并办理规划审批、资源监管、执法监督等内部业务；政务服务门户是面向政府及与国土空间规划有业务关联部门的主要界面，普通民众和企业可以通过这一门户在线办理土地审批、不动产登记、矿权申请等政务手续，极大简化了办理流程、提升了业务办理效率、增强了政府服务的透明度；互联网服务门户是面向普通公众的主要界面，其中罗列了各种与国土空间相关的公开政策信息，如规划图查询、土地资源分布、自然资源政策信息等，公众可以自由获取自然资源和国土空间规划的最新动态，并积极参与，提出具有代表性的意见反馈，增加民众的参与度。

8. 安全运维体系

安全运维体系是国土空间规划基础信息平台的重要保障，是平台平稳运行的重要支撑。想要构建一个全面的安全运维体系，需要先对平台整体的安全等级进行评估，然后在此基础上，遵循国家相关的安全等级保护标准构建平台安全保障架构，再配合保证平台物理架构、网络、数据、应用、访问等活动安全的一系列措施，形成一个严密的、多维度的防护体系，确保平台在日常运转和高负荷访问时能保持安全。同时，建设覆盖整个平台的监控系统，实时监控平台硬件、网络、数据、应用及各项服务的运行状态，一旦发现问题及时发出警报，并按照提前制定的应急响应流程进行快速处置，减少系统停机时间，降低数据丢失风险。此外，这个监控系统还可以与预警机制相结合，主动识别平台运行过程中存在的潜在风险，提前采取措施，确保系统长久、平稳运行。

9. 标准规范体系

标准规范体系是国土空间规划基础信息平台建设和运行的重要保障，它通过统一的技术标准，使得平台的各个分系统和模块遵循统一技术要求设计，拥有完全一致的接口类型、数据格式，从而消除不同来源数据在采集、传输、处理、存储和展示等环节的冲突，极大地增强了各个分系统和模块之间的协调性。除了统一的技术标准外，标准规划体系还具有统一的管理规范，它是平台日常运行、应用开发、维护管理的基本准则。统一的管理规范为平台的操作和管理提供了明确的流程和标准，使各项工作有法可依、有章可循，确保每个环节都能按照预定的流程进行，极大地提升了平台的运行效率和安全性。基于这种规范化管理，平台能够为所有用户提供别无二致的服务体验，间接推动多部门、多层级国土空间规划的协同一致，使得整个平台系统能够长期稳定、高效地运行。

（二）国土空间规划基础信息平台节点设计

国土空间规划基础信息平台贯穿国家、省、市、县四级，整合成一个有机整体，所以其节点分布同样采取分级设计，由国家级主节点和省、市、县分节点组成，形成层级化、模块化的管理体系，如图 6-2 所示。

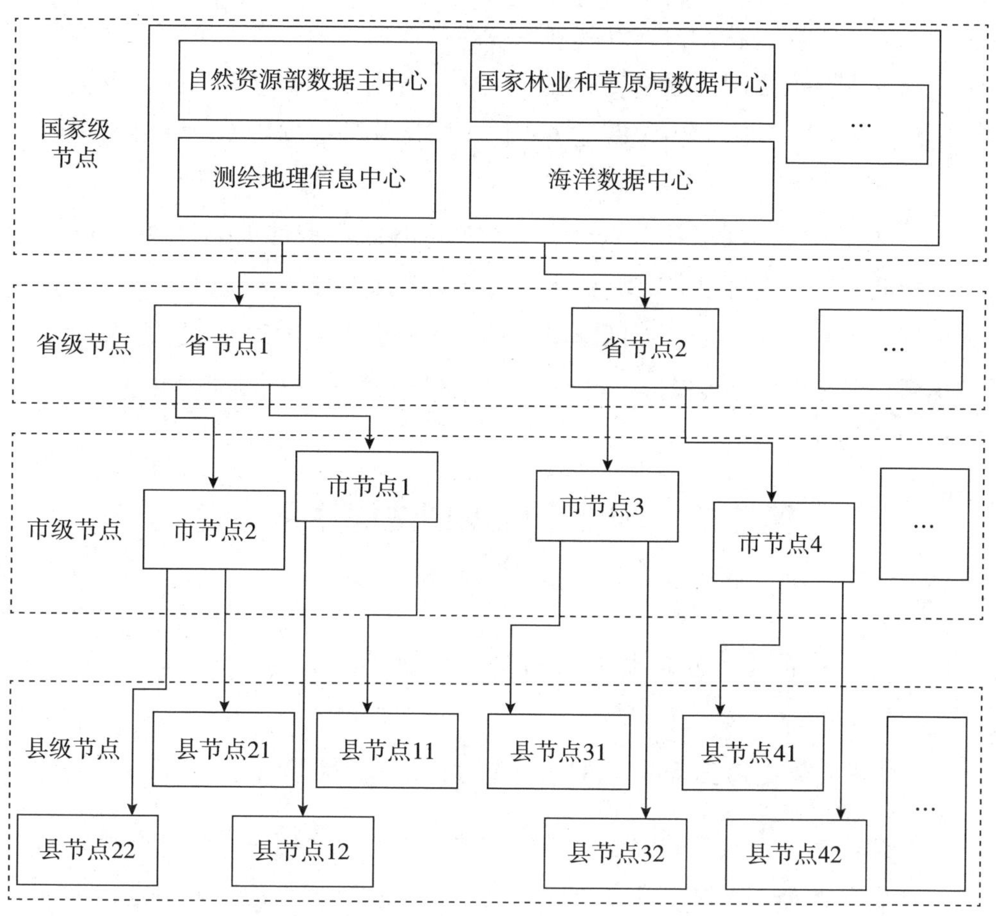

图 6-2　国土空间规划基础信息平台节点分布

国家级主节点包括多个重要的数据节点，如自然资源部数据主中心、国家林业和草原局数据中心、测绘地理信息中心、海洋数据中心等，这些分布式节点分别管理相关领域的数据资源，共同构成了基础信息平台的核心数据枢纽，实现了跨领域、跨部门的数据整合、共享，为空间规划和管理提供了数据支持。

省、市、县分节点与国家级主节点紧密衔接，由同一层级的自然资源主管部门负责，全权管理本级区域内土地、生态、地质、林业等资源的数据采集和更新，为地方规划决策提供数据支持。省、市、县分节点与国家主节点之间的数据可以互通，这使得地方数据可以在国家级平台上集中展现并按需调用，促进了不同区域之间的数据协作，满足了多样化的规划需求。

这种独特的层级化节点分布架构使得各级节点都承担着数据管理、维护和更新的重要责任，其中省、市、县各级节点主要负责本地区内的资源数据管理与更新，而国家级主节点主要负责关键基础数据的管理与更新，以确保数据能及时、准确地反映区域空间资源的动态变化。

第三节　国土空间规划法律体系建设

一、现行国土空间规划法律体系全面检视

（一）构建国土空间规划法律体系的必要性

法律是一个具有“强制”色彩的概念，是一个国家维护社会稳定和秩序的基本准则，是国家所有民众在日常生活中遵循的普遍规范，是特定时期统治阶级意志的直观反映，一般由立法机关或国家机关制定。法律有广义和狭义之分，广义的法律指的是整个法律体系，是宪法、普通法律、行政法规、地方性法规等各类法律文件的集合，是国家治理全面而系统的依据；而狭义的法律则特指由拥有立法权的国家机关依据法定权限和法定程序所制定的规范性文件，即由全国人民代表大会及其常务委员会所制定的法律。基于此，我们可以清楚地认识到法律在国家治理体系中占有举足轻重的地位，是治国之“重器”，不仅能维护社会秩序、保障公民权利，还能推动社会和谐、经济繁荣。

国土空间规划作为国家针对特定空间自然资源和生态环境的统筹规

划，同样属于国家治理的核心内容，所以法律对国土空间规划有着不可估量的重要作用。在这个背景下，国家先后出台了一系列相关的法律法规，如《中华人民共和国城乡规划法》《中华人民共和国土地管理法》《中华人民共和国环境保护法》《基本农田保护条例》等，同时各级政府也基于国家法律，出台了一系列细化的、配套的规章制度、管理条例以及技术标准等。但是由于国土空间规划缺乏宏观层面的根本大法，再加上法规出台参考的标准各不相同，导致许多与国土空间规划相关的法律法规相互独立、不成体系，以至于国土空间规划在实践过程中无法获得坚定的法律依据。随着时代的发展，这种“无法可依、无规可据”的特殊局面持续发酵，使得整个国土空间规划工作陷入“编制难、实施难、考核难”的“三难”困局，严重阻碍了国土空间规划的有效推进，影响了国家生态文明建设的顺利开展以及我国“五位一体”总体布局的顺利实施。

在这种背景下，完善国土空间规划立法，健全相关法规体系已然成为国土空间治理的当务之急，需要即刻提上日程，加快空间治理和生态保护的法治化进程，为各级政府国土空间规划的编制、实施、监督提供权威的法律依据。不仅如此，国土空间规划立法还可以为全面依法治国的贯彻落实提供关键支撑，为生态文明制度建设工作的开展提供稳定的制度基础，确保政府出台的各项规划措施和生态保护政策更加合理、科学。更重要的是，我国的国土空间规划在经过多次转型和改制后已经趋于成熟，逐渐步入一个需要法治体系保障的新阶段，构建并完善国土空间规划法律体系能够最大限度地保障空间资源的合理配置和生态文明的可持续发展。

（二）我国现行国土空间规划法律法规全盘梳理

我国现行的与国土空间规划相关的法律法规主要涉及三个领域，分别是城乡规划、土地利用、环境保护，这三个领域的法律法规梳理见表6-2。

表 6–2　我国现行国土空间规划法律法规梳理

国土空间规划关键领域	法律法规名称
城乡规划	《中华人民共和国城乡规划法》《村庄和集镇规划建设管理条例》《历史文化名城名镇名村保护条例》《城市规划编制办法》《省域城镇体系规划编制审批办法》《城市总体规划实施评估办法（试行）》《城市、镇控制性详细规划编制审批办法》《历史文化名城保护规划编制要求》《城市绿化规划建设指标的规定》《城市综合交通体系规划编制导则》《村镇规划编制办法（试行）》《村庄整治规划编制办法》《城市规划强制性内容暂行规定》《建设项目选址规划管理办法》《开发区规划管理办法》《城市绿线管理办法》《城市紫线管理办法》《城市黄线管理办法》《城市蓝线管理办法》
土地利用	《中华人民共和国土地管理法》《中华人民共和国土地管理法实施条例》《基本农田保护条例》《土地利用总体规划管理办法》《土地利用总体规划编制审查办法》《省级土地利用总体规划编制守则》《建设项目用地预审管理办法》《土地利用年度计划管理办法》《节约集约利用土地规定》《土地复垦条例实施办法》《闲置土地处置办法》《土地权属争议调查处理办法》《土地调查条例实施办法》《土地储备管理办法》《耕地占补平衡考核办法》
环境保护	《中华人民共和国环境保护法》《中华人民共和国水污染防治法》《中华人民共和国海洋环境保护法》《中华人民共和国固体废物污染环境防治法》《中华人民共和国大气污染防治法》《中华人民共和国环境影响评价法》《中华人民共和国草原法》《中华人民共和国循环经济促进法》《中华人民共和国防沙治沙法》《中华人民共和国水法》《中华人民共和国清洁生产促进法》《中华人民共和国野生动物保护法》《中华人民共和国放射性污染防治法》《中华人民共和国可再生能源法》《中华人民共和国水污染防治法》

（三）我国现行国土空间规划法律法规面临的困境

根据上述对我国现行国土空间规划法律法规的全盘梳理可以发现，目前我国与国土空间规划相关的空间规划法律体系针对的是单一空间要素，如城乡规划、土地利用、环境保护，每个规划对象都包含数个法律文件，形成一个个独立、分散的法律法规子群，可以视作体系，却又不成体系。之所以会形成这种“非体系”的局面，归根结底还是这些法律法规群太过注重对单一空间要素的规范功能，没有在逻辑层面形成统一的有机系统，相邻空间要素的规划之间毫无关联，自然无法在一个体系化的框架内形成制度合力，以至于在面对国土空间规划中带有宏观性、整体性特征的问题时无法做出正确、科学的应对，无法有效解决因规划下辖领域范围重叠参数的复杂问题。这种困境主要表现在以下几个方面。

1. 国土空间规划法律体系缺乏顶层规划

目前，虽然我国现行的国土空间规划法律体系中包括各种各样的法律文件，但并没有一部法律可以充当国土空间规划领域的基本法，这种顶层立法缺位的局面使得国土空间规划法律体系出现了真空区间，无法支撑国土空间管理的统筹实施，间接阻碍了国家的空间治理。

虽然《中华人民共和国城乡规划法》（以下简称《城乡规划法》）是以“规划”命名的法律文件，但却在过去充当了空间规划法律体系的主干，不仅详细规定了规划的编制、审批、实施、修改、监督等事项，还对土地利用规划、生态保护规划等其他类型的空间规划具有一定的规范效力，为规划的实践提供了法律依据和支撑。但随着时代的发展，《城乡规划法》作为覆盖城市规划、城镇规划、乡规划和村庄规划的法律，只能在这些规范范围内发挥规范效力，对于国家级、省级等更高层级的空间规划则没有任何效力，再加上《城乡规划法》的规范内容与国土空间规划的实际需求存在一定偏差，根本无法满足国土空间的多元化需求。这些局限性使得《城乡规划法》逐渐被更全面的《国土空间规划法》

替代。

与《城乡规划法》具有相似地位的法律还有《中华人民共和国土地管理法》(以下简称《土地管理法》),它本身是针对土地用途管理的法律文件,却明确了国土空间规划的法律地位,所以在《国土空间规划法》尚未正式出台时可以作为替代,支撑国土空间规划实践。但是,随着国土空间规划的稳步推行,《土地管理法》由于管理对象极少涉及空间秩序,无法完全承担国土空间规划和管控的职能,所以《土地管理法》只能在一定程度上弥补当前国土空间规划法律规范的不足,却无法真正替代系统的《国土空间规划法》所应承载的综合性立法目标。近年来,我国先后出台了多个具备国土空间规划作用的法律条文,但只是从不同维度涉及国土空间规划的内容,反而从客观上彰显了国土空间规划法立法的必要性和紧迫性,推动了《国土空间规划法》的立法意向。

2. 国土空间规划法律体系结构冗杂

目前,国土空间规划法律体系中存在大量法律文件,但其中大部分针对城乡规划、土地利用、环境保护等具体领域,甚至包括一些非规范类的法律文件,这种特殊的体系构建方式使得我国国土空间规划法律体系成为外强中干的典型代表。

我国国土空间规划法律体系之所以会形成这种构建,最根本的原因是政府部门在出台法律规范时过于追求合理性、有效性,针对具体的规划对象进行了最大限度的细化和差异化,甚至“一规一法”,这种立法模式直接导致空间规划法律体系的碎片化,从而逐渐形成了立法重叠和立法空白并存的混乱局面。具体来讲,目前出台的各种空间规划法律规范虽然涉及的规划类型有所差异,但在具体条文的设计上有明显的趋同特点,条款设置和体例编排高度相似。虽然这种同一性的编排可以促进法律体系内部的一致,但也因忽视了每个法律规划的特殊要求而出现“个性不足”的情况,无法灵活应对不同规划对象的多元需求。同时,过于关注一个领域的规划深化很容易深陷其中，无法扩展到其他可能涉及的空间规划类型，导致规划领域出现空白，直接影响规划的执行和落实。更重要的是，国土空间规划体系并不是静态的，而是动态发展的，会在不断演进中涌现出各种各样新的规划类型或需求，现有的法律体系可能无法及时适应国土空间规划的新形势和新要求，最终陷入“统筹困境”。

3. 国土空间规划法律体系内部不协调

在现行的国土空间规划法律体系中，为了实现规划的统一目标，需要多个参与主体共同努力，于是诞生了多个类型的空间规划法律规范，而每一类法律规范是各自权利主体治理理念的直观体现，这就使得各个立法主体因为立法目的不同而导致出台的各个法律规范之间无法紧密联系，甚至存在明显冲突。具体来讲，国土空间规划涉及多个层级，每个层级的空间规划法律规范与上下级法律规范之间存在天然的衔接性，从而确保规划能够解决具体问题。但是，下级层级规划在解决同一问题的过程中因为实际情况不同而忽略了对上级规划的细化，从不同角度着手解决，这种明显的立意偏差很容易导致各个法律规范之间的衔接变得不具备操作性，形同虚设，只能视作名义上的衔接。

在现行空间规划法律体系中，每个空间规划法律规范都有其对应的权属范围，其在这个范围内有绝对的主导权。但由于出台空间规划法律规范的主体不同，所以每个空间规划法律规范对应的权属范围很容易重合，这就导致两个法律规划对于同一规划区域内的同一概念产生两种解释，这种认知的偏差直接导致规划管理的错乱。最典型的代表之一就是《土地管理法》与《森林法》及其实施条例对于“林地”有几乎完全不同的认知，土地管理部门往往将林地作为经济物，而林业部门则将其视为生态物，这就导致在规划实践中，“林地”这一地块因“双重属性”认知冲突出现错乱情形，不仅影响林地的规划管理，还无法保证林地资源得到合理利用和保护。

二、国土空间规划立法逻辑转变

2018年2月，中国共产党第十九届中央委员会第三次全体会议在北京举行，明确提出要“强化国土空间规划对各专项规划的指导约束作用，推进‘多规合一’，实现土地利用规划、城乡规划等有机融合”。显然，国家已经注意到各类空间规划管理分散、衔接不顺的情况，希望通过统筹协调解决这一问题。2019年5月，中共中央和国务院发布的《关于建立国土空间规划体系并监督实施的若干意见》明确提出“将主体功能区规划、土地利用规划、城乡规划等空间规划融合为统一的国土空间规划，实现‘多规合一’”，这种明确的国土空间规划顶层立法已经呼之欲出。在这个关键节点，国土空间规划立法不能沿用以往的立法逻辑，而需要从领域层面、发展层面、体系层面转变立法逻辑，确保立法效果的最大化。

（一）领域层面的逻辑转变

国土空间规划是一个涉及资源开发、生态保护、经济发展等多个领域的政策，所以传统的立法逻辑是将不同领域分割开来，然后依靠针对性法律规范进行独立管理，这种做法成效明显，只是在应对国土空间规划交叉性和系统性需求时显得力不从心。在这种背景下，国土空间规划立法可以转变逻辑，从领域层面出发，立足问题，深度分析问题，最后解决问题。这种领域性逻辑忽视了独立领域的划分，以空间规划问题为导向，以解决问题为核心，在资源、环境、经济等多个领域交融的领域中找到一个清晰的立法基准。简单来讲，采用领域逻辑的国土空间规划立法围绕“空间规划问题”展开，而非围绕“土地问题”“环境问题”“资源问题”“交通问题”等具体领域的问题而展开，有效克服了空间规划立法中可能存在的分割和局限等弊端，更重要的是国土空间规划法能够真正统筹多领域目标、协调多层次资源，真正成为国土空间资源合理利用、生态环境保护的法律依据。

（二）发展层面的逻辑转变

国土空间规划是一种立足当下、追求未来发展的系统性布局，这就意味着国土空间规划的立法不仅需要完成现实的管理任务，还需要随着时间的不断推移而动态调整，从而灵活适应空间资源、环境的变化，实现可持续发展的目标。基于此，国土空间规划应采用发展逻辑，即在法律框架内研究如何构建正确的法律体系来解决国土空间发展问题。具体来讲，国土空间规划的立法需要以当前规划需求为基础，结合空间资源在未来的动态变化制定未来发展目标，再以此发展目标为核心反推如何立法，这样就可以保证制定的国土空间规划法既能满足当下空间开发的实际需求，也能随着时间流逝动态适应空间发展，实现空间资源的长效配置和可持续发展。

国土空间规划立法是一个在旧法基础上立新法的过程，但这并不意味着一切旧法都要摈弃，而需要以旧法为根基演化新法，这恰恰也是发展逻辑的直观体现。为了确保国土空间规划的法治建设始终处于连续发展的过程，国土空间规划在立新法时需要谨慎、恰当地处理旧法以及新法与旧法之间的衔接，确保旧法中的合理要素能够有效融入新法体系，避免制度和实践的断层，保障国土空间规划立法顺利过渡。

（三）体系层面的逻辑转变

为了更好地发挥法律的作用，最有效的做法就是将内容相关的法律规范整合在一起，构建成价值融贯、关系紧密的有机整体。这种集成的法律体系不仅能发挥单一法律规范的作用，还能发挥整个体系的作用，保障法律的有效性。同理，国土空间规划立法同样要以构建完整体系为根本出发点，确保充分发挥规划的作用。

从体系层面出发，国土空间规划立法的体系构建需要从外在形式和内在价值两个角度着手。在外在形式上，国土空间规划立法需要避免采用传统的分散立法模式，消除不同空间规划法律规范之间的矛盾和冲突，构建结构合理、规范一致的法律框架。为了实现这一目标，国土空间规划立法需要统一核心概念、明确使用规则、精准使用语言，从根源上防止不同规范之间因表达或定义差异而产生的冲突和矛盾，增强法律体系的内在一致性和稳定性；在内在价值上，国土空间规划因为涉及土地开发、环境保护、生态平衡等多方面的价值诉求，在实践过程中很容易面临“资源开发”与“生态保护”的冲突，不得不做出取舍，以至于现行空间规划法律体系呈现“开发型”与“保护型”双轨并行的局面。基于此，国土空间规划立法需要从更宏观的角度出发，充分发挥价值整合的功能，实现经济发展与生态保护的和谐统一以及空间的可持续发展。

三、国土空间规划法律体系的框架重构

随着时代的发展，现行国土空间规划法律体系存在明显不足，并且由于空间和动力的局限，很难在现有的框架内进行自我调整。再加上“多规合一”改革的稳步推进，逐渐削弱了原本的法律体系基础，使得国土空间规划法律体系迎来最大的改革契机。因此，国土空间规划法律体系的重构已成为必然，但如何设计新的法律体系框架、如何保证新的法律框架能够适应如今多元化的需求，已经成为体系改革亟待解决的议题。

为了解决这些问题，可以对国土空间规划法律体系进行全方位解剖，揭露其本来面目，从而更好地理解并确定重构方向。通过剖析后发现，国土空间规划法律体系不仅是一个涵盖多层次法律规范的复杂系统，还与其他类型和层级的法律规范紧密衔接，实现信息交互。基于此，可以从内部和外部两个层面进行设计，构建兼具复杂性与开放性的现代化国土空间规划法律体系框架。

（一）内部集成

国土空间规划法律体系内部涵盖各种各样的法律规范，如土地管理法、自然保护地法、耕地保护法、环境保护法、矿产资源法、森林法等，

想要将这些法律集合在一起形成一个完整的体系，最关键的环节是寻找一个体系中坚，既与以上法律有关，又能规范以上法律。经过调查发现，现行法律规范中的《城乡规划法》和《土地管理法》可以充当体系中坚，却因为法律内容与当前实际需求不匹配，只能作为过渡，最理想的选择还是《国土空间规划法》这一基本法，它不仅涵盖面广、适用性强，还能有效整合和指导各类空间规划，完美支撑整个法律体系框架。但由于《国土空间规划法》并未明确出台，此处仅作为立法成果表述。

在确定《国土空间规划法》这一体系中坚后，就可以在该法律的基础上搭建系统而有效的法律框架，只不过在领域逻辑的指导下，国土空间规划法律体系并不是分散平铺的结构，而是一种特殊的同心圆波纹式差序结构。这种结构按照各种法律规范与根本法的关联程度来区分由内到外的层级，关联性越高的法律规范与根本法的距离越近，关联相对较弱的法律规范则位于体系的边缘位置，如图 6-3 所示。

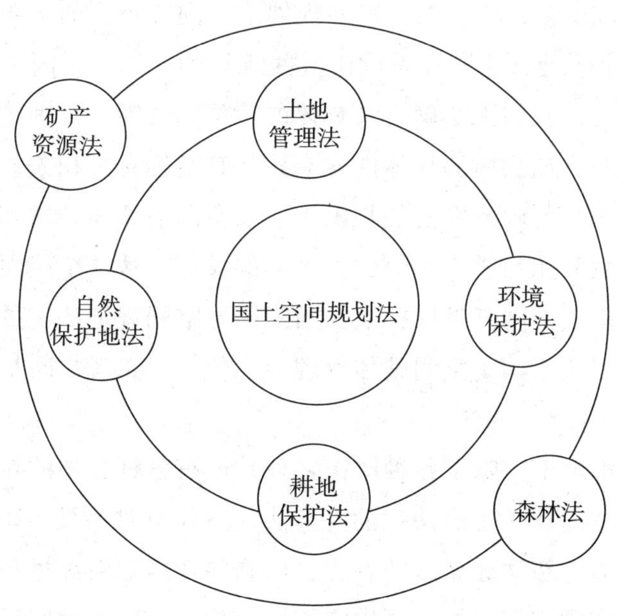

图 6-3　国土空间规划法律体系差序结构示意图

图 6-3 这种同心圆波纹式的法律体系可以使各类与国土空间规划相关的法律规范在统一框架下紧密地连接在一起，形成由中心法到外围法逐层延展的结构，有效克服过去法律规范松散分布的缺陷，满足现行国土空间规划的多元需求。

（二）外部衔接

在构建国土空间规划法律体系的过程中，虽然内部集成能够解决部分国土空间规划问题，但并不能涵盖所有复杂的空间规划需求，因为每一部法律规范都有其对应的功能范围，自然无法应对涉及多个维度的国土空间规划需求。因此，想要构建完整的国土空间规划法律体系，必须在内部集成的基础上理顺国土空间规划法律体系与外部法律规范之间的层次关系，实现规划的统筹协调、紧密衔接，从而保证法律体系覆盖所有层级和领域。

在纵向维度上，与《国土空间规划法》同等重要的法律还有《国土空间开发保护法》，它同样是国土空间规划的核心法，因为该法律同样没有正式出台，我们无法确定其具体的定位、功能、范围等，但按照正常的逻辑关系，该法律的具体内容应该与其名称息息相关，所以我们可以简单推测其主要内容针对的是国土空间资源的整体开发和保护，从而平衡资源开发利用与生态环境保护之间的关系。从这个层面出发，我们可以认为《国土空间开发保护法》与《国土空间规划法》虽然隶属同一层级，但前者属于国土空间整体管理的上位法，二者之间是明显的主从关系。

在纵向维度上，除了各种法律之外，还有各种各样的行政法规，这些行政法规本质属于上级法律的配套法，不仅是对上级法律的细化和具体化，也是对上级法律条款的补充，以确保在规划实施过程中全面践行规划意图，实现规划目标，所以它们应该位于《国土空间规划法》的下方。行政法规的数量肯定比法律多，主要包括综合性的《国土空间规划法实施条例》，针对国土空间规划具体环节的《国土空间规划编制审批条例》《国土空间规划监督管理条例》，以及与国土空间规划密切关联的《国土空间调查监测条例》《国土空间用途管制条例》《国土空间生态修复条例》等，这些行政法规同样需要内部集成，如同法律集成一样。最终，重构的国土空间规划法律体系可以视作一个放大的圆锥，最顶层是我国的根本法——宪法，中间层是与国土空间规划相关的法律，再下层是与国土空间规划相关的行政法规。国土空间规划法律体系重构框架如图 6-4 所示。

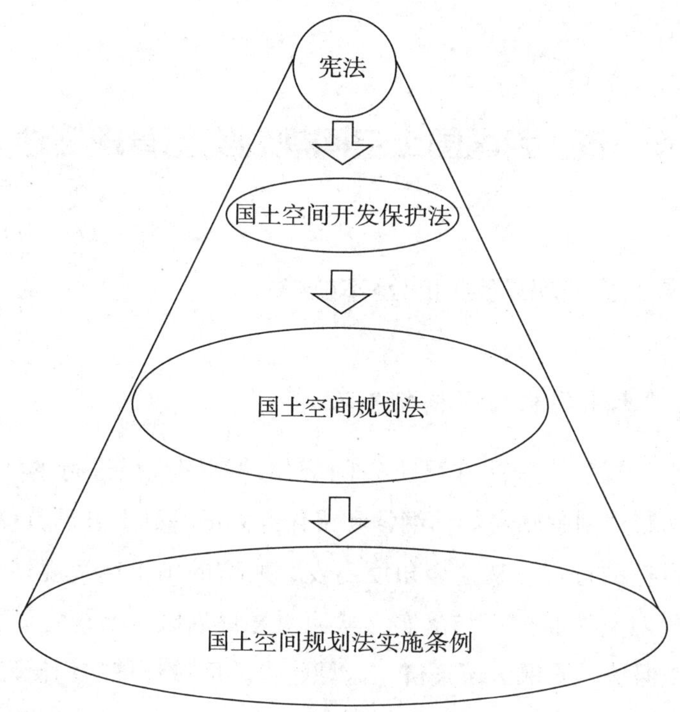

图 6-4　国土空间规划法律体系重构框架

第七章　我国国土空间规划实施管理

第一节　我国国土空间规划实施管理概述

一、国土空间规划实施的基本概念

（一）国土空间规划实施的含义

国土空间规划实施是在国土空间规划编制完成后进行的实践行为，是在遵循编制规划中确定行动纲领和工作计划的基础上开展具体的行动、实现预定目标的过程。从这个角度出发，所谓的国土空间规划实施是对国土空间规划文件的执行与落实，从而引导规划区域实现资源合理开发和生态环境保护，确保区域经济、区域建设、区域环境的均衡发展。

为了更好地理解国土空间规划实施的含义，通过一个简单的例子来阐述。城市规划是针对城市发展建设编制的科学政策，是在参考城市当前建设需求以及更长远发展基础上绘制的城市发展宏伟蓝图，涵盖了所有与城市发展相关的建设性行为。城市的发展并不仅仅是政府部门的工作，而是全社会的共同事业，政府在其中主要发挥主导作用，通过投资为城市基础设施建设和公共服务体系构建提供资金支持；除此之外，非政府组织、企业和普通民众也在规划实施过程中承担着重要职责。基于此，城市规划实施就是以宏伟蓝图为基础，遵循规划中制定的空间布局和综合部署，团结一切可以团结的力量，一步步完成城市基础设施建设、产业布局、公共服务体系构建以及环境保护等各方面的工作，提升城市的协调性、功能性和宜居性，促进城市经济、社会与环境的可持续发展。

国土空间规划的编制是为了维持区域资源开发和环境保护的平衡，从而提升区域竞争力，实现可持续发展。这意味着规划编制的最终目的是实施，从而在区域建设和发展过程中发挥真正的指导作用，满足区域发展多元化需求，实现区域繁荣发展。

（二）国土空间规划实施的行为

在国土空间规划实施的过程中，所有参与者的行为可以简单分为两大类，即政府部门的行为和非政府部门的行为，其中后者包括非政府组织、企业和普通民众等。

政府部门在国土空间规划实施中的行为是基于政府本身权利产生、依据法律规定实施的法定行为，实现对国土空间规划实施的组织和管理。政府部门的行为可以概括为三大类：①出台政策。在国土空间规划实施的过程中，政府秉持规划法律规范赋予的职能，行使规划编制和实施等行政权力，实现规划目标。具体来讲，政府遵循国土空间规划基本法编制各层级、各类型的国土空间规划，将规划的总体目标细化为具体的实施方案，再通过规划的实施实现这一目标。同时，政府还会结合规划实施的具体情况，围绕国土空间规划框架制订辅助性实施计划，将国土空间规划确定的目标、基本布局和功能分区逐一落实在实际操作层面，推动国土空间规划的有序展开。②经济支持。政府在整个国土空间规划实施过程中占据领导地位，可以通过财政手段支持城市建设活动，顺利实现国土空间规划目标。政府的经济支持主要体现在两个方面：第一，政府为城市建设活动提供直接的资金支持，即政府对城市道路、给排水系统、学校、医院、公园等基础设施项目的建设活动划拨财政资金，保障城市规划的顺利实施；第二，政府通过发放财政奖励等经济激励的方式激发城市规划其他参与主体的工作积极性，使其主动配合规划要求，推动城市规划稳步落实。③规划管理。在国土空间规划法律规范的授权下，政府有权对国土空间规划实施的全过程进行严格的监督和管理，保证城市建设活动符合规划要求，避免出现擅自调整、违规许可、未批先建、监管薄弱等问题，从而实现国土规划的根本目标。

在国土空间规划实施的过程中，政府作为承担规划实施组织、管理职能的参与主体，充分发挥自身作用，从出台政策、经济支持、规划管理三个方面提供了全流程的帮助，但实际中许多建设活动同样得到了非政府组织、企业和普通民众的帮助，他们的作用同样不容忽视。其中，非政府组织是规划实施过程中除政府部门之外的重要主体，尤其私人机构，它们本身就具有丰富的城市建设资源，在遵守国土空间规划和相关政策要求的前提下，可以自由地实施国土空间规划，引导城市建设，推动城市发展。从利益的角度来讲，非政府组织之所以在规划实施过程中发挥作用，肯定是为了满足自身的利益需求，但这并不能否认他们的行为可以推动规划的实施，为国土空间规划目标的落实提供支持和补充。企业作为城市建设活动的参与主体，在规划实施过程中主要提供资金支持，如出资建设公园、步行道，或者捐助学校、医院，不仅可以显著补充城市公共服务体系建设，提升城市公共服务水平，还可以带动周边地区的开发建设，实现区域土地的合理利用和可持续发展。普通民众一般是城市规划的受益者，但这并不影响他们的参与主体地位，他们可以通过亲身感受规划实施的成效，判断规划的有效性，从而通过政府官网、邮箱等反馈途径表达自己对规划执行情况的看法，帮助规划者及时纠正规划中存在的偏差，既保证了规划实施的透明性，又推动了城市建设的合理性和可持续性，从而实现规划的总体目标。

二、国土空间规划实施管理的基本概念

（一）国土空间规划实施管理的含义

国土空间规划实施管理是一个复合概念，想要了解其真实含义，需要对其进行深入剖析，还原其本来面目。经过剖析后，这一概念可以划分为“国土空间规划”“国土空间规划实施”以及“管理”三个层次，所以可以从这三个角度着手，推断其具体含义。

《国土空间规划》是一项针对特定区域空间内国土资源科学、合理地开发、利用、保护的指导性文件，是从空间和时间双重维度考虑区域空间当前资源配置优化以及未来可持续发展的战略性安排；《国土空间规划》实施是遵循国土空间规划具体内容开展实际行动、实现规划目标的过程，具有显著的实践性特点；而“管理”是一项综合性的活动，是人类为了实现某一目标而有意识、有计划地协调和配置资源和活动的过程，具有显著的系统性特征。需要注意的是，国土空间规划实施管理的“管理”可能并不只是具备“管理”的本义，因为这种管理属于行政措施，所以还被赋予了“行政属性”，所以需要在“管理”含义的基础上解析“行政管理”的含义。“行政”一词在我国古代就已经使用，指代的是推行政令，那“行政管理”就可以解释为国家机关为实现某一目的而依法对相关事务进行组织、监督、控制、优化的管理活动。

根据上述概念的含义探究，可以得出国土空间规划实施管理的简单含义，即为了确保国土空间规划内容在实践中得到有效落实，实现土地资源的合理开发、科学利用和严格保护的目标，国家政府通过有意识、有计划的资源协调和配置，对国土空间规划实施过程中的各项活动进行组织、监督、控制、优化的管理活动。

（二）国土空间规划实施管理的特征

1.法治性

国土空间规划实施管理的本质是一项特殊的行政管理活动，这种管理活动涉及各级政府与社会不同利益主体，为了确保所有管理行为的合法性和规范性，必然要以明确的法律为执行依据，确保管理活动的每一步都在法律的框架下开展，符合法治的要求。这种依法管理的行径符合我国依法治国、依法行政的基本方略，所以国土空间规划实施管理具有显著的法治性特征。与此同时，国土空间规划实施管理的法治性与国土空间规划的法治性密切相关，而国土空间规划的法治性主要源自我国的国家性质。

我国是工人阶级领导的、以工农联盟为基础的人民民主专政的社会主义国家，这种国家性质决定了国土空间规划必须以“人民的规划”自居，将“人民至上”的价值观念融入规划全过程，明确国土空间规划实施管理的制度准则，提升国土空间规划实施管理的法治化水平，从而更好地维护人民群众的利益。

2.动态性

国土空间规划是国家治理体系的重要组成部分，关系着国家的整体发展战略，但由于其在特定的区域和社会意识环境中开展，一旦社会观念、社会需求发生变化，便会影响其具体定位、作用、内容，甚至在某些社会观念成为潮流时，直接从根本上改变国土空间规划的方向，促使其全面审视自身内容。基于此，国土空间规划作为需要长期发挥作用的方案，必须具备动态适应能力，以便于灵活应对时空变幻形成的挑战，所以国土空间规划实施管理同样具备动态性。

国土空间规划实施管理的动态性还体现在国土空间规划实施的动态性，因为国土空间规划是一个针对空间全域、全要素的规划政策，必然涵盖从国家层面的宏观政策到地方的微观政策，再到生态保护政策和惩戒政策等多个方向的规划内容，这种内容的复杂性使得其在针对空间未来发展调控时不得不权衡各个政策的冲突和变化，不断优化各类政策和调控方式，确保规划方案能够灵活应对未来的变化。

3. 科学性

国土空间规划作为研究国土资源开发和保护的规划政策，其本质是对人与自然关系的调控，通过人与自然的和谐相处，实现经济发展和生态保护的均衡发展。具体来讲，人类通过运用知识、技术以及不懈的劳动，不断探索自然环境的开发利用，获得了极大的经济效益，这些利益背后隐藏的是对自然资源的严重破坏，当破坏达到一定程度后，便会反过来影响人类的开发活动，促使人类不得不限制资源的开发利用，甚至主动进行生态保护，从而实现人与自然和谐共处。从这个层面出发，国土空间规划实施管理必须重视国土空间中人类与自然系统存在的内在关系，挖掘其演化的客观规律，从而做出科学、合理的规划决策。

国土空间规划作为国家治理的重要组成部分，其需要实现的目标、涉及的空间要素以及具体用途都不是单一层面的指标，这意味着国土空间规划实施管理必须从多个角度着手，整合地理、经济、生态、管理等多学科的研究成果，全面掌握规划空间的变化过程，从中解析规划实施管理各方面因素的内在关系，形成科学的认知，制定科学的管理决策，实现各项发展需求和环境保护目标的协调统一。

4. 服务性

国土空间规划实施管理作为一种特殊的行政管理活动，要秉持“以人民为中心”的管理核心，积极主动地行使行政职权、履行行政义务。在规划实施管理的过程中，简化项目审批手续，有助于构建服务型政府，通过减少不必要的行政程序，提升政府的办事效率，同时减轻群众和企业的负担，切实让人民群众享受到高效便捷的服务。国土空间规划实施管理作为涉及多个参与主体的管理活动，最重要的职责之一就是在管理过程中保护各方的合法利益，只有形成多元主体的良性互动，才能确保国土空间治理的有效性、平稳性。尤其是在当代社会，随着时代的发展，人类重新成为活动的主导者，各种复杂的利益关系穿插其中，导致国土空间规划管理不得不采用一种多元协作的治理模式，将政府、社会、市场等多种主体纳入规划管理的过程当中，构建友好的协商机制，促进多方积极合作。

为进一步保证国土空间规划实施管理的有效性，应主动构建公众参与机制，让公众参与到规划的编制、审批、监督等环节当中，结合规划实践效果发表自己的意见，提升规划的科学性和实效性，满足民众的多元化需求。

第二节　国土空间规划实施的全流程管理

一、国土空间规划实施区域管理

（一）国土空间规划实施区域

国土空间规划是针对国土空间内国土资源利用与生态环境保护的规划政策，这一定义使人们简单地认为国土空间规划针对的仅仅是城市、农村、森林、草原等带有明确土地属性、蕴含丰富自然资源的空间。但是，国土空间规划中提及的“国土空间”指代的所有属于国家主权范围内的地域空间，即陆地、陆上水域、内水、领海和领空等归属国家主权管辖的空间都是其中的一部分，甚至地下空间也囊括其中，这种从地表到地下、从陆域到海域的延伸基本实现了空间的全覆盖。在这种空间全覆盖的背景下，可以用“全域”这一笼统性词汇来概括，而国土空间规划也就成为针对全域内资源开发和生态环境保护的规划政策。

根据上述定义，国土空间规划的实施范围针对的是全域，但政府和相关部门在编制国土空间规划时并没有从全域角度出发，或者没有考虑全域范围，最终形成以主体功能区规划、城乡规划、土地利用总规划、生态环境规划以及海洋功能区规划等为典型代表的空间规划体系。这种空间规划体系的形成与规划涉及不同层级、不同主管部门以及不同的管理职能密切相关，导致空间规划即使整体范围覆盖全域，也无法提供更深的规划精度和尺度。

（二）国土空间规划实施全域管理理念成形

国土空间规划想要实现全域覆盖，关键的一点就是在规划的编制和实施过程中全面贯彻全域统筹的理念，坚持“城乡融合、陆海统筹、区域协调”的核心原则，优化国土空间的整体结构和布局，加速全域不同区域空间的融合。

1. 城乡融合

在我国区域经济体系中，城市与乡村都是不可或缺的重要组成部分，二者之间存在相互依存、相互制约的特殊关系，所以加速推进城乡融合是实现国土空间规划全域管理的关键。所谓的城乡融合就是坚持以人为本，平等对待城市居民与农村居民、进城务工人员及其家属，让他们享有与城市居民同等的公共服务和生活成果，消除城乡对立，统筹城乡发展，推进区域协调发展。在这一过程中，需要充分挖掘农业本身的发展潜力，扩大农村就业，引导农村富余劳动力有序转移，同时通过工业反哺农业，在加快农村经济发展的基础上，推动农村与城市化发展进程的协调统一，实现城乡发展双赢。

2. 陆海统筹

在国土空间中，陆地和海洋是两个难以忽视的重要区域空间，虽然两者具备几乎完全不同的资源属性和功能特性，但在生态、经济和资源利用等方面紧密联系，共同构成了完整的自然系统和生态体系。这种相互依存的关系为陆海统筹理念的诞生提供了坚实基础。

所谓的陆海统筹，就是通过协调陆地和海洋的关系，将陆地和海洋整合成一个有机联系的整体，再从整体角度开展针对交融空间的空间规划，实现陆海空间的协调发展。在这种理念的影响下，国土空间规划需要打破传统的“重陆轻海”观念，结合陆海空间的连续性和生态联动性，构建一套完善的法律法规体系，规范陆海空间管理。同时，积极探索陆海空间“多规合一”的模式，将海洋生态保护规划、陆域环境管理规划等不同领域的规划有机整合在统一的陆海统筹框架下，实现资源利用的最优化，推动生态环境的整体保护和可持续发展。

3. 区域协调

区域协调是国土空间规划中至关重要的一环，它通过消除不同区域之间的发展不均衡，实现国土空间规划成效最大化。所谓的区域协调是区域发展总体战略基于均衡发展理论和新经济增长理论的细化，通过发挥区域优势，实现区域错位协同发展。这意味着国土空间规划的区域协调需要充分考虑城镇体系、生态治理、交通管制、经济发展、人文特色等多个方面的协同，从而在解决区域发展基础性问题的基础上构建起区域良性互动的发展格局，推动区域经济的全面协调可持续发展，实现社会总福利的最大化。

（三）国土空间规划实施管理区域详细划分

2017 年 1 月，中共中央办公厅、国务院办公厅印发《省级空间规划试点方案》，首次提出了“三区三线”的概念，为国土空间规划实施管理提供了全新的区域划分策略。其中，“三区”指的是城镇空间、农业空间、生态空间三类国土空间类型；“三线”指的是生态保护红线、永久基本农田保护红线、城镇开发边界三条控制线。加强“三区三线”的有机互动可以促进国土空间规划实施管理工作的有序、高效开展。“三区三线”的关系如图 7-1 所示。

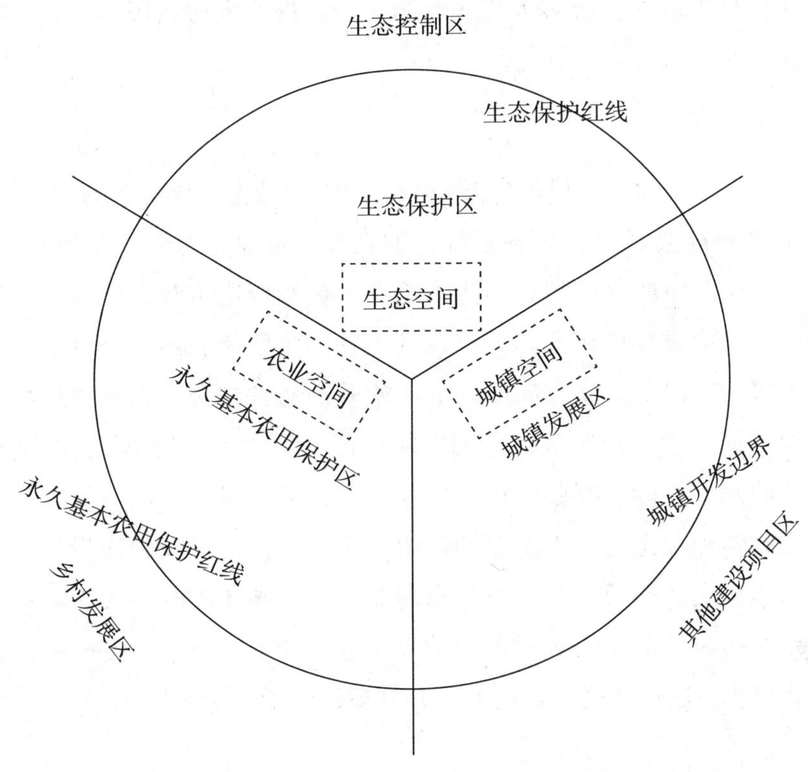

图 7-1　“三区三线”关系示意图

1. 农业空间

农业空间指的是以提高农产品为主体功能的国土空间，涵盖以耕地为主的农业生产空间和以生活用地为主的农村生活空间，是保障国家粮食安全、维持村民生活的主要空间。农业空间的规划实施管理需要结合永久基本农田保护红线划定永久基本农田保护区和乡村发展区，并采取差异化管理。具体来讲，永久基本农田保护区严禁一切非农建设，但在遵循避让农田的前提下，可以允许涉及国家重大战略的项目适当开展；而乡村发展区是农业空间的缓冲区，既可以进行农业生产活动，增加国家粮食储备，也可以作为发展乡村的主力区域，通过农村基础设施建设和发展乡村旅游业，改善乡村居民的生活，提升乡村居民的收入，实现乡村繁荣发展。

2. 生态空间

生态空间指的是以提供生态服务或生态产品为主导功能的国土空间，涵盖了多种自然要素和生态系统，如森林、草原、湿地、荒漠、戈壁、冰川等。生态空间在维持自然生态系统平衡和促进生物多样性方面发挥着难以忽视的重要作用，是人类以外生物的主要栖息地、繁育地以及迁徙通道等，所以对生态空间的规划实施管理通常结合生态保护红线划定生态保护区、生态控制区，并列出对应区域的“活动清单”，明确哪些活动是绝对禁止的、哪些活动可以在控制范围内开展，从而保障生态系统的完整性和稳定性。生态保护区内禁止发生任何形式的建设活动，但涉及国家重大战略项目或者对生态功能不造成破坏的有限人为活动可以在严格遵循相关法律法规要求的前提下适度开展；对于生态控制区，需要在获得相关法律法规审批后方可开展建设活动。

3. 城镇空间

城镇空间指的是以提供工业产品和服务为主体功能的国土空间，涵盖以城镇建设为主要活动的城市建设空间和以工业建设为主要活动的工矿建设空间。城镇空间的规划实施管理需要结合城镇开发边界划定城镇发展区和其他建设项目区，并设立区域“活动清单”，明确哪些活动只能在城镇发展区开展、哪些活动可以在控制范围的前提下在其他建设项目区内开展。在城镇发展区允许开展遵循城市空间详细规划且获得规划许可的城镇建设活动；而其他建设项目区除了严禁进行城镇集中建设活动之外，可以在城市空间详细规划的基础上遵循约束指标开展不同形式的建设活动。

二、国土空间规划实施过程管理

（一）国土空间规划实施过程

国土空间规划实施过程包括多个环节，其中最主要的有七个，分别是现状调查、确权登记、规划编制、用途管制、开发利用、保护修复、执法监督，这七个环节之间紧密衔接，形成完美的闭环，如图 7–2 所示。

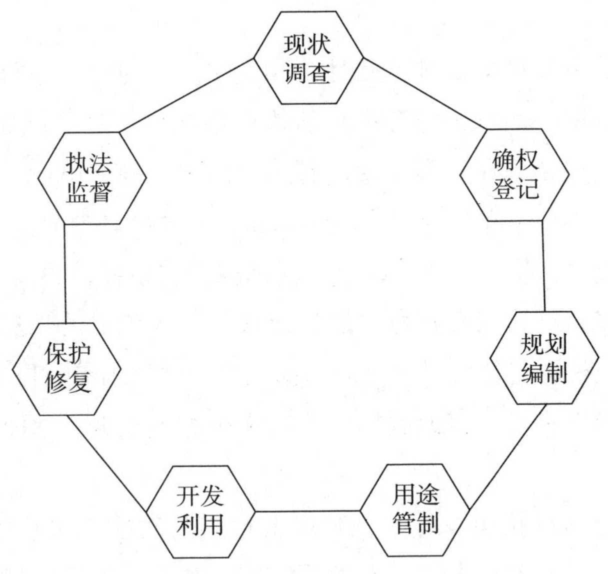

图 7–2　国土空间规划实施过程的具体环节

1. 现状调查

现状调查指的是国家为了全面掌握我国现有自然资源基本情况及其对应的国土空间类型、面积、分布、权属关系以及开发程度等数据而开展的一系列系统调研活动。换言之，只有通过现状调查，规划者才能够真正厘清山、水、林、田、湖、草等自然资源及其对应空间的分布特点、具体数量和利用方式，进而编制出更为准确的国土空间规划。更重要的是，这种现状调查能够使规划者从更为宏观的角度发现当前自然资源利用和国土空间开发存在的主要问题，从而为后续规划的编制提供方向。

随着时代的发展，国土空间的开发程度会因社会经济条件、自然条件等核心要素的变化而变化，这意味着现状调查不是一劳永逸的，而需要定期更新，确保调查数据能够精准反映国土资源的最新利用情况，方便规划者及时调整规划策略，确保规划内容符合社会发展的实际需求。

2. 确权登记

确权登记指的是国家对于通过合法程序获得的国土空间及其自然资源的类型、权属、面积等信息进行确认，并将其登记在册的过程。具体来讲，国土空间相关权利人主动向有关部门提出确权申请，提交合法的权属证明材料，登记部门依据法律法规和相关政策对申请材料进行审核，确认权属无误后，将信息录入国土空间确权登记系统，并颁发权属证书。从这个角度来看，确权登记可以通过权属关系的登记及时反映国土空间和自然资源的权属变化情况，可以为国土空间规划的编制提供坚实支撑，更重要的是可以在发生资源权属争议时充当有力证据，确保权属人的利益不受侵害。

确权登记与现状调查在一定程度上存在共通性，却不能混为一谈，因为二者在目标和执行方式上有鲜明区别。其中，确权登记针对的是合法取得的国土空间和自然资源权属，更注重明确权利归属；而现状调查则是由国家为全面掌握自然资源利用现状统一组织开展的调查活动，更注重切实记录资源的实际分布和利用情况，且无须以合法取得为前提。

3. 规划编制

规划编制，即国土空间规划编制，是在规划区域实际情况的基础上，结合资源环境承载能力和国土空间开发适宜性评价做出的国土空间开发、利用、保护和修复计划和安排。这种规划编制不仅涉及主体功能区规划、土地利用总体规划、城乡规划、环境保护规划等多种空间规划的有机融合，而且需要从宏观层面统筹布局“三区三线”以及海洋领域空间，明确各个空间区域的具体功能定位，分区、分类实现国土空间用途管制，保障不同区域资源的高效利用和生态系统的可持续发展。

4. 用途管制

用途管制，即国土空间用途管制，是一种根据国土空间的具体用途管理国土空间规划，实现国土空间科学开发、合理利用、持续保护与优化配置的重要制度，是促进资源的高效利用、生态环境保护和空间治理能力提升的核心路径。随着时代的发展，国土空间用途管制制度在工作对象、技术方法以及价值导向等方面取得全面突破，传统的土地用途管理制度逐渐退出历史舞台。具体来讲，国土空间用途管制的工作对象不再局限于单一的土地，而是覆盖国土空间全域，即在覆盖地上、地表、地下全部空间的同时兼顾由人文要素构成的地域功能空间。在技术方法方面，国土空间用途管制合理地利用了大数据、遥感技术、地理信息系统等高科技工具，构建了层次分明、逻辑清晰的空间管理体系，极大提升了空间管控的科学性和有效性；在价值导向层面，国土空间用途管制制度秉持可持续发展的核心理念，强调科学民主，不断加强政府、市场与社会之间的协调联动，从而实现国土空间开发效益与生态效益的双赢。

5. 开发利用

开发利用，即国土空间开发利用，指的是国家对国土空间资源的合理开发和利用，最大化实现国土空间资源效益，实现国土空间的可持续发展。需要注意的是，国土空间开发利用不仅包括对未利用国土空间的开发利用，而且包括对已利用国土空间的二次开发利用。其中，未利用国土空间的开发利用指的是将荒地、未开发的山地等原本未被利用的土地或空间资源转变为可供农业生产、建设或其他经济活动使用的土地；

而已利用国土空间的二次开发利用则是针对已经老化的、闲置的、低效利用的土地重新规划和建设。

在国土空间开发利用的过程中，规划者必须严格遵循国土空间规划，保持开发利用活动目标与国家及地方发展目标的一致，坚守生态保护红线、永久基本农田保护红线、城镇开发边界等关键管控线，避免无序开发破坏国土空间资源和生态环境。

6.保护修复

保护修复指的是国家通过采用一系列管控、激励、建设性措施保护所有未发现问题的国土空间，同时修复已经破损或濒临破损的国土空间的过程。具体来讲，如果国土空间资源和生态环境正在发挥作用且没有迹象表明受到破坏，可以采取发放补贴、现金奖励以及政策优惠等激励措施调动规划参与主体的工作积极性，实现国土空间规划的顺利开展；如果国土空间资源和生态环境已经遭到破坏或濒临破损，需要立刻停止建设活动，采用生态迁移、退耕还林等修复措施改善空间生态环境，使其休养生息。

7.执法监督

执法监督指的是自然资源主管部门在国土空间规划实施过程中全程监督规划实施情况，并依法查处所有违反规划的行为，这一监督活动不仅确保了国土空间规划的顺利实施，而且保障了其实施的合法性、公正性和规范性。执法监督的对象包括自然人、法人、社会团体以及其他组织，甚至包括政府及其部门，确保无人能逃避监管。同时，执法监督的内容十分全面，既包括对违法行为的发现、监督与纠正，又包括行政执法的具体实施，属于监督与执法的完美结合。

执法监督是对违反国土空间规划行为的惩戒，由专门的执法监督部门负责，但如果违法行为超出执法监督部门的权限，需要依法移送有权机关处理；若违法者的行为构成犯罪，还需依法追究相关责任人的刑事责任，以维护法律的权威。

（二）国土空间规划实施全过程管理

全过程管理是一种将各个管理环节有机串联起来的管理模式，这种串联可以将所有涉及管理的部门整合成一个统一的整体，实现信息流转的完整和流畅，最终实现一体化管理。基于此，国土空间规划实施全过程管理是一种涵盖规划实施全过程的管理体系，既具有流程的系统性，又具有规则的严谨性，是一种全面的管理体系。国土空间规划实施全过程管理主要涉及管理流程、管理规则、管理方法以及管理质量等多个维度，覆盖了从国土空间规划编制到实施监督的所有环节，明确规定了每个参与主体在规划各个环节的职责分工、工作要求和工作时长，从而确保了规划工作的平稳推进。

国土空间规划的实施是为了实现空间资源合理开发和生态环境保护的根本目标，所以想要分析其实施全过程管理，还需要以具体项目为载体，此处围绕城市建筑工程项目展开叙述。

随着时代的发展，我国针对城市建设逐步确立并完善了建设用地有偿使用制度体系，不仅能充分满足建设用地的需求，还能在土地使用权流转过程中形成经济效益。城市建筑工程项目的全过程管理流程如图7-3所示。

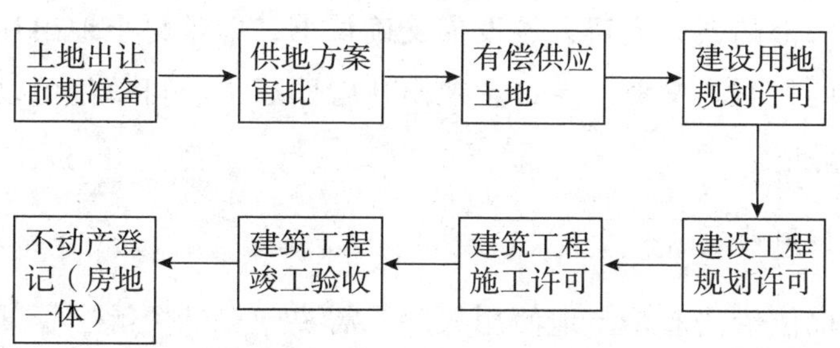

图7-3　城市建筑工程项目的全过程管理流程

1. 土地出让前期准备

政府在出让土地之前需要进行一系列前期准备，以确保出让土地的合法性、合规性，避免因调查不完全而导致后期建设活动出现问题。土地出让前期准备工作的主要内容为：土地行政主管部门对想要出让的土地进行全面审查并提出预审意见；确定出让土地的规划条件；根据出让土地的性质进行农用地转用和集体土地征收报批手续；落实农民生活安置、发放征地经济补偿；进行地质灾害危险性评估；开展历史考古勘探，防止损坏历史资源；进行土壤污染情况调查等。

2. 供地方案审批

在完成土地出让前期准备后，自然资源主管部门需要根据土地规划条件评估地价金额，并编制供地方案，其中详细列举出让土地的面积、位置、用途等基本情况。完成供地方案后，需要将其递交人民政府进行审查。

3. 有偿供应土地

政府有偿供应土地的方式主要有三种，分别是招标、拍卖和挂牌，各个项目单位自由参与，并提交报价，价高者得。土地出让成功后，自然资源主管部门会向竞得人颁发成交确认书，并签订土地出让合同，以明确双方的权利与义务。签订土地出让合同后，项目单位可以申请土地的不动产登记。

4. 建设用地规划许可

项目单位依法取得土地使用权后，需要向自然资源主管部门提交建设用地规划相关手续的申请，主管部门对项目单位提交的资料进行全面审查，审查通过后发放《建设用地规划许可证》，明确规划建设用地的范围、用途及规划要求。项目单位领取《建设用地规划许可证》后，可以开始编制建设工程设计方案。

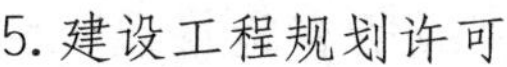

5.建设工程规划许可

项目单位根据《建设用地规划许可证》的要求完成建设工程设计方案后，需要将设计方案提交主管部门审查。自然资源主管部门联合住房和城乡建设、交通、环境保护、水利等相关行政主管部门共同审定项目单位提交的建设工程设计方案。如果设计方案符合规划条件和城市规划，且没有违反相关法律法规，自然资源主管部门会发放《建设工程规划许可证》。

6.建筑工程施工许可

项目单位获得《建设工程规划许可证》后，需按照许可证的要求编制施工图设计方案，涉及建筑结构、功能布局、安全性以及与周边环境的协调性等多方面内容。方案编制完成后需提交建设主管部门，建设部门会联合人防部门、消防部门等相关部门对施工图设计方案进行联合审查，确保方案符合相关技术规范和法律规定。审查通过后，建设主管部门会向项目单位发放《建筑工程施工许可证》。至此，项目单位可以依据编制的施工图开始正式的建筑施工建设。

7.建筑工程竣工验收

经过漫长的施工，建筑工程建设项目完成，此时需要进行建筑工程竣工验收，以确保建筑的工程质量以及施工过程符合许可证要求。更重要的是，只有完成竣工验收，才能确定工程正式交付，可以投入使用。建筑工程竣工验收一般由项目建设单位负责组织，项目勘查、设计、施工和监理等单位需共同参与，在对建筑的结构安全、施工质量、功能配置以及设备运行情况等核查无误后，需要出具详细的工程质量检查意见，这是工程验收的重要依据。然后，建设主管部门会联合自然资源、消防、人防、档案等相关行政主管部门开展联合验收，核查建设是否符合规划许可内容、消防安全设施是否达标、人防设施是否符合要求、档案资料是否完整等，核查完成后会出具验收意见。在完成所有验收程序后，项目单位需根据验收结果编制包括工程质量检查意见、各行政主管部门的验收意见以及项目执行过程中所有相关信息文件的《竣工验收报告》，并将其提交至建设主管部门，办理工程竣工验收备案，完成工程的最终审查与登记。

8. 不动产登记（房地一体）

建设工程竣工验收完成后，项目单位需准备建设工程规划许可证、建筑工程施工许可证、竣工验收报告以及不动产测绘报告等材料，依法向不动产登记机构申请办理房地一体的不动产登记，取得建筑物的房屋所有权以及与之对应的土地使用权。不动产登记机构在审查申请材料的同时还需要对申请登记的房屋、建筑物或构筑物进行实地察看，核实其是否与申报材料相符，有无违反法律、行政法规规定的情况，一旦发现不予登记，并以书面形式告知申请人。

（三）国土空间规划实施的监测与评估

国土空间规划的实施是一个复杂且持续时间较长的过程，因为它不仅需要对接政府部门、社会组织、企业单位等参与主体，还需要时刻注意供需、环境、安全等多个因素对规划实施的影响。在这种背景下，想要确保规划实施的科学性、有效性和持久性，消除规划失效可能带来的资源配置不均衡、产业布局不合理等负面影响，必须建立一套科学系统的实施监测与评估体系，通过“长期监测—及时预警—定期评估”的闭环管理，实现规划的动态监控和科学调整。

国土空间规划实施监测与评估体系如图 7-4 所示。

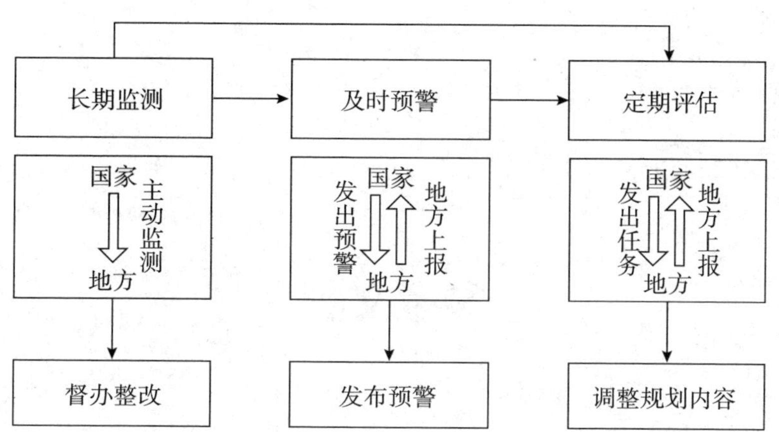

图 7–4　国土空间规划实施监测与评估体系

国土空间规划实施监测与评估体系依托国土空间规划“一张图”和国土空间基础信息平台的构建，通过实时、动态的数据采集和分析，全面监测国土空间规划实施的所有环节，并进行科学的评估，及时发现问题并解决问题，形成“实施—调整—再实施”的良性循环，充分发挥国土空间规划优化资源配置、促进城乡协调发展的作用。

参考文献

[1] 吴殿廷 . 国土空间规划理论与实践 [M]. 北京：北京师范大学出版社，2024.

[2] 杨斌，王占岐 . 生态文明背景下国土空间利用效率研究 [M]. 北京：中国农业出版社，2024.

[3] 张鸿辉，刘小平，罗伟玲，等 . 智慧国土空间规划方法探索与实践应用 [M]. 北京：科学出版社，2024.

[4] 肖禾，马泽忠，丁忆 . 国土空间生态修复 基底评价与分区策略 [M]. 北京：科学出版社，2024.

[5] 张尚武，彭震伟 . 国土空间规划编制技术 [M]. 上海：同济大学出版社，2023.

[6] 吉燕宁，麻洪旭，郝燕泥 . 乡镇国土空间总体规划 [M]. 北京：中国建筑工业出版社，2024.

[7] 吴志强 . 国土空间规划原理 [M]. 上海：同济大学出版社，2022.

[8] 程茂吉，陶修华 . 市县国土空间总体规划 [M]. 南京：东南大学出版社，2022.

[9] 彭震伟 . 国土空间规划理论与前沿 [M]. 上海：同济大学出版社，2023.

[10] 樊森 . 国土空间规划研究 [M]. 西安：陕西科学技术出版社，2020.

[11] 汪田 . 基于国土空间规划的城市更新规划编制分析 [J]. 城市建设理论研究（电子版），2024（30）：16–18.

[12] 汪云凤 . 城镇开发边界管控工作在国土空间规划下的创新与优化 [J]. 城市建设理论研究（电子版），2024（30）：19–21.

[13] 刘慧玲，曹琦 . 国土空间规划背景下城市绿色低碳规划与可持续发展路径探讨 [J]. 城市建设理论研究（电子版），2024（30）：34–36.

[14] 陈亚婷，陈定涛 . 国土空间规划体系下的实用性村庄规划编制思路探讨——以安康市实用性村庄规划编制试点为例 [J]. 城市建设理论研究（电子版），2024（30）：40–42.

[15] 段松江，吴开杰，倪千尧，等 . 渝北区国土空间规划现状底图构建方法研究 [J]. 智能城市，2024，10（09）：69–71.

[16] 金雷，黄丽，何韵 . 全域土地综合整治与国土空间详细规划联动路径研究 [J]. 中国资源综合利用，2024，42（10）：93–95.

[17] 刘确威 . 国土空间规划背景下城镇开发边界划定方法与实践研究——以德令哈市为例 [J]. 未来城市设计与运营，2024（10）：14–16.

[18] 张嵩辉，刘婷，肖瑜平 . 全域土地综合整治背景下的乡镇国土空间总体规划编制研究——以于都县梓山镇国土空间总体规划为例 [J]. 未来城市设计与运营，2024（10）：20–22.

[19] 陈志伟 . 国土空间规划背景下节约集约用地的原则与建议 [J]. 农村科学实验，2024（20）：55–57.

[20] 周远鸿 . 乡村振兴视角下国土空间规划创新路径探索 [J]. 住宅产业，2024（10）：43–45.

[21] 黄子航 . 国土空间规划背景下的城市更新研究——以广东省深圳市盐田区某商住房为例 [J]. 住宅产业，2024（10）：49–51.

[22] 周桂竹 . 理论框架引导下的国土空间总体规划与村庄发展维度研究 [J]. 住宅产业，2024（10）：63–65.

[23] 蔡志聪 . 新时期国土空间规划体系下村庄规划初探——以福建省

福州市宦溪镇牛项村为例 [J]. 住宅产业，2024（10）：10−12.

[24] 周卓恒 . 县级国土空间规划与格局优化思路研究——以广东省郁南县国土空间总体规划为例 [J]. 住宅产业，2024（10）：46−48.

[25] 刘霞，尹盘飞 . 国土空间规划体系下村庄规划与全域土地综合整治融合研究 [J]. 智能建筑与智慧城市，2024（10）：72−74.

[26] 刘成武，谭书德，焦文轩 . 国土空间生态修复规划实施成效评估方法及应用 [J]. 自然资源学报，2024，39（10）：2484−2496.

[27] 刘春，张尚武，冯健，等 . 国土空间规划背景下“城区范围”的应用探讨与未来方向 [J]. 自然资源学报，2024，39（10）：2497−2504.

[28] 朱思武，严圣华，陈俊杰，等 . 国土空间规划中开发强度管控实证分析与动态优化研究 [J]. 山西建筑，2024，50（23）：46−49.

[29] 程雪峰 . 国土空间规划背景下的城市公共景观环境设计探讨 [J]. 居舍，2024（32）：93−97.

[30] 潘宇坤 . 国土空间规划下的土地储备规划编制研究 [J]. 住宅与房地产，2024（24）：68−70.

[31] 马欣 . 基于国土空间规划背景的峡谷型风景名胜区规划研究 [J]. 建设科技，2024（16）：67−69.

[32] 孟蕾，史吉康 . 四川省市县国土空间总体规划实施管理思考 [J]. 资源与人居环境，2024（08）：39−45.

[33] 鲍海君，曹伟 . 国土空间规划“新质人才”培养的科教创新综合体模式研究 [J]. 中国土地科学，2024，38（08）：135−144.

[34] 李翔宇 . 国土空间规划背景下的城市更新用地再开发研究 [J]. 新型城镇化，2024（11）：60−63.

[35] 解芳芳，罗方焓，刘昭，等 . 国土空间规划视角下村庄分类技术方法与规划指引——以南宁市为例 [J]. 西部人居环境学刊，2024，39（05）：139−144.

[36] 刘春阳，高永波，赵启明 . 国土空间规划精细化编制背景下青岛

市详细规划片区划分及编制思路研究 [J]. 未来城市设计与运营，2024（07）：6–10.

[37] 潘佳平 . 城市体检评估结果对国土空间规划的决策支持与优化策略分析——以宁德市古田县为例 [J]. 未来城市设计与运营，2024（07）：42–44.

[38] 许少亮 . 基于 GIS 的国土空间辅助规划与管理应用研究——以漳州市为例 [J]. 小城镇建设，2024，42（07）：119–124.

[39] 方慧莹，杜嘉丹 . 基于“源—流—汇”理论的城区小微水体保护规划方法研究 [J]. 中国水利，2024（13）：63–67.

[40] 赵璇，梁邦利，潘龙，等 . 国土空间规划管理技术规定编制的实践与思考——以浙江省嘉善县为例 [J]. 中国土地，2024（07）：41–43.

[41] 张晓欢 . 乡镇级国土空间规划的空间用地布局优化 [J]. 城市建设理论研究（电子版），2024（19）：16–18.

[42] 王增海 . 国土空间规划建设下的土地资源管理 [J]. 住宅与房地产，2024（18）：71–73.

[43] 王京涛，陈志强 . 让国土空间规划更科学——访北京大学政府管理学院教授、首都发展研究院副院长沈体雁 [J]. 今日国土，2024（06）：13–15.

[44] 李建豪 . 数字化赋能国土空间规划研究——以南京市为例 [J]. 价值工程，2024，43（18）：116–119.

[45] 王子骁 . 国土空间规划体系下区域协调规划编制思考 [J]. 智能建筑与智慧城市，2024（06）：10–12.

[46] 任丽娜 . 实施国土空间规划 预留未来发展空间 山西规范城镇开发边界管理 [J]. 华北自然资源，2024（03）：161.

[47] 陈彬，骆宇，单佳铭 . 国土空间规划体系下村庄规划编制与管理的桐庐探索 [J]. 中国土地，2024（06）：58–59.

[48] 洪婷婷 . 关于国土空间规划成果数据管理的思考——以上海市为

例 [J]. 自然资源信息化，2024（04）：76-81+90.

[49] 王苗 . 国土空间规划背景下详细规划高效实施路径的探索 [J]. 农业灾害研究，2024，14（05）：278-280.

[50] 邓林冲 . 面向生态文明体制的国土空间规划技术逻辑研究 [J]. 低碳世界，2024，14（02）：184-186.

[51] 钟欣秀 . 关于推进粮食主产区国土空间规划的几点思考 [J]. 农村经济与科技，2023，34（07）：19-22.

[52] 范伟斌 . 地理信息大数据在国土空间规划中的应用分析 [J]. 甘肃科技，2022，38（15）：43-45.

[53] 涂少华，付敏，徐昶，等 . 以片区为单元编制乡村国土空间规划的认识与探索——以成都简阳市为例 [J]. 四川建筑，2024，44（05）：25-28.

[54] 王银娟 . 新国土空间规划信息技术平台的建立 [J]. 冶金管理，2022（09）：118-120.

[55] 朱炳政 . 县级国土空间基础地理信息平台的设计与应用 [J]. 城市勘测，2024（05）：70-72.

[56] 訾伟，李博，杨光灿，等 . 创新城市的国土空间规划体系重建与制度环境改革 [J]. 中国住宅设施，2021（09）：90-91.

[57] 黄征学 . 发展规划和国土空间规划协同的难点及建议 [J]. 城市规划，2020，44（06）：9-14.

[58] 魏军 . 新时期国土空间规划的缺陷与建议 [J]. 住宅与房地产，2020（24）：69-70.

[59] 刘稳，詹庆明，赵中元，等 . 面向国土空间规划的不同用地分类体系差异与融合 [J]. 城市发展研究，2020，27（06）：9-18.

[60] 黄小虎 . 发展战略、体制机制与国土空间规划 [J]. 上海国土资源，2021，42（01）：95.

[61] 李如海 . 国土空间规划：现实困境与体系重构 [J]. 城市规划，

2021，45（02）：58−64+72.

[62] 田亦尧，王爱毅．国土空间规划立法的法体模式及其选择标准 [J]. 国际城市规划，2021，36（03）：83−90+135.

[63] 柴禄，杜娜．规划体制改革背景下棣花社区村级规划实践与思考 [J]. 南方农业，2020，14（33）：142−144.

[64] 董祚继．从土地利用规划到国土空间规划——科学理性规划的视角 [J]. 中国土地科学，2020，34（05）：1−7.

[65] 申超，侯向娟，何汉琼，等．自然资源管理体制改革的国土空间规划解析 [J]. 山西科技，2020，35（05）：25−27.